LES ASPECTS CONTEMPORAINS DU DROIT DE LA DISTRIBUTION ET DE LA CONCURRENCE

CENTRE DE DROIT DES AFFAIRES
Centre de recherche sur les entreprises en difficulté

LES ASPECTS CONTEMPORAINS DU DROIT DE LA DISTRIBUTION ET DE LA CONCURRENCE

ACTES DU COLLOQUE
DE L'UNIVERSITÉ DE TOULOUSE I

24 et 25 mars 1995

ET CONFÉRENCES DE DOCTORAT

Montchrestien

DANS LA MÊME COLLECTION

ÉVOLUTION DE LA CESSION D'ENTREPRISE

L'ENTREPRISE FACE À L'IMPAYÉ

LES RÉFORMES DU NOUVEAU DROIT DE L'ENTREPRISE

À PARAÎTRE

LA MORALE ET LE DROIT DES AFFAIRES

LE CHEF D'ENTREPRISE ET L'ÉVOLUTION DU DROIT DES AFFAIRES

LA RÉFORME DES PROCÉDURES CIVILES D'EXÉCUTION
À L'ÉPREUVE DE LA PRATIQUE

14, rue Pierre et Marie Curie, 75005 Paris
ISBN 2-7076-0708-8

Avant-propos

Le présent ouvrage réunit les actes d'un colloque organisé à Toulouse les 24 et 25 mars 1995 par le Centre de droit des affaires et le Groupement européen d'avocats Arbor Iuris ainsi que des conférences de doctorat ayant trait au droit de la distribution et de la concurrence.

Il s'inscrit dans le cadre de recherches consacrées par le Centre de droit des affaires aux questions contemporaines touchant le droit de l'entreprise.

Après avoir publié des ouvrages relatifs à la cession d'entreprise, à l'entreprise face à l'impayé et aux aspects actuels du nouveau droit de l'entreprise (Loi Madelin et loi du 10 juin 1994 sur la prévention et le traitement des difficultés), le Centre de droit des affaires s'est intéressé à la concurrence et à la distribution commerciale.

Quel système de distribution choisir, représentation ou vente ? Quels écueils à éviter lors de la mise en place du réseau ? Comment le protéger de la concurrence déloyale, du parasitisme ou de la divulgation des secrets d'affaires ?

Autant de questions auxquelles les praticiens trouveront des réponses tout en pouvant aborder les difficultés de la distribution dans les pays de l'Est et en Afrique.

C. SAINT-ALARY-HOUIN
Directeur du Centre de droit des affaires

SOMMAIRE

Introduction
La distribution en Europe

LA DISTRIBUTION EN EUROPE

par Claudie CORVOL
Chef du service Information au CECOD,
Centre d'Études du Commerce et de la Distribution

Un marché dans lequel les hommes, les marchandises et les capitaux circuleraient sans aucune entrave.

Un marché de 370 millions d'habitants concentrés sur un peu plus de 3 millions de km^2.

Un PIB identique à celui des États-Unis, une inflation raisonnable.

Un marché qui bénéficierait, peut-être en 1997, en tous cas avant le 1er janvicr 1999, de l'instauration d'une monnaie unique.

Quel est le distributeur qui ne rêverait pas de s'implanter sur un tel marché ?

Ce marché existe bel et bien depuis le 1er janvier 1993, en Europe.

L'EUROPE ET LES ÉTATS-UNIS

L'EUROPE DES 15		ÉTATS-UNIS
3 276 100 km^2	SUPERFICIE	9 363 123 km^2
370 millions hab.	POPULATION	255 millions hab.
7 400 mds $	PIB	6 000 mds $
– 63,5 mds $	Balance Ciale	– 73 mds $
– 0,2 %	Croissance PIB	3 %
10,7 %	CHÔMAGE	6,4 %
3,2 %	INFLATION	2,7 %

Source : les Echos - Mars 1994 *ACFCI-CECOD – Mars 1995*

Malgré la liberté d'établissement prévue à l'article 52 du Traité, on n'a pas assisté à l'émergence d'une nouvelle race de commerçant européen qui irait ouvrir des succursales dans tous les pays de l'Union.

Le marché unique n'a provoqué aucun bouleversement dans les habitudes et les stratégies des grands distributeurs, pourtant déjà familiarisés avec des implantations hors frontières.

Malgré la liberté de circulation des marchandises et les nombreuses simplifications administratives, on n'a pas vu apparaître un euro-consommateur qui achèterait son whisky en Irlande, son foie gras dans le Gers, son vinaigre balsamique en Italie, son électroménager en Allemagne, et ses vêtements en France.

On n'a constaté aucune révolution dans les modes d'achats des habitants des différents pays européens.

Il n'y a pas de commerce européen, pas plus qu'il n'existe de consommateur européen.

C'est la raison pour laquelle l'Europe n'est plus à la mode, l'Europe n'est pas médiatique et pourtant l'Europe du commerce n'est pas un mythe.

LA DISTRIBUTION ET L'EUROPE

- 370 MILLIONS DE CONSOMMATEURS
- 3,3 MILLIONS D'ENTREPRISES
- 13 MILLIONS DE SALARIÉS
  SOIT 10 % DE L'EMPLOI TOTAL
- 13 % DU PIB

Source : les Eurostat 1993 *ACFCI-CECOD - Mars 1995*

Je vous propose de réfléchir ensemble à cette situation en apparence paradoxale.

Dans une première partie, nous essaierons de comprendre pourquoi, parce que le consommateur européen n'existe pas, ou presque, le commerce européen ne peut exister.

Dans une deuxième partie, nous verrons que dans cette Europe du commerce, les distributeurs tentent de s'organiser pour acquérir une dimension plus internationale que réellement européenne.

PREMIÈRE PARTIE

Deux ans après la réalisation du marché unique, force est de constater que le commerce de détail garde une forte empreinte nationale, même si les rayons des magasins tendent à s'internationaliser.

Aujourd'hui encore le commerce est étroitement inséré dans l'économie nationale de chaque pays membre :

– ses structures reflètent les caractéristiques culturelles des sociétés dont il a toujours fait partie intégrante ;

– son évolution suit les changements sociologiques, économiques et technologiques en cours.

Les modifications que subit le paysage commercial sont, elles aussi, une réponse directe aux évolutions socio-démographiques. Le vieillissement de la population, sa mobilité, sa densité, son degré d'urbanisation et de motorisation ont une influence directe sur les localisations, les formats et les assortiments des magasins.

L'équipement commercial d'un pays dépend enfin essentiellement du niveau de vie de ses habitants.

A cet égard, jetons un coup d'œil sur quelques-uns de ces indicateurs dans les pays de la Communauté.

PRINCIPAUX INDICATEURS DE NIVEAU DE VIE DANS 12 PAYS DE LA COMMUNAUTÉ

	Population en millions d'hab.	PIB par tête	Part de la consommation alimentaire en %	Nombre d'automobiles pour 1 000 hab.
RFA	62,7	21,1	16,6	475
GB	57,3	19,7	21,1	430
France	56,3	20,2	19,4	410
Italie	57,6	19,2	21,7	400
Espagne	38,9	14,6	23,5	260
Pays-Bas	14,9	19,1	18,4	360
Belgique	9,9	19,1	19,1	380
Danemark	5,1	19,8	21,3	315
Portugal	9,9	10,4	37,1	125
Grèce	10,0	9,8	37,9	172
Irlande	3,5	12,8	39,0	210
Luxembourg	0,4	24,3	19,8	470

Année 1991 - Source : INSEE, Économie et statistiques n° 267-1993
ACFI-CECOD – Mars 1995

Ces contrastes sociaux, démographiques et la diversité des niveaux de vie expliquent l'originalité et la spécificité des structures commerciales dans chaque pays.

Il est clair, que les ménages européens ne vivent pas sur le même pied.

Il y a trois Europe :

– celle du Nord, riche et prospère,
– celle du Sud, qui cherche à rattraper celle du Nord,
– et celle de l'Est, en voie de développement.

Question de porte-monnaie évidemment, mais aussi affaire de goûts et de couleurs, car les habitudes alimentaires sont fortement imprégnées de nationalisme, voire de régionalisme.

Un produit aussi neutre que le lait n'y échappe pas : prédominance du lait UHT en France, alors que le lait frais pasteurisé représente plus de 90 % de la consommation dans des pays comme la Grande-Bretagne et le Danemark. L'Autrichien consomme 51,2 kg de sucre, contre 9,7 kg au Danemark.

La firme Nestlé ne produit pas moins de 300 arômes de Nescafé afin de contenter la diversité du consommateur. D'un pays à l'autre, sous la même marque et le même emballage, se cachent des produits sensiblement différents.

Dans le domaine de l'électroménager, la France est le seul pays européen pour lequel le chargement de la machine à laver se fait par-dessus. Partout ailleurs, on préfère le chargement frontal. La taille des réfrigérateurs, les performances des appareils de cuisson, selon que l'on fait « bouillir » ou « saisir » ne sont pas les mêmes non plus.

Tout le capital social et culturel acquis au cours de nombreux siècles de l'histoire européenne a contribué à renforcer ces particularismes nationaux, voire régionaux.

UNE AUTRE VISION DE LA COMMUNAUTÉ

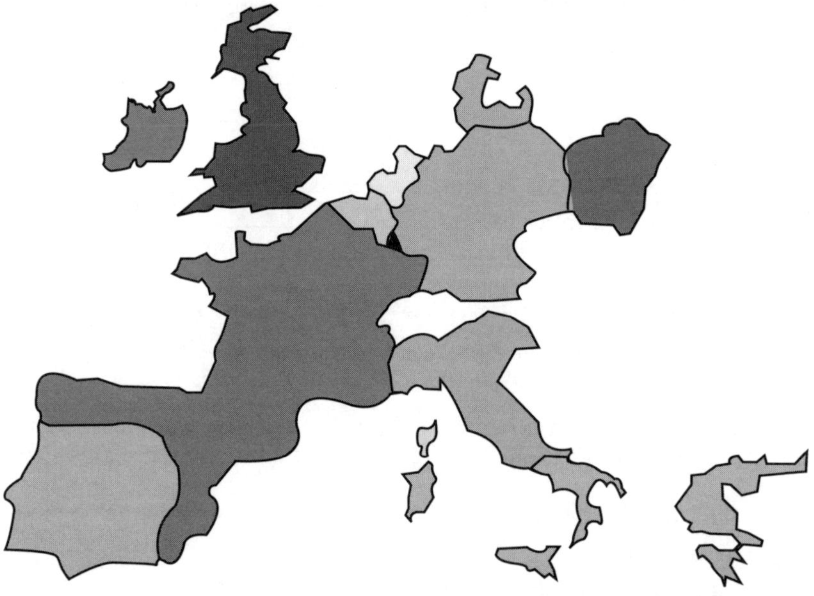

Source : L'Europe du Commerce, ACFCI-CECOD – Mars 1995

C'est la raison pour laquelle certains auteurs proposent une autre vision de l'Europe.

Ce redécoupage résulte du traitement des données relatives à des variables démographiques (densité de population, population par sexe et par tranche d'âge, taux de natalité, taux de mortalité par sexe et par tranche d'âge) et économiques (PIB par habitant, part de l'agriculture dans le PIB, taux de chômage par sexe et par tranche d'âge, densité de voitures pour 1 000 habitants, longueur d'autoroutes par km^2 de territoire, densité de médecins pour 1 000 habitants, proportion de logements équipés de wc).

On obtient alors cinq groupes de régions qui permettent de dessiner la carte de la Communauté européenne.

La nouvelle carte de l'Europe comprend :

Les Quatre Dragons du Nord :

Composition : les trois villes-États allemandes (Hambourg, Brême, Berlin) et Bruxelles ;
Caractéristiques : moyenne d'âge très élevée ; très forte densité ; richesse par habitant très élevée (plus de 50 % supérieure à la moyenne) ; très forte densité de médecins ; confort des logements supérieur à la moyenne.

La Nouvelle Lotharingie :

Composition : 18 régions appartenant à 4 pays : Danemark ; Allemagne (à l'exception des trois villes-États) ; Luxembourg ; Nord et Centre de l'Italie ;
Caractéristiques : proportion de jeunes inférieure à la moyenne ; faible natalité ; très faible taux de chômage (sauf femmes adultes) ; richesse par habitant élevée ; forte infrastructure autoroutière ; taux de possession de voitures très élevé.

La Communauté Centrale :

Composition : 19 régions appartenant à 5 pays (Espagne, France, Belgique, Pays-Bas et Irlande ;
Caractéristiques : proportion de jeunes assez forte ; natalité supérieure à la moyenne ; chômage supérieur à la moyenne (surtout chez les jeunes et les femmes) ; part de l'agriculture supérieure à la moyenne.

La Petite Albion :

Composition : 10 régions représentant l'ensemble du Royaume-Uni (y compris l'Irlande du Nord), à l'exception du Sud-Est, région située autour de Londres ;
Caractéristiques : natalité plus élevée que dans les autres zones ; chômage des femmes très faible ; part de l'agriculture peu élevée ; très faible densité de médecins ; niveau de confort des logements très élevé.

Le Grand Sud :

Composition : 9 régions de 4 pays (Portugal, Espagne, Italie, Grèce). Pour les raisons exposées, le Portugal et la Grèce ont été considérés chacun comme une seule région ;

Caractéristiques : population beaucoup plus jeune que la moyenne ; très faible densité de population ; taux de natalité assez élevé ; niveau de richesse très inférieur à la moyenne ; très fort taux de chômage ; régions très agricoles ; peu d'infrastructures routières ; faible taux de possession de voitures ; peu de confort des logements.

À la différence de l'industrie, le commerce doit intégrer cette hétérogénéité des consommateurs. Le consommateur a un rôle actif au sein du « système de consommation », ce qui entraîne une adaptation de l'offre à la demande.

L'euro-consommateur s'efface devant la spécificité des comportements.

Les habitudes nationales, voire régionales demeurent fortes.

Les structures de distribution varient considérablement d'un pays à l'autre.

STRUCTURE DU COMMERCE DE DÉTAIL DANS 12 PAYS DE LA COMMUNAUTÉ

	CA en milliards d'Écu	Densité commerciale nb/10 000 hab.	Densité en hypers nb/100 000 hab.	Entreprises individuelles en %	Sociétés en capital %
RFA	322	85	1,3	81,5	9,2
GB	280	81	1,3	–	–
France	260	97	1,5	71,8	25,5
Italie	230	171	0,2	90,4	2,0
Espagne	85	134	0,3	92,0	5,0
Pays-Bas	45	80	0,3	70,1	15,5
Belgique	35	141	1,0	74,5	19,5
Danemark	24	100	0,9	76,6	14,7
Portugal	20	192	0,2	–	–
Grèce	20	184	0,2	80,1	2,3
Irlande	11	90	–	71,0	22,7
Luxembourg	3	116	0,6	62,5	32,2

Année 1991 - Source : INSEE, Économie et Statistiques n° 267-1993
ACFCI - CECOD – Mars 1995

Plus de 80 % du CA total de la distribution est réalisé dans quatre pays : Allemagne, Grande-Bretagne, France et Italie.

Il y a évidemment un maillage important en petites unités commerciales au Portugal, en Grèce et en Italie.

Il y a dix fois plus d'hypermarchés en France et en Allemagne qu'au Portugal, en Grèce et en Italie.

Les structures de type familial restent la forme juridique prédominante dans la plupart des pays. Malgré un commerce concentré, l'Allemagne compte 80 % d'entreprises individuelles.

La France, le Luxembourg et l'Irlande ont un nombre important de SA et de SARL. Une entreprise sur 4 en France, 1 sur 3 au Luxembourg.

PALMARÈS DES DISTRIBUTEURS EUROPÉENS EN 1992

• 1	TENGELMANN	ALLEMAGNE
• 2	MÉTRO	ALLEMAGNE
• 3	REWE	ALLEMAGNE
• 4	CARREFOUR	FRANCE
• 5	INTERMARCHÉ	FRANCE
• 6	LECLERC	FRANCE
• 7	ALDI	ALLEMAGNE
• 8	EDIKA	ALLEMAGNE
• 9	J. SAINSBURY	ROYAUME-UNI
• 10	PROMODÈS	FRANCE

Source : Eurostat-Economie et Statistiques, ACFCI-CECOD – Mars 1995

Une grande disparité Nord-Sud que l'on retrouve au niveau des grands groupes. Deux leaders : les Allemands et les Français.

Si l'Italie et l'Espagne commencent à sérieusement combler leur retard dans la modernisation de leur appareil commercial, et affichent quelques belles réussites, le commerce portugais et surtout grec ont un long chemin à parcourir.

QUELQUES ENSEIGNES EUROPÉENNES

ALIMENTAIRE	VPC
ALDI (Allemagne)	OTTOVERSAND (Allemagne)
LIDEL (Allemagne)	3 SUISSES (France)
DASKALIDES (Belgique)	QUELLE (Allemagne)
MÉTRO (Allemagne)	FRANCE LOISIRS (France)
LÉONIDAS (Belgique)	NECKERMANN (Allemagne)
SPAR (Pays-Bas)	LA REDOUTE (France)

Sources diverses : INSEE-LSA-ICC, ACFCI-CECOD – Mars 1995

À chacun ses spécialités

En Allemagne, le commerce se fait d'abord en centre-ville. Dusseldorf, Cologne vivent de leur commerce au même titre que la publicité, le consulting ou les foires expositions.

En Allemagne, le lobby commerçant (la toute puissante Association des Détaillants Allemands : l'ADE) a réussi à protéger ses centre-villes grâce à la réglementation la plus contraignante d'Europe.

L'article 11-3, ajouté en 1986 au règlement de la construction, prévoit que seuls les commerces ne trouvant pas leur place en centre-ville peuvent être autorisés à ouvrir en périphérie. Encore doivent-ils patienter plusieurs années avant d'obtenir une autorisation. Aussi, utilise-t-on les friches industrielles.

« Centro », le plus grand centre commercial d'Allemagne ouvrira ses portes en 1996 au cœur de la Ruhr, à la place de l'aciérie de Thyssen, qui a quitté la ville en 1952.

La réunification est une aubaine pour les opérateurs germaniques, près de 25 projets de centres commerciaux vont voir le jour dans les nouveaux leaders de l'ex-RDA. La KO Galerie de Dusseldorf figure sur tous les dépliants touristiques de la ville.

L'Allemagne est aussi l'inventeur d'une formule qui a déferlé sur les pays voisins, sans qu'on y prenne garde : le hard discount.

QUELQUES ENSEIGNES EUROPÉENNES

ÉQUIPEMENT DE LA PERSONNE	ÉQUIPEMENT DE LA MAISON
C & A (Pays-Bas)	HABITAT (G.B.)
MARKS & SPENCER (G.B.)	IKEA (Suède)
BURBERRYS (G.B.)	DIVERS
ESCADA (Allemagne)	
BENETTON (Italie)	VIRGIN (G.B.)
MANOUKIAN (France)	GIB (Belgique)
CACHAREL (France)	YVES ROCHER (France)
ÉTAM (France)	BODY SHOP (G.B.)

Sources diverses : INSEE-LSA-ICC, ACFCI-CECOD – Mars 1995

En Grande-Bretagne, la concentration est très forte : les cinq leaders (Sainsbury's, Tasco, Argyll) réalisent 65 % du marché alimentaire et 22,6 % du marché total. C'est en Grande-Bretagne aussi que l'on observe les meilleurs résultats nets des entreprises de la distribution.

Ces résultats exceptionnels sont dus aux marges plus élevées pratiquées sur les marques de Distributeurs MDD, dont l'Angleterre est le champion européen :

- *100 % de MDD chez M and S,*
- *55 % chez Sainsbury's,*
- *33 % chez Gateway.*

Autre fleuron de la distribution anglaise, les grands magasins (Harrod's Woolworth).

La France ne manque pas d'atouts. La vitalité, l'innovation et l'imagination sont les moteurs de la distribution française.

Le premier hypermarché a été ouvert en 1963 à Ste-Geneviève-des-Bois par Carrefour. Les centres commerciaux sont aussi une spécialité française. Dans les 300 centres commerciaux prévus en Europe avant l'an 2 000, de nombreux opérateurs sont français. Le premier centre commercial régional était Parly 2 en 1969.

300 CENTRES COMMERCIAUX EUROPÉENS POUR L'AN 2000

	Nombre de projets	Surface en m^2	Nombre de boutiques
Allemagne	50	1 200 000	+ de 3 000
France	46	1 000 000	2 900
Pays-Bas	46	527 300	2 000
Espagne	39	981 000	3 000
Grande-Bretagne	35	1 706 000	3 177
Italie	25	584 000	1 500
Portugal	13	700 000	1 500
Belgique	9	270 000	754
Luxembourg	2	30 000	130
Suisse	2	21 000	105

Source : Sites commerciaux, n° 116 – Mars 1995
ACFCI – CECOD – Mars 1995

La France est aussi champion d'Europe des hypermarchés.

L'hypermarché à la française, fleuron de la distribution, s'exporte bien, surtout dans les pays où l'économie à la traîne n'a pas encore organisé son commerce.

Avec son petit frère, le supermarché, ils représentent 55 % des ventes du secteur alimentaire sur notre territoire.

Autre spécificité de la distribution alimentaire française, c'est d'être la moins chère du monde grâce à ses marges très faibles, voire nulles, sur certains produits alimentaires (on compense sur le frais et le non-alimentaire) :

– peu de capitaux propres,
– un chiffre d'affaires élevé,
– une faible rentabilité compte tenu des chiffres d'affaires réalisés, mais satisfaisante par rapport aux fonds propres, telles sont les caractéristiques de la distribution en France.

Un système condamné à croître, en particulier à l'international, quand en France, le marché, saturé, n'a plus guère d'espoir d'extension.

Pour Carrefour, Promodès (Continent), et Auchan (Al Campo), l'international représente environ 20 %.

Carrefour étend son emprise en Europe du Sud, notamment en Espagne, mais l'Asie est aussi dans sa ligne de mire.

Pour Auchan, c'est l'année Italienne : cinq hypers sont prévus dans la péninsule.

L'international prime partout : accords, fusions, coopérations, prises de participations… les grandes manœuvres sont en cours :

• ***King Fisher***, l'Anglais, a entrepris le redressement de Woolworth, et Darty, sa filiale française, sert de locomotive à Comet.

• ***Ahold***, le numéro 1 néerlandais, coopère avec Casino dont le groupe détient 2,69 % du capital, notamment sur les marques propres.

Pour ne prendre que les exemples les plus récents.
Mais **rien** dans ces stratégies quasi planétaires ne laisse croire à une préférence communautaire.

DEUXIÈME PARTIE

Pas de marché unique du commerce, donc, mais des signes de convergences chez les consommateurs, et un début d'internationalisation des formules commerciales et des capitaux dont la Communauté pourrait être la plaque tournante.

Les convergences :

Des tendances lourdes s'observent dans tous les pays du puzzle européen :

– homogénéisation de certains types de comportements, en particulier les habitudes alimentaires : dans tous les pays, la part du budget des ménages consacrée à l'alimentation est en déclin ;

– réduction du nombre de magasins d'alimentation générale, même si certains pays, comme l'Italie, conservent un nombre élevé et l'augmentation des supers et hypermarchés.

LES STANDARDS EUROPÉENS

- Une population qui décroit :

  6,5 % de la population mondiale en 1991,
  4,2 % en 2020.

- Moins de mariages :

  7,8 pour 1.000 habitants en 1960,
  5,9 pour 1.000 habitants en 1989.

- Des familles réduites :

  2,7 personnes par foyer.

- Moins d'enfants, plus de "vieux" :

  20,7 % de la population a plus de 60 ans en 1995,
  26,7 % en 2020.

- Davantage de pouvoir d'achat.

➪ **valeurs en baisse :**
l'alimentaire.

➪ **valeurs en hausse :**
les loisirs, la santé, les charges liées au logement (de plus en plus lieu de vie individuel) ;
les transports et télécommunications.

Des préoccupations communes tendent à traverser les frontières :

– partout, on est à la recherche de temps (produits et services surgelés qui font gagner du temps) ;

– on est soucieux de l'équilibre alimentaire (diététiques allégés, la santé, la forme) ;

– on est attentif à l'écologie (le consommateur vert).

Certaines catégories de consommateurs sont déjà franchement homogènes à l'échelle européenne. On peut citer :

– les teenagers,
– les urbains de 20 à 35 ans,
– les hommes d'affaires qui ressemblent tous à leur caricature.

Certains types de consommation sont « plus européens » que d'autres, notamment tout ce qui touche certains produits culturels. Les jeunes en particulier :

– voient les mêmes films,
– écoutent les mêmes disques,
– portent tous les mêmes pull Benetton et portent une Swatch à leur poignet.

Mais ils boivent aussi du Coca, vont chez Mac Do, portent un sac Vuitton et un polo Ralph Lauren.

Alors, européanisation ou internationalisation ?

PALMARÈS DES DISTRIBUTEURS EUROPÉENS EN 1992

• 1	TENGELMANN	ALLEMAGNE
• 2	REWE	ALLEMAGNE
• 3	ALDI	ALLEMAGNE
• 4	CARREFOUR	FRANCE
• 5	LECLERC	FRANCE
• 6	INTERMARCHE	FRANCE
• 7	EDIKA	ALLEMAGNE
• 8	PROMODÈS	FRANCE
• 9	J. SAINSBURY	ROYAUME-UNI
• 10	AHOLD	PAYS-BAS

Année 1994 - Source : classement réalisé par "Euromonitor" sur la base des CA réalisés. "Food Business News"- Janvier 1995

ACFCI-CECOD – Mars 1995

Au classement européen des distributeurs alimentaires, l'Allemagne se taille toujours la part du lion, devant la France et la Grande-Bretagne.

On assiste à une bataille des groupes qui proposent chacun des modèles de développements spécifiques :

– l'hyper à la française,
– le super store à l'anglaise,
– le hard discount à l'allemande.

Mais ces « standards », aussi typés soient-ils, sont toujours « adaptés » au pays d'implantation.

Ainsi, les hards discounters allemands : Aldi, Norma, Lidel ont sans cesse modifié leur concept d'origine. Pour le proposer aux consommateurs français, ils ont dû étendre leur assortiment aux produits frais.

Même le très pur Aldi a différencié ses assortiments entre le Nord et le Sud de l'Allemagne.

Partout, les formats des magasins, les assortiments et les sites d'implantation s'adaptent aux contraintes du marché local.

La vente par correspondance elle-même ne faillit pas à la règle (Quelle France, Les 3 suisses) ; Ottoversand, le géant de la vente par correspondance a mis au point une base de données de produits dans lesquels ses filiales partenaires choisissent, adaptent. La Redoute, elle aussi, adapte ses catalogues.

Neckerman, lui, a choisi de traduire son catalogue allemand, et de proposer l'ensemble de sa gamme.

Dans la vente par correspondance, même si le traitement des commandes et la logistique sont centralisés, les relations avec la clientèle sont presque toujours délocalisées.

Quant aux « Euro-centrales » dont on a tant parlé, et qui ont fait si peur, elles sont davantage dues à un rapport de force avec les fournisseurs, et à une réponse à la concentration de la production, qu'au souci de répondre à une demande européenne homogène.

Aujourd'hui, la baisse des tensions entre industriels et distributeurs favorisera davantage un partenariat ou le développement des échanges de données informatiques :

– *EDI, Système Allegro en France,*
– *la rationalisation de la logistique,*
– *et l'amélioration de la gestion rendra possible des gains nouveaux de productivité.*

Loin, très loin de ces grands groupes, le commerce spécialisé tisse sa toile européenne.

C'est la franchise qui a été le principal facteur de croissance des réseaux à l'intérieur de la Communauté.

En 1994, 98 réseaux français totalisent 4 752 unités principalement en Europe.

Yves Rocher, Bailly, Kookai, Phildar, Jacadi, Pronuptia, Cacharel possèdent plus de 50 unités à l'étranger.

Mais sur 34 réseaux étrangers présents sur notre territoire, 15 seulement sont d'origine européenne.

CONCLUSION

Pour conclure, je m'en remettrai à Euro-commerce : organisation créée en 1993 et qui fédère les structures du commerce européen de gros et de détail. Lors de son récent congrès, il a récemment rappelé que « le métier de distributeur implique des stratégies dont les effets ne sont pas uniquement commerciaux ».

« Nos décisions ont des dimensions complémentaires intégrant des notions d'intérêt général », rappelait Jacques Dophchie, son Président. On peut citer par exemple :

• l'organisation de l'espace urbain avec la revitalisation commerciale du centre-ville,

• l'emploi avec le développement des services à la clientèle,

• l'environnement et son respect,

• la protection du consommateur.

Ces quatre « dimensions complémentaires » sont des enjeux primordiaux qui soutiendront la distribution européenne du 3e millénaire.

S'il n'a jamais existé, le commerce européen est déjà rattrapé par la mondialisation de l'économie.

S'il n'a jamais existé, le consommateur européen est déjà dépassé par l'émergence de ce consommateur sans frontière, qui s'habillera à Paris, se cultivera à New York, s'équipera à Tokyo, se divertira à Barcelone et se reposera à Honolulu.

I
Les réseaux de distribution

L'AGENCE COMMERCIALE EN EUROPE

par le bâtonnier Jean-Marie LELOUP
Docteur en Droit
Ancien Président de l'Association Européenne des Avocats

Les agents commerciaux sont des prestataires de services de vente. Entrepreneurs indépendants, ils agissent pour autrui sans acquérir la propriété des biens qu'ils contribuent à distribuer. Ils ne sont pas un segment du marché, mais une voie d'accès du marché[1].

Leur rôle économique a paru assez important pour susciter, dès 1976, la mise en chantier d'une directive avec le double objectif d'harmoniser les conditions de concurrence entre industriels recourant aux services des agents et d'élever le niveau de protection des agents.

Certains États membres avaient en effet depuis longtemps légiféré à leur sujet (notamment Allemagne, Espagne, France, Italie), d'autres ne l'avaient pas fait (Belgique, Grèce, Portugal, Royaume-Uni, par exemple).

Finalement, après dix ans d'élaboration, la directive fut adoptée le 18 décembre 1986[2]. La date fixée pour sa transposition était le 31 décembre 1990, reportée au 31 décembre 1994 pour l'Irlande et le Royaume-Uni. Ce n'est cependant que le 2 juin 1995 que fut publiée au Moniteur Belge la loi belge, votée le 13 avril 1995, clôturant le tour d'Europe des transpositions nationales.

Le droit positif de chaque pays de l'Europe des Douze consacre ainsi une figure juridique identique de l'agent commercial[3] : l'agent commercial est un professionnel indépendant, investi, de façon permanente, de la mission de négocier, et éventuellement de conclure, pour une autre personne, l'achat ou la vente de marchandises.

C'est donc un personnage du monde de la distribution. Mais à l'exception du Danemark, de l'Irlande et du Royaume-Uni, les États membres ont étendu le champ d'application du statut des agents commerciaux au monde des services, en ne limitant pas aux achats et ventes de marchandises les contrats pouvant faire l'objet de l'activité de l'agent.

A l'inverse la faculté, ouverte par l'article 2.2 de la directive, d'exclure du champ d'application les personnes exerçant à titre accessoire n'a été utilisée que par la France[4] et le Royaume-Uni[5].

1. V. J.M. LELOUP, *Les agents commerciaux, statuts juridiques, stratégies professionnelles,* Delmas, 3e édition, 1995.

2. J.O.C.E., 31 décembre 1986, L. 382/17 à 382/21.

3. Il en est de même, parmi les États nouveaux venus dans l'Union européenne, de l'Autriche, avec la loi du 11 février 1993, BGBL, 1993/88.

4. Art. 15 de la loi du 25 juin 1991.

5. Art. 2-3 des Commercial Agents Régulations 1993 et Annexe.

Ce dernier semble avoir transposé la directive avec quelque réticence, l'article 1 du texte britannique disposant que ses dispositions sont applicables aux activités des agents commerciaux en Grande-Bretagne à moins que les parties n'aient décidé que le contrat d'agence serait régi par le droit d'un autre État membre[6]. L'Allemagne au contraire a connu une transposition aisée, son droit national ayant inspiré bon nombre des articles de la directive.

En un mot le génie propre de chaque pays a animé la transposition. La France l'a faite dans la continuité du droit antérieur. La qualification du contrat d'agence comme contrat de mandat d'intérêt commun figure désormais à l'article 4 de la loi du 25 juin 1991, comme elle était mentionnée auparavant à l'article 3 du décret de 1958. La patrimonialité du contrat, élément du droit coutumier français de l'agence commerciale, est inscrite à l'article 13 (c) de la loi du 25 juin 1991 comme à l'article 18 (c) de la directive. La formulation de l'indemnité de fin de contrat est maintenue telle qu'elle figurait au décret de 1958, car déclarait le rapporteur à l'Assemblée nationale, M. Bouquet, « *en matière de protection des agents commerciaux, le texte de 1958 a fait ses preuves et il ne paraît pas souhaitable d'en modifier trop sensiblement la lettre* »[7].

On ne saurait rendre compte ici de la loi nationale de chacun des pays de l'Union. Le propos est seulement de rappeler les dispositions impératives de la directive, que l'on retrouve donc nécessairement dans toutes les lois nationales, et de signaler les choix opérés par ces dernières face aux options, nombreuses, laissées à la discrétion des droits nationaux. On le fera en examinant successivement la formation et l'exécution du contrat (I) puis la cessation du contrat (II).

I – FORMATION ET EXÉCUTION DU CONTRAT

Absence de formalisme dans la formation du contrat, précision des droits et devoirs des partenaires dans son exécution caractérisent la directive.

A – FORMATION DU CONTRAT

L'article 13-2 de la directive laissait aux États membres la possibilité d'exiger un écrit pour la validité du contrat d'agence. Tous les États étudiés[8], sauf l'Irlande[9], ont choisi le consensualisme et rejeté la nécessité d'un écrit.

Mais une disposition impérative de la directive (art. 13-1) réserve à chaque partie le droit inaliénable d'obtenir de l'autre partie un écrit mentionnant le contenu du contrat d'agence y compris celui de ses avenants.

Reprenant cette disposition, aucune loi nationale n'a cependant précisé comment mettre en œuvre ce droit à la préconstitution de la preuve.

6. Art. 1-3.

7. Ass. Nat. séance du 23 mai 1991, J.O., p. 2244.

8. La comparaison porte sur les dix pays suivants : Allemagne, Belgique, Danemark, Espagne, France, Irlande, Italie, Pays-Bas, Portugal, Royaume-Uni.

9. Art. 5 S.I. n° 33-1994.

Les mesures d'harmonisation prescrites par la directive s'appliquent à toutes dispositions législatives, réglementaires et administratives des États membres ; on ne peut plus faire d'une formalité administrative la condition d'accès au statut des agents commerciaux (art. 1-1 de la directive). Cela vise la *colegiacion* en Espagne, le *ruolo* en Italie et le registre spécial en France.

B - EXÉCUTION DU CONTRAT

La directive porte des dispositions impératives dont certaines, générales, commandent toute la collaboration des cocontractants alors que d'autres, détaillées, organisent le droit à rémunération de l'agent.

1) L'esprit de la collaboration

Le chapitre II de la directive, sous le titre « *Droits et obligations* » pose en ses deux articles 3 et 4 les obligations de chaque partie. La transposition française a intégré avec bonheur la tradition de notre pays et ces dispositions de la directive en incluant dans l'article 4 de la loi du 25 juin 1991 la qualification du mandat d'intérêt commun et la formule synthétique « *Les rapports entre l'agent commercial et le mandant sont régis par une obligation de loyauté et un devoir réciproque d'information* ». Cette heureuse formulation, due au Sénat[10], montre que le concept d'intérêt commun gouverne l'ensemble du contrat d'agence[11].

Les dispositions d'application des devoirs fondamentaux des contractants, énoncées également par la directive dans ses articles 3 et 4, ont été placées par la transposition française dans les articles 1 à 3 nouveaux du décret du 23 décembre 1958 modifiés par le décret du 10 juin 1992[12]. La loi espagnole du 27 mai 1992 est la seule à avoir précisé le délai dans lequel le mandant doit faire connaître son acceptation ou son refus d'une opération apportée par l'agent. Ce délai doit être *raisonnable* selon l'article 4(c) de la directive. La loi espagnole l'a fixé à 15 jours[13].

L'obligation de loyauté impose encore au mandant de fournir à l'agent toutes informations, notamment comptables, nécessaires pour vérifier le montant des commissions dues[14]. Cette disposition révèle le soin avec lequel la directive a étudié la rémunération de l'agent commercial.

2) Les modalités de la rémunération à la commission

Dès lors que l'agent est rémunéré à la commission, les articles 7 à 12 de la directive ont réglé :

– la naissance du droit à commission : *au plus tard lorsque le tiers a exécuté sa part de l'opération ou devrait l'avoir exécuté si le commettant avait exécuté sa part de l'opération* (art. 10-2) ;

10. Rapport de M. Huchon - n° 268, annexé au P.V. de la séance du 11 avril 1991.

11. V. J.M. Leloup, « La loi du 25 juin 1991 relative aux rapports entre les agents commerciaux et leurs mandants ou le triomphe de l'intérêt commun », J.C.P. éd. E., 1992, I, 105.

12. Décret 92-506, J.O. 12 juin 1992, p. 7719.

13. Art. 10-3, Loi 12/1992.

14. Directive art. 12-2.

– l'extinction du droit à commission qui ne peut survenir que *si et dans la mesure où il est établi que le contrat entre le tiers et le commettant ne sera pas exécuté, et que l'inexécution n'est pas due à des circonstances imputables au commettant* (art. 11-1) ;

– la date de paiement de la commission qui *est au plus tard le dernier jour du mois qui suit le trimestre au cours duquel elle était acquise* (art. 10-3).

Ces dispositions sont impératives.

En revanche la directive a laissé au choix des États membres la détermination du droit à commission de l'agent chargé d'un secteur géographique ou d'un groupe de personnes déterminées. Faut-il, en pareil cas, pour lui reconnaître un droit à commission sur les opérations conclues avec un client appartenant à ce secteur ou à ce groupe, exiger de plus la stipulation de l'exclusivité à son profit ? Non, répondent les droits allemand (art. 87, al. 2 H.G.B), danois (art. II, al. 9, 3° de la loi n° 272 du 2 mai 1990), français (art. 6, 2e alinéa, L. 25 juin 1991), italien (art. 1748 C. Civ.), néerlandais (art. 431, paragraphe 1 (c) C. Civil, sauf disposition contraire). En revanche, l'agent n'a droit à commission qu'en présence d'une clause d'exclusivité pour l'univers commercial dont il est chargé dans les droits belge (art. 10-3 L. 13 avril 1995), espagnol (art. 12-2 loi 27 mai 1992), irlandais (art. 4 S.I. n° 33 de 1994), portugais (art. 16, décret loi 178-86 du 3 juillet 1986, modifié par le décret loi 118/93 du 13 avril 1993) et britannique (art. 7-2 des Commercial Agents Régulations de 1993).

II - CESSATION DU CONTRAT

La durée du contrat, l'indemnisation de l'agent, les suites du contrat sont les trois questions qui méritent examen.

A - DURÉE DU CONTRAT

1) Si le contrat est à durée déterminée, sa poursuite, par les deux parties, après le terme convenu, le transforme en contrat à durée indéterminée (directive art. 14). Cette disposition est-elle d'ordre public ? Il semble qu'aucune législation ne lui reconnaisse une telle portée. La volonté commune contraire serait donc efficace.

2) Si le contrat est à durée indéterminée, la directive fixe une durée minimale de préavis en son article 15-2 : *un mois pour la première année du contrat, de deux mois pour la 2e année commencée, de trois mois pour la 3e année commencée et les années suivantes*. Mais l'article 15-3 permet aux États membres de porter jusqu'à 6 mois ce préavis minimum en augmentant sa durée d'un mois par année d'accomplissement du contrat jusqu'à la sixième. Quatre États membres ont limité le préavis au minimum de l'article 15-2 (France, Irlande, Portugal, Royaume-Uni). L'Allemagne adopte ce minimum pour les 3 premières années d'exécution du contrat, mais porte le préavis à 6 mois à partir de la 6e année (art. 89 H.G.B.). Les Pays-Bas, en l'absence de prévision contractuelle différente, fixent le préavis minimal à 4 mois,

augmenté d'un mois si le contrat a duré plus de 3 ans et de deux mois si le contrat a duré plus de 6 ans (art. 437 C. Civ.) La Belgique (art. 18, L. 13 avril 1995), le Danemark (art. 22, Loi du 2 mai 1990), l'Espagne (art. 15, L. 27 mai 1992), l'Italie (art. 1750, C. Civ.) ont adopté un préavis d'un mois par année d'exercice du contrat dans la limite de 6 mois de préavis.

B - INDEMNISATION DE L'AGENT

L'indemnisation de l'agent en fin de contrat a opposé, lors des travaux préparatoires de la directive, le système d'indemnisation dit à l'allemande (art. 17-2 de la directive) au système dit à la française (art. 17-3), entre lesquels les États membres ont faculté d'option. Le premier repose sur une indemnité de clientèle soumise aux conditions posées par l'article 17-2 (a) et limitée à la moyenne annuelle des rémunérations touchées par l'agent. Le second est celui de la réparation du préjudice subi du fait de la cessation des relations avec le commettant.

En vérité, l'opposition entre les deux systèmes est moins tranchée qu'il n'y paraît, car l'article 17-2 prévoit en sa lettre (c) que l'octroi de l'indemnité *ne prive pas l'agent commercial de faire valoir des dommages-intérêts*, droit auquel il ne peut, comme à l'ensemble des articles 17 et 18, être dérogé avant la fin du contrat (art. 19).

Sous le bénéfice de cette observation, le système de l'article 17-2 a été choisi par l'Allemagne (art. 89 b H.G.B.), la Belgique (art. 20 et 21, Loi 13 avril 1995), le Danemark (al. 25 et 26, Loi 2 mai 1990), l'Italie (art. 1751, C. Civ.), les Pays-Bas (art. 442, C. Civ.), le Portugal (art. 33 et 34, décret loi du 3 juillet 1986). A l'inverse, adoptant l'article 17-3 de la directive, la France a, comme on l'a vu ci-dessus, tout naturellement maintenu le texte en vertu duquel la jurisprudence fixe habituellement le montant de l'indemnité de cessation de contrat à la valeur de 2 ans de commissions[15]. L'Espagne combine les deux paragraphes de l'article 17 de la directive en prévoyant en toute hypothèse l'indemnité de clientèle du paragraphe 2 (art. 28, L. 27 mai 1992) à laquelle s'ajoute pour les contrats à durée indéterminée l'indemnisation du préjudice causé à l'agent par la dénonciation unilatérale du contrat par le commettant (art. 29, L. 27 mai 1992). La Grande-Bretagne laisse le choix aux parties entre l'indemnité et la compensation du préjudice et en l'absence de convention à ce sujet dans le contrat donne la préférence aux dommages-intérêts (art. 17, Commercial Agents Régulations 1993). Quant à l'Irlande, la transposition singulière à laquelle elle a procédé, intégrant le texte lui-même de la directive dans son droit interne, l'a dispensée de choisir entre les deux branches de l'alternative proposée par l'article 17.

L'indemnisation, *lato sensu,* de l'agent est toujours impérative. C'est une pièce fondamentale de l'équilibre contractuel voulu par la directive. Toute cessation du contrat, même par le décès de l'agent, ouvre droit à l'indemnisation. Seules la faute grave de l'agent et sa démission (non provoquée par l'âge, l'infirmité ou la maladie rendant impossible la poursuite de son activité professionnelle) provoquent une rupture de contrat sans compensation au profit de l'agent. Le mandant est également dispensé d'indemniser l'agent si celui-ci transmet à un tiers les droits et obligations

---

15. V. J.M. LELOUP, *op. cit.*, 3e édition, pages 203 à 218.

qu'il détient en vertu du contrat d'agence, mais en pareil cas l'agent reçoit de son successeur la valeur du contrat. C'est la consécration par la directive de la patrimonialisation du contrat d'agence (directive art. 18).

En revanche la directive a enfermé dans un délai court la mise en œuvre du droit à indemnisation : l'agent doit notifier au mandant qu'il entend faire valoir ses droits dans le délai d'un an à compter de la cessation du contrat (directive art. 19).

C - SUITES DU CONTRAT

Outre le règlement de l'indemnité de cessation de contrat, les suites du contrat sont constituées dans la directive par la possibilité de stipuler à l'encontre de l'agent une clause de non-concurrence (art. 20).

La directive pose les conditions de validité de cette neutralisation post-contractuelle qui :

– doit être établie par écrit ;

– ne peut viser que le secteur et la clientèle confiés à l'agent commercial ;

– ne peut excéder la durée de 2 ans, durée longue par rapport à la volonté habituelle du droit communautaire de limiter à un an l'effet de ces clauses restrictives de concurrence[16].

En outre, le paragraphe 4 de l'article 20 réserve l'application des dispositions de droit national qui restreignent la validité ou l'applicabilité des clauses de non-concurrence ou réservent aux tribunaux le contrôle de tels accords.

Le Danemark[17], la France[18], l'Irlande, l'Italie[19], le Royaume-Uni[20] n'ont pas restreint la portée ni la durée de la clause de non-concurrence. En revanche, l'Espagne en limite la durée à 1 an pour les contrats n'ayant pas duré 2 ans[21]. Les Pays-Bas ne font pas produire effet à la clause quand la rupture du contrat est opérée unilatéralement par le mandant, sans respect du préavis et sans raison d'urgence, ni quand l'agent met fin au contrat pour une raison imputable au mandant, les tribunaux peuvent en outre abolir la clause en raison de circonstances reprochables au mandant[22].

La Belgique limite la durée de la clause à 6 mois et lui refuse effet soit lorsque le commettant a l'initiative de la rupture sans invoquer des circonstances exceptionnelles rendant définitivement impossible toute collaboration professionnelle ou un manquement grave de l'agent, soit lorsque la rupture est faite par l'agent en invoquant précisément des circonstances exceptionnelles ou un manquement grave du commettant. En outre la clause de non-concurrence crée en faveur de l'agent une présomption d'apport de clientèle [23].

---

16. On peut citer notamment Reg. 1983/83 et 1984/83 du 22 juin 1983, JOCE, 30 juin 1983, L. 173, rectifié le 13 octobre 1983, L. 281 ; Reg. 123/85, JOCE 18 janvier 1985, L. 15 ; Reg. 4087/88, JOCE 28 décembre 1986, L. 359/46.

17. Al. 30 L. 2 mai 1990, sous réserve du point 3 de ce texte et de l'application de l'alinéa 38 de la loi sur les contrats.

18. Art. 14 L. 25 juin 1991.

19. Art. 1751 C. Civ.

20. Art. 20, Commercial Agents Régulations 1993.

21. Art. 20-2 Loi 27 mai 1992.

22. Art. 443 C. Civ.

23. Art. 24 Loi 13 avril 1995.

Enfin deux pays assortissent la clause de non-concurrence d'une compensation pécuniaire : l'Allemagne[24] et le Portugal[25].

CONCLUSION

Cette revue rapide des transpositions nationales montre à la fois les résultats, importants, du rapprochement des législations des États membres et les divergences, notables, subsistant entre ces législations. En cette matière comme dans les autres, les sensibilités et les traditions nationales doivent être respectées. Il incombe aux opérateurs de choisir la loi applicable à leurs contrats d'agence, faute de s'en remettre aux dispositions supplétives des Conventions de la Haye du 14 mars 1978[26] sur la loi applicable aux contrats d'intermédiaire et à la représentation, et de Rome du 18 juin 1980 sur la loi applicable aux obligations contractuelles, sans oublier l'incidence des lois de police de lieu d'exécution du contrat.

24. Art. 90 (b) H.G.B.

25. Art. 13 g Décret Loi du 3 juillet 1986.

26. Applicable en France et au Portugal de préférence à la Convention de Rome en exécution de *Specialia generalibus dérogant* et de l'article 21 de la Convention de Rome.

LA VALIDITÉ DES RÉSEAUX DE DISTRIBUTION AU REGARD DU DROIT FRANÇAIS ET COMMUNAUTAIRE

par Sylvaine PERUZZETTO
Professeur à l'Université des Sciences Sociales de Toulouse

Toulouse se trouvait sur le chemin de Saint-Jacques de Compostelle,

Monsieur le Bâtonnier, mesdames, mesdemoiselles messieurs,

Dans cette longue quête sur les chemins du droit de la distribution, je propose aux pèlerins que nous sommes et pour cette halte à Toulouse à l'ombre de la basilique Saint-Sernin, d'examiner ensemble, à la lumière de l'actualité, la question de la validité des réseaux de distribution tant au regard du droit français que du droit communautaire.

Mais évoquer la validité des réseaux de distribution, c'est-à-dire rechercher dans quelle mesure, et sous quelles conditions, le droit accepte le principe d'une telle organisation nécessite déjà de définir le réseau de distribution et de déterminer les textes juridiques éventuellement applicables.

Les réseaux de distribution qui vont nous occuper sont en réalité les réseaux de distribution de revendeurs, dès lors que la question des réseaux d'intermédiaires a été évoquée ce matin.

Ils se définissent à partir de leurs caractéristiques qui les distinguent d'autres formes d'organisation de distribution.

Ainsi, les réseaux de distribution se caractérisent par l'existence de distributeurs indépendants économiquement et juridiquement du fabricant, à la différence de la distribution par réseau intégrée, c'est-à-dire par des points de vente contrôlés par un fournisseur, le contrôle se faisant en général par des liens en capital (encore qu'il y aurait beaucoup à dire sur l'évolution de la notion de contrôle).

Ils se caractérisent en deuxième lieu par l'existence de deux ou plusieurs opérations d'achat vente entre le fabricant et le consommateur final, à la différence de la distribution par des intermédiaires que sont les agents commerciaux qui n'achètent pas les marchandises et partant ne contrôlent pas le fichier des clients.

Ils se caractérisent également par l'initiative des fabricants, à la différence de la grande distribution qui est une distribution de masse et dans laquelle le distributeur a la puissance économique[1], et à la différence de ce que l'on appelle malencontreusement des chaînes volontaires de distributeurs qui sont des organisations à l'initiative des distributeurs.

---

1. Il faut saluer à cet égard un récent arrêt du TGI de Châlon 21.6.94 qui a condamné un distributeur à payer à son fournisseur des dommages et intérêts pour avoir obtenu de lui de manière injustifiée des conditions plus avantageuses.

Ils se caractérisent encore par une homogénéité des contrats parallèles conclus entre l'organisateur et les distributeurs, et en ce sens, les réseaux de distribution se distinguent de ce que certains appellent le partenariat non sélectif fondé sur des accords de coopération commerciale.

Ils se caractérisent enfin par le caractère totalement privé de l'activité, à la différence des réseaux publics, par exemple les réseaux d'infrastructure représentés par les lignes, les voies de communication et de télécommunication, redécouverts il y a peu par le droit de la concurrence, notamment pour les questions d'accès aux réseaux par des tiers[2].

Les réseaux de distribution par le biais de revendeurs constituent ainsi une organisation complexe. Complexe car il s'agit d'un groupe de contrats autour d'un fabricant lié à plusieurs concessionnaires, franchisés ou sélectionnés. Complexe car la relation entre le fabricant et chacun des distributeurs donne lieu à deux types de convention, la convention cadre et les accords d'application, l'accord cadre pouvant d'ailleurs en pratique résulter de plusieurs documents contractuels. Complexe encore car les accords cadres s'ils sont généralement des accords types pouvant être ainsi qualifiés d'accords de concession, d'approvisionnement exclusif, de franchise, de distribution sélective, peuvent comporter des éléments relevant de plusieurs catégories, par exemple une franchise avec approvisionnement exclusif. Complexe toujours car le contrat d'exécution est un contrat de vente et que l'on connaît la sophistication de la réglementation de la vente. Un contrat de vente ? S'agit-il toujours d'un contrat de vente ou de prestation de service ? Précisément, une autre source de complexité tient au fait que les produits nouveaux, les nouvelles richesses, sont plutôt immatériels et qu'en matière de distribution informatique, il ne s'agit plus d'organiser des ventes mais l'octroi de licences. Complexe enfin, car un même fabricant peut distribuer ses marchandises ou ses services par plusieurs types de réseaux qui fonctionneront en parallèle : c'est la question difficile des réseaux composites.

Dans tous les cas pourtant, il s'agit de distribution. De distribution par opposition à la production qui est l'activité en amont, de distribution par opposition à la recherche et développement, autre activité économique de l'entreprise encore en amont de la précédente. Or, par rapport à la recherche et développement et à la production, la distribution a été longue à acquérir ses lettres de noblesses, en littérature comme en droit. Il suffit de se souvenir de la manière dont Dom Juan éconduit Monsieur Dimanche, du terrible portrait du marchand de Venise brossé par Shakespeare et d'ailleurs, Hermès n'était-il pas à la fois dieu des voleurs et des marchands ? Les ingénieurs et inventeurs chez Jules Verne sont plus sympathiques. Le droit à l'égard de la distribution suit la même orientation : une méfiance de principe à l'égard de la distribution et une large protection de la recherche et de ses résultats, sans compter la quasi-ignorance de l'activité de production.

Le droit ? Mais quel droit ? Ici encore la complexité de la réalité trouve son pendant dans la complexité de la base de données juridiques.

S'agissant d'une organisation fondée sur une série de contrats, le droit civil est évidemment impliqué et en particulier pour la question de la validité, tout le droit civil relatif à la formation des contrats. Mais le rayonnement du droit de la concurrence qui s'accroche à toute réalité pourvu qu'elle soit économique est également à

2. V. « L'accès des tiers au réseau public concédé en droit de la concurrence », F. VAISSETTE, RJDA, déc. 1994.

prendre en compte. Or le droit de la concurrence applicable en France est de source française ou communautaire : il faudra tenir compte de l'ordonnance du 1er décembre 1986, relative tant aux pratiques anticoncurrentielles qu'aux pratiques restrictives, comme le refus de vente ou l'imposition de prix minimum tout comme des articles 85 et 86 du Traité de Rome, et parfois du règlement relatif au contrôle des concentrations.

D'autres branches du droit sont incidemment applicables, comme par exemple le droit de la consommation, en particulier dans la question de la responsabilité entre fabricant et distributeurs ou encore les autres règles du droit communautaire comme les principes de libre circulation des marchandises et des services qui incitent à la création de tels réseaux mais finalement aussi toute la réglementation des ventes qu'ils s'agisse de la distinction entre l'action en manquement à l'obligation de conformité ou en garantie des vices cachés ou qu'il s'agisse encore des questions de remises différées, de revente à perte, d'obligation de facturation qui ne sont pas spécifiques à l'organisation d'une distribution en réseau et qui s'applique à toute opération d'achat vente avec un intermédiaire.

Sur les chemins de la recherche de la validité juridique des réseaux de distribution, il nous faut donc, au regard de l'évolution du droit, cerner les règles juridiques qui constituent soit une menace de validité, soit une reconnaissance de validité.

A cet égard, un obstacle a été franchi sur la route de la validité, une rivière sur ce chemin : en effet, le droit a admis le principe de l'existence de ces réseaux en les définissant.

En effet, indépendamment des règles conduisant à la validité ou à l'invalidité des réseaux de distribution sont nées, il y a peu, des règles juridiques définissant les réseaux de distribution, ou plus exactement définissant la relation juridique de base : le contrat, et non le groupe de contrats. L'originalité de ces contrats, leur fréquente utilisation valaient cette entrée dans le grand salon de Dom Juan, dans le grand salon des contrats spéciaux, aux côtés de la vente, du prêt, du louage...

Cette reconnaissance par la définition résulte du droit communautaire et plus précisément du droit communautaire de la concurrence qui pour la première fois a donné une définition juridique des différents contrats de distribution. Ainsi en est-il du règlement 1983/83[3] qui a défini les accords de distribution exclusive, du règlement 1984/83[4] qui a défini les accords d'achat exclusif, du règlement 4087/88[5] qui a défini les accords de franchise.

Il est vrai que le même pas n'a pas été franchi pour la distribution sélective, qui reste régie par des décisions. Cependant, ces décisions ont une portée générale comme les décisions Saint-Laurent et Givenchy dans le domaine de la parfumerie[6].

---

3. Du 22 juin 1983.

4. Du 22 juin 1984.

5. Du 30 nov. 1988.

6. Sans compter les définitions données par secteur :

– la distribution automobile avec la définition des mandataires auxquels les membres du réseau ne peuvent opposer un refus de vente (communication 18.12.91 JOCE C329 18.12.91 et l'arrêt TPI 22.4.93 Peugeot/Ecosystem) ;

– la distribution de bière outre les dispositions spécifiques contenues dans le règlement 84/83 relatif aux accords d'approvisionnement exclusif, la communication sur les accords d'importance mineure qui échappent ainsi à l'application de l'article 85 par 1, à la suite de l'arrêt Delimitis (communication JOCE C 121 13.5.92) ;

– la distribution de parfums, les décisions Saint-Laurent 16/12/91 JOCE L 12, 18/1/92 et Givenchy 24/7/92 JOCE L 236 19/8/92 ;

– la distribution des produits pétroliers, ce même règlement 1984/83 précité.

Quelles conséquences tirer de ces textes communautaires directement applicables en droit français, et dans le contexte de la primauté du droit communautaire ? Le fait que ces accords soient définis ne signifie pas que ces accords soient valides. La question doit être distinguée.

En effet, les règlements d'exemption qui définissent les contrats ont pour objet d'exempter automatiquement, entendons d'admettre par exception et sans procédure, des contrats qui heurtent l'article 85 du Traité de Rome relatif aux ententes. Ces règlements ne conduisent donc pas à une validité de principe, l'exemption étant précisément une exception. La question a ainsi été distinguée en 1986 par la Cour de justice des communautés qui devait se prononcer sur la portée du règlement d'exemption 123/85 en matière de distribution automobile : la Cour a précisé qu'un accord ne répondant pas aux conditions du règlement d'exemption n'est pas forcément nul, ce règlement se contentant de prévoir les cas dans lesquels une exemption peut être automatiquement accordée[7].

D'ailleurs, un retrait de l'exemption reste toujours possible[8] (décision Langnese-Iglo 23.12.92 JOCE L 183 26.7.93), et l'exemption n'ayant trait qu'aux règles de concurrence, le droit civil peut toujours potentiellement invalider le contrat d'autre part.

Si la définition des contrats n'a pas d'effet direct sur la validité, elle a un effet indirect. Le fait que ces accords soient définis permet d'abord de déterminer leurs caractéristiques spécifiques :

– soit l'exclusivité dans la distribution exclusive ou dans l'approvisionnement exclusif,

– soit l'utilisation d'un nom, d'une marque ou d'une enseigne, la communication d'un savoir-faire et la fourniture d'assistance technique ou commerciale pour la franchise,

– la vente par des distributeurs sélectionnés par le fabricant pour la distribution sélective.

En déterminant les caractéristiques spécifiques à chaque contrat, l'objet spécifique dirait le droit communautaire relatif à la propriété intellectuelle, la prestation caractéristique dirait la Convention de Rome, le droit a ainsi répondu à la question de la distinction des contrats entre eux.

Entre accord de franchise et de distribution sélective par l'existence pour le premier d'un savoir-faire à cet égard [9].

Entre franchise et concession par le caractère facultatif de la clause d'exclusivité dans un contrat de franchise : la Cour de cassation, cassant un arrêt de la Cour d'appel de Paris, a fort heureusement, répondu par la négative : « Le contrat de franchise n'est pas nul par le seul fait de l'absence d'une clause d'exclusivité territoriale »[10].

7. CJE 18.6.86 aff 10/86 rec. 4084 à propos du règlement 123/85 qui « n'établit pas de prescriptions contraignantes affectant directement la validité ou le contenu de clauses contractuelles ou obligeant les parties contractantes à y adapter le contenu de leur contrat, mais se limite à établir des conditions qui, si elles sont remplies, font échapper certaines clauses contractuelles à l'interdiction et par conséquent à la nullité de plein droit prévues par l'article 85 par 1 et 2 du traité CEE » ; la Cour de cassation à propos de ce règlement a repris l'argumentation pour s'opposer à une demande d'un concessionnaire à l'égard d'un concédant de mettre le contrat en conformité avec le règlement, ce dernier n'étant conclu que pour une année seulement (Com. 10.12.91 Sté d'exploitation des établissements Richard c/ Sté Daret automobile CCC 1992/70).

8. Langnese-Iglo 23 déc. 1992, JOCE L 183 26.7.93.

9. Voir « Les contrats de la grande distribution : critères de distinction entre franchise et affiliation », G. CASTAN, RJDA, 1993 N7).

10. Com. 16/1/90. On sait d'ailleurs que le droit communautaire a tranché dans le même sens par l'arrêt Pronuptia mais également par le règlement d'exemption, CJE 28/1/86 R. 353.

Cela ne signifie pas que si une clause d'exclusivité territoriale est annulée pour atteinte à la concurrence ou pour indétermination du territoire, l'ensemble du contrat de franchise ne puisse pas l'être, le critère étant alors la recherche de l'intention des parties sur le caractère accessoire ou essentiel de la clause[11].

Par ailleurs et c'est une autre conséquence sur la validité de la reconnaissance par la définition des contrats, ces définitions permettent de sanctionner sur le terrain du droit civil la formation du contrat.

Ainsi, en matière de franchise la jurisprudence a montré que le défaut de cause pouvait être invoqué au soutien de la demande en annulation d'un contrat de franchise si le savoir-faire est inconsistant car dépourvu d'originalité ou connu[12].

C'est dire que la définition ainsi posée, si elle accorde des titres de noblesse aux contrats de distribution, et si elle constitue une étape nécessaire pour la question de la validité, ne la résoud pas pour autant.

Ainsi, après avoir admiré la construction et le pas qu'elle représente dans l'histoire du droit de la distribution, comme de passage à Toulouse l'on admire la basilique Saint-Sernin, il nous faut reprendre notre bourdon de pèlerin, il nous faut reprendre notre quête sur la validité de tels contrats.

A cet égard, il nous semble que le droit, telle une caméra, adopte sur ces réseaux de distribution un double point de vue qui conduit soit à un effet grand angle, et le réseau est vu dans son contexte économique global, le contrat liant le fabricant à son distributeur étant un élément d'une organisation de la distribution, laquelle se trouve elle-même un élément de l'économie, soit à un effet focus et le réseau est vu comme la relation entre un fabricant et son distributeur.

La vision globale ou l'effet grand angle est l'une des visions du droit économique. Or le droit économique se construit à partir des notions d'efficacité, d'utilité (il s'agit de l'utilité du philosophe américain Rawls qui serait à l'origine de toute construction sociale et que l'on retrouve dans le droit communautaire, droit économique par excellence, qui consacre par exemple la notion d'effet utile).

Cette vision globale voit dans le réseau de distribution un principe d'efficacité économique qui conduit naturellement à reconnaître de plus en plus largement la validité réseaux et la validité des contrats de distribution, c'est toute l'émergence, dans le domaine des réseaux de distribution de la règle de raison.

La vision focalisée du réseau, l'effet focus, conduit le droit à ne s'intéresser qu'à la relation contractuelle entre fabricant et distributeur.

Ne s'intéressant plus qu'à la relation entre ces deux personnes le droit, qu'il s'agisse du droit économique ou du droit civil, laissera l'étalon de l'utilité au profit de

11. La situation est encore à distinguer de celle dans laquelle une clause d'exclusivité prévue et valable n'est pas respectée, le contrat peut être résilié dès lors qu'il est prouvé qu'il s'agirait d'une condition essentielle (Com 9.3.93 SA Kokaï c/ SARL Belle épine sélection CCC 93, 107. RTD Com. 2.3.348) (Cass. Com. 9. 11.93 SA Copy 2000 c/ Alibay CCC 1994, 23).

12. Et la question est évidemment à distinguer de celle dans laquelle le savoir-faire n'est pas transmis, le remède est la résolution pour inexécution d'une obligation essentielle même si finalement, le résultat est le même (Cass. Com. 24.4.94 SA ASPAC c/ Vallet et autres CCC Oct. 94/191). (Cass. Com 9.10.90 RTD Civ 91, 325)

Mais si l'élément manquant n'était pas déterminant pour les parties, l'accord cadre peut être requalifié simplement d'accord de distribution (Com 24.11.92).

celui de la protection. Plutôt qu'à l'efficacité du réseau, le droit s'intéresse à l'équilibre de la relation contractuelle, sanctionnant en particulier par l'invalidité du contrat une absence d'équilibre.

Et puisqu'aujourd'hui en matière de réseau de distribution le droit dans son unité doit rechercher à la fois l'efficacité du réseau et la protection des parties dans la construction même du réseau, voyons comment la constatation de l'efficacité du réseau est vecteur de validité, tandis que le souci de protection des parties est vecteur de limitation.

I - L'EFFICACITÉ, VECTEUR DE VALIDITÉ

L'efficacité d'un réseau de distribution pour l'ensemble de l'économie dans un système libéral a petit à petit conduit le droit, et plus précisément le droit de la concurrence dans sa version française et communautaire, à admettre par principe la validité de certains réseaux de distribution.

Cette reconnaissance de principe est passée par l'élaboration de la fameuse règle de raison inspirée du droit américain de la concurrence mais mise en œuvre, en droit communautaire, dans un contexte très différent.

En effet, en matière d'entente, la règle française comme la règle communautaire prévoit une analyse en deux temps : si une situation, par exemple un réseau de distribution est constitutif d'entente, si dès lors l'article 7 de l'ordonnance du 1er décembre 1986 ou l'article 85 par 1 du Traité de Rome est applicable, il convient de se demander si par exception, l'entente ne peut être rachetée du fait de ses effets bénéfiques. Le fonctionnement de la règle a conduit les autorités de la concurrence, et surtout les autorités communautaires à étendre la catégorie des accords exemptés si bien que tout accord était presque par principe contraire à la concurrence mais pouvait par exception échapper à l'interdiction.

Sous la pression d'une partie de la doctrine, qui trouvait bien rapide l'analyse faite sur le paragraphe 1er de l'article 85 et bien pléthorique l'analyse faite sur le fondement du paragraphe 3, la Cour a fait basculer sur la première phase de l'analyse c'est-à-dire sur le terrain de l'article 85 par 1er la souplesse dont elle acceptait de faire preuve : ainsi est née la règle de raison.

Les conséquences procédurales sont importantes, puisque l'admission de la règle de raison permet de limiter les procédures et les longues analyses juridiques du moins en droit communautaire. En effet, si en droit français il n'existe ni règlement d'exemption, ni procédure de notification[13], les choses sont plus complexes en droit communautaire.

13. Elles sont encore facilitées par un récent arrêt de la Cour d'appel de Paris relatif aux risques d'incompatibilité entre les positions françaises et communautaires, dans l'hypothèse d'une lettre administrative. Ces risques sont quelque peu atténués dans la mesure où la Cour d'appel de Paris a considéré qu'une telle lettre, bien que ne constituant pas une décision, valait justification d'un refus de vente, susceptible d'être condamné sur le fondement de l'article 36 de l'ordonnance du 1er décembre 1986, du fait du principe de primauté, la Cour ne pouvant annuler sur la base du droit français de la concurrence un accord type estimé conforme aux paragraphes 1 et 3 de l'article 85 (Paris 9.12.92 Société Michel Swiss c/ Société Montaigne diffusion CCC 93, 7).

En droit communautaire, deux cas sont à distinguer.

Si un règlement d'exemption n'existe pas, c'est la procédure classique de demande d'attestation négative et, subsidiairement, d'exemption qui est utilisée par le biais du formulaire A/B permettant la notification et la demande d'attestation négative. A cet égard, deux observations s'imposent. Dans le cas de la distribution sélective, il n'existe pas de règlement d'exemption, la distribution sélective n'étant régie que par des « cas tests » dans la mesure où la Commission n'est pas habilitée par le règlement 19/65 du 2 mars 1965 à prendre un règlement d'exemption par catégorie, les accords de distribution sélective ne comportant pas de limitation territoriale. En pratique, les fabricants reçoivent des lettres administratives qui « ne peuvent être assimilées quant à leurs effets à une décision d'exemption » (CJE Nefarma c/ Commission 13 décembre 1990), d'où l'absence de sécurité juridique. Par ailleurs, la compétence exclusive de la Commission pour accorder l'exemption est aujourd'hui remise en cause, en particulier par le report de compétence sur les juges nationaux.

Si en revanche un règlement d'exemption existe, il est vrai qu'en principe l'entreprise n'a pas à notifier, l'exemption étant automatique, sous réserve cependant, premièrement que l'accord entre dans le champ d'application du règlement, deuxièmement que toutes les clauses de l'accord soient prévues, troisièmement qu'elles soient autorisées par le règlement. Si l'une de ces conditions n'est pas vérifiée, on en revient à la procédure classique de notification, sauf pour le règlement relatif à la franchise qui prévoit une procédure d'opposition par laquelle un défaut de réponse de la commission dans les 6 mois vaut acceptation, cette procédure n'étant utilisable que dans l'hypothèse où une clause ne serait pas prévue.

Du point de vue des organes compétents, le juge de droit commun comme les autorités spécialement chargées de l'application du droit de la concurrence, ont compétence pour déterminer si un règlement d'exemption est ou non applicable à un accord.

Il en résulte que l'admission d'une règle de raison évite à toute entreprise la lourdeur des procédures citées, puisque par principe les accords seront considérés valables, l'insécurité relative au risque d'un retrait d'exemption, même s'il sera toujours loisible à une entreprise d'assurer sa sécurité juridique en faisant, en droit communautaire, une demande d'attestation négative.

Or, la règle de raison fut d'abord consacrée en matière de distribution sélective.

Mais la jurisprudence récente montre que si dans ce domaine elle a été affinée, en matière de concession elle a été consacrée.

A – LA RÈGLE DE RAISON AFFINÉE

En matière de distribution sélective, si l'efficacité d'un tel mode de distribution a rapidement conduit à sa validité de principe par la règle de raison, l'étendue de la règle de raison n'est pas la même en droit communautaire et en droit français, aussi convient-il de distinguer les deux approches.

1 - Règle de raison et droit communautaire

Il n'est pas nécessaire de revenir sur l'application de la règle de raison en matière de distribution sélective tant ce principe est désormais largement admis. Cependant, la jurisprudence récente a quelque peu affiné les conditions dans lesquelles la règle de raison pouvait jouer en matière de distribution sélective.

Ainsi, l'on sait que le fameux arrêt Métro I[14], confirmé par l'arrêt Lancôme[15], a posé le principe de l'inapplicabilité de l'article 85-1 à la distribution sélective à condition que le choix des revendeurs s'opère en fonction des critères objectifs de caractère qualitatif, relatifs à la qualification professionnelle du revendeur, de son personnel et de ses installations, que ces conditions soient fixées d'une manière uniforme à l'égard de tous les revendeurs potentiels et appliqués de façon non discriminatoire.

Du point de vue de la sélection quantitative, la décision Oméga a posé le principe de l'interdiction de la fixation *a priori* d'un contingentement.

Mais ce contingentement est finalement susceptible d'être exempté du fait de la limitation des capacités de production et de la clientèle potentielle : ce n'est donc pas la règle de raison qui admet par exemple un contingentement [16].

Or l'arrêt de Vichy[17] a ajouté que des conditions qualitatives pouvaient, du fait d'une législation nationale devenir quantitatives, comme dans le cas de la qualité de pharmacien d'officine dès lors que l'accès à la profession est limité par un *numerus clausus*. Par ailleurs, reprenant la condition de la nécessité de la distribution sélective dictée par le produit lui-même, dite encore condition de proportionnalité, condition d'abord posée dans l'arrêt L'Oréal, l'arrêt de Vichy apporte quelques précisions.

Selon l'arrêt en effet, la qualité de pharmacien n'a pas de liens avec les produits de parapharmacie puisque ces produits ne sont pas assimilables à des médicaments et d'autre part sont substituables à des produits équivalents distribués par un ou plusieurs des trois autres canaux de distribution présents sur le marché des produits cosmétiques.

La condition de proportionnalité ainsi explicitée soulève la question des réseaux composites. Pour qu'un système de distribution sélective ne soit pas interdit sur le fondement de l'article 85 par 3, ou de l'article 7, faut-il que les produits ne soient vendus que par des distributeurs sélectionnés ?

Au soutien de cette thèse, l'on pourrait invoquer, outre l'arrêt Vichy, toute la jurisprudence antérieure aux termes de laquelle c'est le produit et sa spécificité qui dicte le choix de la distribution sélective. Mais une telle conclusion nous semble trop rapide, la législation comme la jurisprudence tant nationale que communautaire étant plus nuancées. En effet, en matière de concurrence, aucune solution de principe ne peut être donnée, dès lors que le droit de la concurrence se fonde sur la notion de concurrence efficace qui fait une large part à l'analyse du marché. En matière de distribution sélective, cette importance de l'analyse du marché a d'ailleurs été rappelée dans l'arrêt Métro 2[18].

Mais d'ailleurs, la jurisprudence montre que, si solution de principe il y a, elle est en faveur des réseaux composites.

14. CJCE 25 oct. 1977, R. 1875.

15. CJCE 10 juill. 1980, R. 2511.

16. Décision Oméga 28.10.70 JOCE L242 5.11.80 ; voir également, la décision BMW et l'arrêt Binon du 3.7.85 qui a précisé qu'un système de distribution sélective est contraire à l'article 85 par 1 si le choix des revendeurs est régi par des critères d'ordre quantitatif.

17. TPI 27.2.92 Sté d'hygiène dermatologique Vichy.

18. CJCE 22 oct. 1986, rec. 3021.

Tout d'abord, la Commission comme la Cour de justice, en défendant continuellement l'existence du commerce parallèle, défendent bien l'existence de réseaux composites : ce n'est certes pas un réseau organisé et voulu par le fabricant mais du point de vue du consommateur, il y a effectivement distribution composite.

Par ailleurs, en matière de franchise de distribution, il y a bien réseau composite involontaire au sens où les franchisés, comme dans l'affaire Computerland, peuvent s'approvisionner non seulement auprès des agréés du franchiseur mais également auprès des agréés des fabricants dont ils distribuent les marques.

En fait, ces réseaux de franchise de distribution favorisent la concurrence intrabrand dont la nécessité avait été mise en évidence par l'arrêt Métro 2.

Mais la jurisprudence admet également, et cette fois sur le fondement de la concurrence intrabrand, également mentionnée dans l'arrêt Métro 2, les réseaux composites organisés et voulus par les organisateurs. Tout d'abord, elle admet qu'un fabricant se réserve la possibilité de distribuer une partie des produits, lorsque l'exclusivité est simple. C'est par exemple le cas en matière automobile, les fabricants conservant des filiales de distribution qui distribuent parallèlement aux concessionnaires. Mais surtout, la Commission, dans la décision Charles Jourdan[19], a-t-elle admis la validité d'un réseau composite de franchisés, de filiales, de dépôts agréés et de détaillants traditionnels sur le fondement de plus grand choix ainsi offert aux consommateurs. Il est vrai que de surcroît, les contrats ne contenaient aucune clause de non-concurrence ou d'exclusivité territoriale[20].

Il nous semble donc que ces réseaux composites, y compris ceux qui incluent le canal de la distribution sélective, doivent être admis au moins sur le fondement de la concurrence intrabrand et la condition de proportionnalité doit seulement être utilisée pour admettre qu'une distribution sélective puisse exister et non pour exclure une telle distribution dans l'hypothèse d'un réseau composite.

2 - Règle de raison et droit français

Ici encore l'efficacité des réseaux de distribution sélective a conduit à l'admission de principe, par la règle de raison, de ce système, à condition que le choix des

19. 21 déc. 1988.

20. En droit français : la Cour d'appel de Paris dans un arrêt du 19.12.84 a admis qu'un fabricant concluant un accord de concession exclusive conserve des magasins franchisés à l'intérieur du territoire, dès lors que cette réserve était convenue.

– En revanche, dans l'affaire ADIDAS, la Cour d'appel de Paris, confirmant une décision du Conseil (7.6.90), a condamné pour entente entre fabricant et distributeur la pratique par laquelle le fournisseur excluait les franchisés en ne leur donnant qu'une partie de la collection, le reste étant vendu par ses distributeurs ou par lui-même.

– La discrimination des prix et conditions d'approvisionnement a motivé la condamnation de la coexistence d'un réseau de distribution sélective et d'un réseau de vente par correspondance sur le fondement de l'article 8 de l'ordonnance du 1er décembre 1986 (Versailles 1.10.91 G.P. 6 et 7.1.93).

– La discrimination des prix entre distributeurs appartenant à des canaux de distribution différents, il s'agissait de la distribution des produits pétroliers, a été sanctionnée sur le fondement de la bonne foi par le fait que le fournisseur avait privé ses distributeurs des moyens de pratiquer des prix concurrentiels, le prix de vente qui leur était appliqué étant supérieur au prix concurrentiel, le prix de vente qui leur était appliqué étant supérieur au prix pratiqué par les mandataires à l'égard des consommateurs finals (Com. 3.11.92 JCP éd G 1993 IV, 90). Evidemment la sanction ne fut pas la nullité ni en l'espèce la résiliation mais l'octroi de dommages et intérêts.

revendeurs s'opère en fonction de « critères objectifs de caractère qualitatif relatifs à la qualification professionnelle du revendeur, de son personnel et de ses installations, que ces critères soient justifiés par les nécessités d'une distribution adéquate des produits, qu'ils n'aient pas pour objet ou pour effet d'exclure par nature une ou des formes déterminées de commerce qui seraient aptes à cette distribution, qu'ils soient appliqués de manière non discriminatoire »[21].

Si en principe la sélection par le critère quantitatif n'est pas admise, le droit français s'est toujours montré plus souple dans l'appréciation de l'existence ou non d'une restriction que le droit communautaire.

Cette souplesse admise depuis longtemps[22] n'a pas été remise en cause par la rigueur du droit communautaire si bien que la règle de raison en droit français de la concurrence se présente différemment.

Ainsi un arrêt de la Cour d'appel de Paris du 22 octobre 1992 dans l'affaire Yves Saint-Laurent a accepté une telle limitation justifiée par « des considérations d'opportunités économiques comme le potentiel des ventes et par l'intérêt des consommateurs ». Dans le même sens, l'arrêt de la Cour d'appel d'Aix du 12 février 1992 a admis la limitation quantitative à propos de la distribution des produits Clarins pour des raisons de limitation de fabrication et pour des raison de nécessité de rotation des stocks du fait du dépérissement rapide de la marchandise.

---

21. Paris, 28 janv. 1988, BOCCRF, 4 déc. 1988. Faisant application de ces conditions, la Cour d'appel de Paris par un arrêt du 15.9.93 société Brasseler et société CMS Dental BOCC 8.4.94, confirmant la décision du conseil, a fait application de l'article 7 de l'ordonnance du 1er décembre 1986 et a refusé l'application de l'article 10 dans le cas de la distribution des abrasifs diamantés de marque Komet. La distribution en était en effet réservée aux dépôt dentaires à l'exclusion des entreprises procédant par vente par correspondance. La Cour relève en effet qu'un tel monopole pourrait être permis s'il correspondait à des critères objectifs de caractère qualitatif relatifs à la qualification professionnelle des revendeurs, de leur personne et de leurs installations, si ces critères étaient justifiés par les nécessités d'une distribution adéquate des produits, s'ils n'avaient pas pour objet ou pour effet d'exclure par nature une ou des formes déterminées de commerce qui seraient aptes à une telle distribution et s'ils étaient appliqués de manière non discriminatoire.

En fait, ce que la Cour condamne, c'est le défaut de contrôle des dépôt dentaires qui ne répondent pas tous forcément aux conditions ; d'ailleurs aucune preuve de l'obligation à participer à des stages de formation n'est rapportée, de même que n'est pas rapportée la preuve de leur obligation à proposer aux clients toute la gamme des produits Komet.

De la même manière la preuve de l'inaptitude de principe de la vente par correspondance n'est pas rapportée tant en ce qui concerne le conseil aux utilisateurs, d'autant que dans ce domaine le conseil peut se faire par voie de publications, qu'en ce qui concerne leur possibilité de proposer tous les produits aux clients.

La condition de la non-discrimination dans l'application des conditions a été rappelée par un arrêt confirmatif de la Chambre commerciale ; le refus opposé par un fabricant de montres à un distributeur qui voulait entrer dans son réseau n'était pas fondé ; en effet, le fabricant avait argué de l'absence d'atelier de réparation, condition prévue par le contrat type, or, de nombreux distributeurs agréés n'avaient pas en fait d'atelier. La Cour a confirmé l'arrêt de la Cour d'appel qui avait condamné le fabricant au paiement de dommages et intérêts et l'avait enjoint sous astreintes de satisfaire la commande, sur le fondement de l'article 36,2°, soit pour refus de vente (Com 12.7.93 RTDC 94 347 ; RJDA 1993 1057).

22. Par exemple, un refus d'agrément peut être motivé par les capacités réellement limitées de la production du fabricant (Paris 2.6.81 Gazette du palais 1981, 2, 631).

Dans la décision de la Commission du 1.12.83 relative à la distribution sélective des produits de parfumeries, la Commission avait précisé que le fournisseur peut rester maître de la détermination du nombre total des revendeurs en fonction des objectifs de production. Un arrêt de la Cour d'appel de Rouen a, à cet égard, précisé que « le critère quantitatif de choix n'est prohibé que dans la mesure où il n'est pas justifié, ce que les juridictions peuvent aisément contrôler en fonction de l'importance de la ville ou du quartier » (Rouen 28.4.88).

Cette souplesse est à louer, tout d'abord parce que les fabricants ne peuvent augmenter à l'envie leur production et ensuite, tout au moins pour les produits de luxe, dès lors que de surcroît, l'existence d'un trop grand nombre de distributeurs conduirait à l'érosion du caractère de produit de luxe.

Enfin, de manière à permettre au juge de mettre en œuvre la règle de raison, la jurisprudence a imposé à l'organisateur une obligation d'informer sur les motifs du refus : par un arrêt de la Chambre commerciale du 23 février 1993[23], la Cour de cassation a posé le principe de la nécessité pour un fabricant de motiver un refus d'agrément ou de renouvellement. Monsieur Bouloc justifie cette solution par le fait qu'un fabricant est en état d'offre si bien que s'il n'accepte pas un acceptant qui remplit à première vue les conditions de l'offre, il doit le justifier. Mais cette solution peut également être justifiée par le fait qu'un refus est qualifiable de refus de vente, or, pour contrôler la validité d'un tel refus et en particulier l'existence de l'un des motifs prévus à l'article 36 de l'ordonnance du 1er décembre 1986, le juge doit connaître les raisons du refus.

Quoi qu'il en soit, la charge de la preuve de la validité repose toujours sur l'organisateur du réseau qui devra prouver, dans l'hypothèse d'un refus d'agrément, que le réseau fonctionne selon les règles du contrat type, que le choix des revendeurs s'opérait de façon concrète selon des critères objectifs opposables à tous.

Mais s'il y a eu affinement de la règle de raison en matière de distribution sélective, ce qui est sans doute plus nouveau, c'est son apparition en matière de contrat de concession.

B – LA RÈGLE DE RAISON CONSACRÉE

Il est en effet possible de parler aujourd'hui de l'extension de la règle de raison dans le domaine des accords de distribution exclusive, d'abord en droit français, ensuite en droit communautaire : ces accords sont efficaces dès lors qu'ils stimulent la concurrence.

Mais cette consécration est même allée plus loin puisqu'elle inclut, outre les dispositions essentielles des contrats de concession, les fameuses clauses d'objectif qui ont donné lieu à tant de controverses.

1 – La règle de raison et les contrats de concession

C'est d'abord le droit français qui a consacré l'application de la règle de raison aux accords d'exclusivité, le droit communautaire a heureusement suivi cette évolution.

a) *En droit français*

En droit français, la règle de raison a été consacrée pour des concessions qui comportaient il est vrai des éléments de la distribution sélective puisqu'il s'agissait de distributeurs bénéficiant d'une exclusivité territoriale choisis pour « leurs capacités et leur désir à obtenir une compétence ».

Or, ce réseau a échappé à l'application de l'article 7 sans qu'il soit nécessaire

23. CCC 1993, p. 88 et Rev. trim. dr. com. 1994, p. 99.

de recourir à l'article 10 : c'est la décision secteur des produits et matériels pour kinésithérapeutes[24].

Cette solution a été reprise la même année pour un réseau de concessionnaires lesquels désignaient des agents[25]. Dans cette décision, une telle distribution assortie de l'obligation pour les concessionnaires de ne choisir que des agents qui ne seraient pas concessionnaires d'autre marque, d'une clause de prix de revente maximum a échappé directement à l'application de l'article 7 sans qu'il soit besoin de s'en référer à l'article 10.

b) *En droit communautaire*

En droit communautaire, la règle fut longtemps la contrariété à l'article 85 §1 d'une exclusivité qui pouvait cependant être exemptée sur le fondement de l'article 85 §3, exemption facilitée et consacrée par les règlements d'exemption.

Pourtant, la position du tribunal semble s'assouplir en faveur de la reconnaissance d'une règle de raison, comme en matière de distribution sélective aux termes de laquelle une exclusivité de concession n'est pas par principe contraire à l'article 85 §1 : c'est ce qui résulte de l'arrêt Vichy, le tribunal ayant posé que :

« Les accords qui instituent un système de distribution sélective ou exclusive influencent, en principe, la concurrence. Toutefois, certains produits ont des propriétés telles qu'ils ne peuvent être offerts utilement au public sans l'intervention de distributeurs spécialisés. Ainsi, un système de distribution sélective ou exclusive peut constituer un élément de concurrence conforme à l'article 85 §1 du traité, s'il est établi que les propriétés des produits en cause nécessitent, pour en préserver la qualité et en assurer le bon usage, la mise en place d'un tel système »[26] : un système de distribution exclusive peut ainsi constituer un élément de concurrence. Voilà bien consacrée l'efficacité du réseau et partant, la règle de raison justifiée.

Cependant elle n'est évidemment valable qu'en l'absence de protection territoriale absolue, qui reste la limite à toute acceptation d'exclusivité[27].

Mais si le principe même de l'organisation de tels réseaux semble désormais valable, l'avancée de la règle de raison se limite-t-elle à cet apport ?

24. 14 juin 1991, BOCC 20 juil. 1991, 222.

25. Décision du 18 juin 1991 : Pratiques de la société Honda France et de la société Japauto sur le marché des véhicules à moteur à deux roues, BOCC 9 août 1991.

26. TPI 27.2.92 Sté d'hygiène dermatologique Vichy aff T19/91. Il faut également citer l'arrêt TPI Dansk Pelsdyravlerforening c/ Commission aff T 61/89 aux termes duquel : « L'appréciation d'un engagement exclusif, au regard de l'article 85 §1 du traité, doit tenir compte du contexte économique réel dans lequel il est susceptible de produire ses effets. En effet, selon les circonstances et les conditions réelles de fonctionnement du marché en cause, une obligation de fourniture exclusive, en garantissant au producteur la vente de ses produits et au distributeur la sécurité de ses approvisionnements, peut être de nature à intensifier la concurrence par les prix et les services offerts au consommateur sur le marché en cause, dont elle contribue ainsi à améliorer la fluidité ».

27. Qu'elle résulte d'un contrat ou de l'utilisation de l'absence d'uniformisation entre les législations des États en matière d'homologation des produits pour faire obstacle aux importations parallèles. Ainsi, la législation allemande n'autorise l'importation de l'herbicide Digermin que si l'importateur prouve que le produit importé est identique au produit homologué en Allemagne. Or le fabricant et le distributeur exclusif allemand s'étaient mis d'accord sur l'existence d'une différenciation minime des produits homologués dans les différents États rendant l'importation impossible en Allemagne (décision Zera/Montedison et hirkens/Stähler 22.6.93 JOCE L272 4.11.93).

Il nous semble que non et que l'on puisse considérer que quelle que soit la catégorie de l'accord, la règle de raison peut venir admettre par principe l'existence de certaines clauses. Tel est en tout cas surtout le résultat de la controverse récente relative au sort des clauses d'objectif.

2 – La règle de raison et les clauses d'objectif

Les clauses d'objectif s'inscrivent dans la catégorie des clauses de rendement par lesquelles un organisateur veut stimuler les ventes de ses distributeurs et se ménager une porte de sortie dans l'hypothèse où le distributeur ne serait pas de ce point de vue performant. Le droit a eu récemment à se prononcer sur la validité de ces clauses dans le domaine de la distribution automobile. Or, après une longue période d'incertitude, la Cour de cassation s'est prononcée sur la validité de principe de ces clauses.

En effet, dans un premier temps, la 4e Chambre de la Cour d'appel de Paris section B avait posé le principe de l'illicéité des clauses d'objectif, sur le fonctionnement du règlement 123/85 qui n'exempte que les obligations de moyens, dès lors que l'obligation s'analysait en une obligation de résultat[28].

Or, la Cour de cassation[29], reprenant la position de la 4e Chambre de la Cour d'appel de Paris[30], a d'une part rejeté la référence au règlement d'exemption dès lors que selon la Cour de justice, ce règlement n'établit pas de prescriptions contraignantes affectant directement la validité ou le contenu de clauses contractuelles ou obligeant les parties contractantes à y adapter le contenu de leur contrat : il se limite à établir les conditions qui, si elles sont remplies, font échapper certaines clauses à l'interdiction si bien que si un accord ne remplit pas les conditions du règlement, il n'est pas nécessairement nul. Elle n'est donc pas entrée dans le débat de son interprétation. Enfin, elle a admis le principe de la validité des clauses dès lors que l'objectif est déterminé de façon objective.

Elle a confirmé cette position dans un arrêt du 7 décembre 1993 par lequel elle a admis en particulier la validité de la référence à un pourcentage moyen d'immatriculation obtenu à un niveau national[31].

La Cour d'appel de Paris a sur les mêmes fondements admis la clause par laquelle le concédant devait sur 12 mois consécutifs réaliser 70 % au moins du taux de pénétration moyen toutes catégories obtenu par Fiat sur l'ensemble du territoire de la métropole et rejette l'argumentation selon laquelle la clause est contraire au

---

28. Paris, 14 mars 1991 et 17 déc. 1992, CCC 93.134.

29. Com. 9 mars 1993, Rover France c/Garage Blandan Baffoli.

30. Paris sect. A, 15 avr. 1992.

31. En l'espèce, le concessionnaire devait vendre un minimum de 115 véhicules par an, puis par un nouveau contrat relatif à une deuxième année 120 véhicules par an ; cet objectif n'ayant pas été atteint, Alfa Roméo a mis fin au contrat, le concessionnaire ayant alors saisi le tribunal de commerce. Le concessionnaire soutenait qu'une telle clause n'est exemptée par le règlement 123/85 que s'il s'agit d'une obligation de moyen, ainsi qu'il résulte de l'article 413 du règlement, que la non-réalisation ne saurait être sanctionnée par la résiliation extraordinaire prévue à l'article 5-4 de ce règlement, et que la Cour doit faire une analyse *in concreto*. La Cour de cassation, sans rentrer sur le débat de l'interprétation du règlement, a montré qu'il suffit pour le juge de contrôler que la détermination des quotas minimaux était fixée de manière objective, et que l'insuffisance des performances n'était prise en compte qu'à l'issue d'une période globale d'une année entière ; le juge n'a donc pas à procéder à une analyse concrète des effets de la clause pour vérifier sa compatibilité avec l'article 85 (Cass Drôme Auto c/ Alfa Roméo France CCC 1994/29).

règlement d'exemption et aux principes généraux de non-discrimination et de proportionnalité[32].

Cette avancée de la règle de raison dans les accords se trouvant à la limite des accords de distribution sélective et des accords de concession se retrouve dans un arrêt de la Cour d'appel de Paris, encore que l'arrêt ne soit guère clair en ce qui concerne la nature des contrats de distribution ; la Cour a, en tout cas, accepté sur le fondement de la règle de raison que les sociétés gazières interdisent à leurs revendeurs, pour mettre fin aux détournements de clientèle, de recevoir en échange d'une bouteille de gaz plein, une bouteille vide d'une autre marque, alors que le Conseil l'avait accepté mais sur le fondement de l'article 10 de l'ordonnance du 1er décembre 1986[33].

Si sur les chemins de notre quête nous avons rencontré la raison, les pèlerins que nous sommes ne peuvent s'en satisfaire tant la règle de raison reste limitée dans son domaine et ne couvre pas, loin s'en faut, l'ensemble des réseaux de distribution.

En particulier, elle ne couvre pas les différentes catégories d'accords définies, elle ne couvre ni les accords d'approvisionnement exclusif, ni les accords de franchise qui restent soumis au mécanisme de l'exemption[34].

Puisque la Cour a montré la faible portée juridique des règlements d'exemption, ne serait-il pas temps, sur le fondement de l'efficacité, de reconnaître aux accords de franchise et d'approvisionnement exclusif une même validité sur le principe.

Quoi qu'il en soit, si l'efficacité des réseaux de distribution a conduit le droit de la concurrence à admettre plus largement leur validité, si le droit opère ce faisant une ouverture, ce même droit de la concurrence, jouant cette fois la même partition que le droit civil, limitera les cas de validité en s'intéressant à l'équilibre contractuel.

Et si l'effet grand angle conduit à voir dans les réseaux une organisation, certes efficace mais dans laquelle l'homme disparaît derrière le marché qui se trouve au

---

32. Cour d'appel de Paris 3.3.94 société New Holland France c/ Société Établissement Claude Gayraud et SCI de la Barrabie. Cette solution a ensuite été confirmée par l'arrêt de la Chambre commerciale du 1.2.94 Etbts Hébraut c/ société Fiatgeotech France dès lors que la clause d'objectif ne dépendait pas de critères subjectifs unilatéralement posés par le concédant mais était fonction des performances réalisées par la marque sur le marché national. La Cour a refusé cet argument tout d'abord sur le fondement de l'arrêt de la CJCE Vag France 18.12.86 qui a précisé que ce règlement n'établit pas de prescription contraignante affectant directement la validité ou le contenu de clauses contractuelles ou obligeant les parties contractantes à y adapter le contenu de leur contrat, ensuite sur la constatation que les critères n'étaient pas subjectifs unilatéralement fixés par le concédant mais était fonction des performances réalisées par la marque sur le marché national, d'autant que le concessionnaire n'alléguait pas avoir fait l'objet d'un traitement discriminatoire sans justification objective par rapport aux autres concessionnaires de la marque.

33. Paris, 26 fév. 1992, BOCC. 14 mars 1992, 88.

34. En ce sens une récente décision du Conseil de la concurrence rendue en matière de franchise et à propos d'obligation d'approvisionnement exclusif auprès de franchiseurs ou de fournisseurs agréés, pour des produits de coiffure ; il s'agissait du réseau de franchise J. Dessange, a admis cette clause par exemption et sur fondement du règlement 4087 et non par application de la règle de raison, alors que les justifications données par le Conseil au soutien d'une exemption ressortaient de l'argumentation fondée sur la règle de raison dans la mesure où elle est nécessaire pour maintenir l'identité commune ou la réputation du réseau ; le Conseil a précisé qu'en l'espèce, la préconisation de produits est justifiée par l'impossibilité d'appliquer en pratique des spécifications objectives de qualité, qu'elle est également nécessaire à la réitération du succès attaché à l'enseigne Jacques Dessange et au maintien de l'image de marque de ce réseau de franchise. Il en conclut qu'elle peut être exemptée sur le fondement de l'article 85 par 3 et ne peut être prohibée par l'article 7 de l'ordonnance du 1er décembre 1986 (Décision 94-D-31 24.5.94 J. Dessange dans le secteur de la coiffure BOCC 14.7.94 et CCC Sept. 94 164).

centre de l'analyse, c'est la grandeur du droit, ou sa richesse, que de faire revenir l'homme et la nécessité de le protéger dans les rapports inégaux.

La validité sera alors remise en cause lorsque cet équilibre sera rompu : c'est cette fois l'effet focus qui, sur le fondement de la protection d'une partie conduira, du point de vue de la validité, à une limitation.

II - LA PROTECTION, VECTEUR DE LIMITATION

La protection à laquelle va s'intéresser le droit pour limiter les cas de validité des réseaux n'est pas la protection du réseau dont il vous sera ensuite conté l'histoire, il s'agit de la protection des parties aux contrats.

A cet égard, il est remarquable de voir combien est vigoureuse la réaction du droit sur le fondement de la protection des parties. A l'heureuse ouverture opérée par la règle de raison, répondent des règles draconiennes en faveur de la protection. Et dans ce dialogue étonnant, plus l'ouverture est grande, plus vigoureuse semble la nécessité de la protection. Tout se passe comme si le droit, adoptant cette fonction d'instrument de l'économie, maintenait avec d'autant plus de vigueur sa fonction classique de protection de la partie faible. Mais il serait faux de voir dans ces deux mélodies une cacophonie ou dans ce dialogue un dialogue de sourds : l'équilibre du contrat est nécessaire à l'efficacité du réseau et l'efficacité du réseau à l'équilibre contractuel.

Dans le temps qui nous est imparti, il serait long et fastidieux de faire pour chacun des contrats de distribution la liste des clauses ou pratiques autorisées ou interdites sur fondement de protection des parties, par le droit civil ou par le droit de la concurrence. Tous deux en effet disposent d'une batterie de règles ou de jurisprudence pour protéger la partie faible. C'est en particulier tout le droit civil de la formation des contrats avec les traditionnelles questions de vice de consentement ou encore de nécessité de cause, avec encore ses développements relatifs à l'obligation d'information qui conduit soit à la nullité, soit à la mise en jeu de la responsabilité en particulier dans les contrats de franchise [35].

Mais il faut encore citer la loi du 31 décembre 1989, dite loi Doubin, qui vise à améliorer l'information précontractuelle dans les cas de mise à disposition d'un nom commercial, d'une marque ou d'une enseigne, en contrepartie d'un engagement d'exclusivité ou de quasi-exclusivité et préalablement à la signature de tout contrat conclu dans l'intérêt commun des deux parties. La loi du 14 octobre 1943 qui protège les débiteurs d'exclusivité dans les contrats d'approvisionnement en prévoyant

35. A cet égard la jurisprudence récente a sanctionné en matière de franchise les manquements à cette obligation d'information :

• si elle a ainsi considéré qu'il n'y a pas obligation de résultat sur la prévision, en ce qui concerne l'éventuelle mise en jeu de la responsabilité délictuelle du franchiseur (Cass Comm 19.5.92 JCP 93 ed E II 387) ;

• la responsabilité du franchiseur peut être engagée dans l'hypothèse d'une faute caractérisée par le manque de sérieux dans l'étude de marché et dans le compte prévisionnel, tout comme dans l'absence de conseil au franchisé pour tenter de redresser la situation, même si de manière curieuse les deux fautes sont qualifiées de contractuelles (Paris 3.2.94 SA But International c/ sté nova meubles eu eutre CCC 1994 113) ;

• par ailleurs, une faute du franchiseur pourra être retenue en cas de manque de diligence, ce qui serait le cas si le franchiseur avait passé sous silence les difficultés de toute installation (Cas com 4.12.90 CCC 1991 28).

une limitation de durée de 10 ans de l'exclusivité[36] doit être également mentionnée d'autant que le principe de son application stricte a été réaffirmé clairement par la Cour de cassation par un arrêt de cassation en réponse à une Cour d'appel qui avait tenté d'infléchir la rigueur de la règle[37].

Mais puisqu'il convient de faire des choix, nous allons voir comment le droit civil, à partir de la question de l'objet de l'obligation, et le droit de la concurrence, jouent sur le même thème de la protection, à propos d'une question qui continue de susciter multiples controverses, la question du prix, question qui se pose pour les deux opérations dans lesquelles intervient le distributeur, réputé faible : l'achat des marchandises auprès du fabricant, c'est la question de la détermination du prix d'achat, la revente au consommateur, c'est la question de la détermination du prix de revente.

Or, le droit civil protège ce distributeur par le principe de la liberté du prix d'achat, le droit de la concurrence par la liberté du prix de revente.

A - LIBERTÉ ET PRIX D'ACHAT

Nous ne traiterons pas de la question des modes de détermination du prix quand la condition de la détermination, ou la déterminabilité est imposée, question brillamment débattue par d'éminents auteurs de cette audience[38] : nous nous attacherons à déterminer dans quels cas cette condition est imposée, par souci de protection du distributeur.

Or, cette question vient de faire l'objet d'un important revirement de jurisprudence, revirement qui vient tout autant sauver les réseaux de distribution que protéger relativement les cocontractants entre eux contre tout abus dans la détermination du prix mais également dans la rupture de la relation contractuelle par annulation.

36. On sait que l'article 1er de la loi du 14 octobre 1943 limite à 10 ans la durée maxima de toute clause d'exclusivité par laquelle l'acheteur, cessionnaire ou locataire des biens meubles, s'engage vis-à-vis de son vendeur, cédant ou bailleur, à ne pas faire usage d'objets semblables ou complémentaires en provenance d'un autre fournisseur. Malgré la lettre du texte, les contrats cadres d'approvisionnement exclusif sont soumis à cette limitation même si l'acquéreur achète non pour son usage mais pour revendre (Com 27.4.71 D 1972 353), que l'exclusivité d'approvisionnement soit ou non essentielle au contrat (Com 5.11.71 D 1972 353).

37. La Cour d'appel de Paris dans un arrêt du 20.9.90 (D 1991, 165) avait tenté de limiter la portée de ce texte en considérant qu'il ne pouvait conduire à l'annulation du contrat conclu entre le société Pepsico et la compagnie française des boissons gazeuses, la première ayant concédé à la seconde l'exclusivité de l'embouteillage et de la distribution du Pepsi cola en France métropolitaine et à Monaco. En contrepartie, la compagnie française aux droits de laquelle est venue la société Perrier, s'engageait pour 60 ans à mettre en bouteille à partir d'un concentré fourni exclusivement par Pepsico et selon un conditionnement fixé par elle la boisson, la société s'interdisant de mettre en bouteille et de commercialiser aucune autre boisson semblable ou comportant dans sa dénomination le mot Cola. La Cour d'appel avait en effet considéré que l'objet du contrat était la fabrication et la commercialisation du soda à partir d'un concentré fourni par Pepsico. La Cour de cassation (Com 7.4.92 Pepsico Inc et autres c/ sté sources Perrier et autres CCC 1993 177) a malheureusement cassé cet arrêt en affirmant l'application de la loi de 1943. Pourtant il est permis de se demander si l'accord pouvait même à titre d'accessoire s'analyser en un accord d'approvisionnement exclusif. On pourrait en effet le qualifier de licence de savoir-faire comportant nécessairement la fourniture par le donneur de licence des produits nécessaires à la fabrication. De surcroît, la clause ne peut-elle s'analyser en une clause de non-concurrence ?

En fait la volonté de la Cour d'appliquer largement la loi de 1943 en vue d'assurer une libre concurrence explique qu'elle ait considéré que la sanction ne pouvait être qu'une nullité absolue et non une nullité relative et non une caducité. Il en résulte qu'il ne peut y avoir confirmation par les parties et que toute partie qui y a intérêt peut l'invoquer. Reste à se demander si le contrat est entièrement annulé ou s'il ne l'est que pour la période postérieure à 10 ans ou/et que pour la clause d'exclusivité : la Cour de renvoi répondra à ces questions.

38. Voir en particulier P. LE TOURNEAU et G. VIRASSAMY (Rev. CCC Déc. 1993).

Néanmoins, cette solution ne peut être comprise qu'à la lumière de la jurisprudence antérieure.

1- La jurisprudence antérieure

Nous savons qu'à partir de 1971 la Chambre commerciale, sur le fondement de l'article 1591 relatif aux contrats de vente, a décidé que les prix des marchandises éventuellement livrées ultérieurement par exécution du contrat d'application devaient être fixés dès l'origine par le contrat cadre ou du moins déterminable par des éléments objectifs indépendants de la volonté de l'une des parties[39].

La même solution a été affirmée par la suite mais cette fois sur le fondement de l'article 1129, aux termes duquel « il faut que l'obligation ait pour objet une chose au moins déterminée quant à son espèce. La quotité de la chose peut être incertaine, pourvu qu'elle puisse être déterminée »[40].

Or cette solution qui visait à protéger la partie faible semblait avoir été remise en cause par un arrêt de la Cour de cassation le 22 janvier 1992[41], la Chambre commerciale ayant posé le principe que les contrats cadres qui engendraient essentiellement des obligations de faire ne sont pas soumis à l'exigence tirée par la jurisprudence de l'interprétation de l'article 1129 et selon laquelle le prix doit être déterminé ou déterminable au moment de la conclusion de l'accord cadre.

Le contrat en l'espèce était un contrat de distribution exclusive et la Cour a considéré qu'il engendrait essentiellement des obligations de faire, ce contrat ne s'identifiant pas avec les contrats de vente successifs nécessaires à sa mise en œuvre comportant quant à eux essentiellement des obligations de donner, si bien que les prix n'ont pas à être déterminés dès l'origine[42]. Cette position a par la suite été reprise pour un contrat cadre conclu entre un fabricant de fois gras et un distributeur pour la fourniture de quantités limitées à des conditions préférentielles. La Cour ayant considéré qu'il s'agissait d'une obligation de faire, l'absence de détermination du prix dès l'origine n'a pas été considérée comme cause de nullité[43].

Or, cette ouverture opérée et qui conduisait en matière de prix à ne plus se préoccuper de la partie faible, a très vite été refermée dès lors qu'il pouvait y avoir atteinte à la liberté de la partie faible, par l'affirmation du principe de la nécessaire liberté de négociation des prix d'achats.

Ce principe a été affirmé de deux manières. A propos des accords d'approvisionnement exclusif, il l'a été par la consécration de l'application de l'article 1129 à ces accords, qui sortent ainsi de la distinction entre obligation de donner et obligation de faire.

Pour les autres accords, et en particulier pour les accords de franchise, ce principe a été affirmé par la substitution à la distinction entre obligation de faire et de

39. Cass Com. 27.4.71 et 5.11.71 D 72, 353.

40. Com. 11.10.78 Bull. IV 223 à 225.

41. À propos d'un contrat de distribution exclusive de roulottes de chantiers et qui comprenait pour le distributeur l'obligation de réaliser un chiffre d'affaires minimum (Bull. civ. IV, n° 36).

42. Cette position a d'ailleurs été juste après réaffirmée à propos d'un accord qui n'était certes pas un accord de distribution, mais un contrat de location et d'entreprise : l'arrêt de la Chambre commerciale Rodimod et autres c/ Sté Anett (29.1.91 CCC 1991 103), à propos d'un contrat de location et d'entretien de linge et de vêtements de travail, a considéré que dans les contrats n'engendrant pas une obligation de donner, l'accord préalable sur le montant exact de la rémunération n'est pas un élément essentiel de la formation de ces contrats. Qualifiant en l'espèce l'obligation essentielle d'obligation de faire, elle a considéré inapplicable l'article 1129.

43. « Mais attendu que l'obligation de fournir la société Les Frères Le Gourmet à des tarifs privilégiés constituait pour les établissements Champion une simple obligation de faire... » ; ainsi, l'absence de détermination des prix et des quantités, lesquels restaient soumis à une discussion ultérieure des parties, n'est pas cause de nullité (Com. 23.2.93 Établissements Champion c/ SARL Les Frères Gourmet et autres CCC 93 129).

donner de la distinction entre existence ou non d'une liberté de négociation des prix des contrats successifs.

a) *Les contrats d'approvisionnement exclusif restent soumis à l'application de l'article 1129*

A peine deux semaines après l'arrêt du 22 janvier 1991, un arrêt a montré que la Cour de cassation n'entendait pas exclure l'application de l'article 1129 pour l'ensemble des contrats cadres.

En effet, par un arrêt du 12 février 1991 la Cour de cassation approuve la Cour d'appel d'avoir prononcé, sur le fondement de l'article 1129, la nullité d'un contrat conclu entre Esso et la société Turpault, contrat de mandant pour la distribution des carburants, de location gérance pour celle des lubrifiants lequel était assorti d'une clause d'approvisionnement exclusif au bénéfice d'Esso. Dans cet arrêt la Cour n'établit ni la distinction entre contrat cadre et contrat d'application ni la distinction entre obligation de faire ou de donner dès lors que « les stipulations contractuelles ne laissaient place à aucun élément de référence précis et objectif rendant les prix indépendants de la seule volonté du vendeur ». Il en résulte que pour les accords d'approvisionnement exclusif les conditions posées par l'article 1129 restent applicables dès lors qu'il convient de protéger le débiteur de l'obligation. Cette solution a par suite été constamment réaffirmée à propos en particulier des accords d'approvisionnement de bière : l'ouverture opérée par l'arrêt du 22 janvier 1991 ne s'applique pas[44].

Les choses ne sont cependant pas aussi claires en matière de contrat d'approvisionnement exclusif[45] et il n'est pas sûr que la distinction entre obligation de donner et de faire ne soit plus de mise. En effet dans un arrêt du 9 mars 1993 la Chambre commerciale, après avoir accepté la requalification d'un contrat par la Cour d'appel en un contrat d'approvisionnement exclusif, a cependant réintroduit la notion d'obligation de faire :

44. La Cour de cassation a ainsi considéré, à propos d'un acte par lequel un exploitant de débit de boissons s'est engagé à ne vendre jusqu'à une date donnée que des produits commercialisés par le fabricant, que la convention, qui stipule que les produits seront livrés aux prix en vigueur sur le marché, ne comporte pas d'éléments de référence sérieux, précis et objectifs, est justement annulée sur le fondement de l'article 1129 (com 16.2.93 doquet c/Fousse CCC 93, 130) ;

– L'arrêt Com. 16.2.93 (Société française de Brasserie c/ Bluet CCC 93, 84) ajoute que l'intervention d'un tiers ne modifie pas le caractère indéterminé du prix s'il est tenu à se référer au prix du marché pour des marchandises de même qualité sur la place.

– Tel est encore le cas lorsque l'un des éléments de référence, le salaire horaire de l'ouvrier brasseur, n'est plus fixé paritairement à l'échelon du département mais est devenu l'objet d'une négociation entre l'employeur et les représentants syndicaux de l'entreprise ; dans une telle hypothèse, le contrat devient caduc ; la caducité se distinguant de la nullité en ce qu'elle n'a pas d'effet rétroactif dès lors que l'acte est valable au jour de sa formation mais ne l'est plus par la suite (Cass. Com. 2.11.93 SARL La France et autre c/ SA Brasserie du Pêcheur CCC 1994/22).

– En revanche, dès lors qu'une clause de recours à l'arbitrage d'un tiers chargé de fixer le prix en cas de difficulté a été prévue, un débitant ne peut dénoncer son engagement d'approvisionnement exclusif pour prix excessif sans demander l'intervention de ce tiers et plus précisément sans demander au tribunal qu'il désigne ce tiers selon la procédure prévue au contrat (Com. 30.11.93 Saint Lô c/ SA Brasserie Semeuse CCC 1994/46).

– Dans l'arrêt de cassation de la Chambre commerciale du 16.2.93 (RTD Com. 1994, 99), la Cour a requalifié de contrat d'approvisionnement exclusif le contrat par lequel une société s'affiliait à une autre pour l'exploitation d'un supermarché. Ce contrat conclu pour une durée de 7 ans contenait une clause selon laquelle l'exploitant s'engageait à acquérir de manière prioritaire toutes les marchandises de l'affiliant et des fournisseurs qui lui étaient liées sauf pour les produits qui ne figuraient pas dans leurs assortiments et les produits non livrés pendant cinq fois consécutives. Elle reproche ainsi aux juges du fond de n'avoir pas statué sur la question de la validité du contrat.

45. Voir B. Gross « Les clauses de prix dans les contrats de bière » (revue CCC janvier 1991).

« Attendu en second lieu qu'en présence d'un contrat comportant essentiellement une obligation de faire, la Cour d'appel a recherché dans quelles conditions étaient fixés les prix des marchandises que devaient acheter les exploitants affiliés ; qu'ayant constaté qu'aucun élément du contrat ne permettait de les connaître, elle a pu retenir, hors de toute dénaturation, que ces prix étaient fixés unilatéralement par l'affiliation et dépendaient de sa seule volonté ; elle en a déduit à juste titre que le contrat était nul »[46].

Il est vrai que la solution reste cependant la même que pour tout contrat d'approvisionnement exclusif, le prix doit être déterminé ou déterminable à l'origine, mais le chemin emprunté est différent. En matière de franchise la même protection de la liberté du distributeur a été affirmée en ajoutant la condition de la nécessité d'une liberté de négociation des prix dans les contrats successifs, à la distinction obligation de faire/obligation de donner.

b) *Les contrats de franchise*

Les contrats de franchise ont très vite posé le problème de l'impossibilité de protéger le franchisé dès lors que les obligations résultant du contrat étaient des obligation de faire.

Il a donc fallu à la jurisprudence trouver une autre condition pour assurer la protection du franchisé. Une autre condition ? Pas vraiment car l'arrêt de janvier 1991 la portait en germe. En effet, l'arrêt du 22 janvier 1991 n'avait pas abandonné la protection de la partie faible, en précisant qu'il n'était pas allégué « que la convention s'opposait à ce que les prix de vente fussent librement débattus et acceptés par les parties »[47]. Ce membre de phrase semblait montrer que même dans le cas d'une obligation de faire, le contrat cadre ne doit pas s'opposer à une négociation libre des prix. C'est ce qu'a confirmé la jurisprudence postérieure.

Le 16 juillet 1991, la Chambre commerciale affirmait plus clairement cette condition, sans pour autant l'utiliser pour annuler un accord de franchise et tout en affirmant en l'espèce l'inapplicabilité de l'article 1129[48]. Ce, en se fondant sur le fait que la convention avait pour objet essentiellement des obligations de faire et qu'elle ne s'opposait pas à ce que les prix fussent librement débattus entre vendeur et acheteur.

En effet, « la convention de franchise avait pour objet des prestations de services et elle ne s'opposait pas à ce que lors de la conclusion des contrats de vente nécessaires à sa mise en œuvre, la franchise pût choisir entre plusieurs fournisseurs et de très nombreux articles, leurs prix étant fixés selon la loi du marché indépendamment de toute influence du franchiseur ». Ajoutons que le contrat ne comportait aucune obligation d'approvisionnement exclusif.

Mais par deux arrêts postérieurs, la Cour a cette fois fait application du principe posé pour annuler des contrats franchise sur le fondement de l'article 1129 : dans les deux cas, le franchisé était limité dans le choix de ses produits et de ses fournisseurs.

Dans l'arrêt du 19 novembre 1991, l'arrêt Natalys, il existait une obligation d'approvisionnement exclusif et la Cour de cassation reproche à la Cour d'appel de n'avoir pas recherché « si, lors de la conclusion des contrats de vente successifs

46. Com. 9 mars 1993, SA Aldis / Pristono.
47. Cette même réserve a été reprise dans l'arrêt précité du 23.2.93.
48. Com. 16.7.91 Sté Rouvet c/ Sté Jean Munier CCC 91, 199.

ainsi prévus pour la mise en œuvre de la convention litigieuse, les prix pouvaient être librement débattus et acceptés par les parties », la cassation se fait sur le visa à la fois de l'article 1129 et de l'article 1591[49].

Mais surtout, la Cour utilise dans l'arrêt Capone, la même condition pour annuler un contrat de franchise qui cette fois ne comportait pas de clause d'approvisionnement exclusif au bénéfice du franchiseur, le franchisé étant cependant tenu de s'approvisionner auprès des agréés du franchiseur[50] : « Par l'effet des stipulations contractuelles, la quantité et la qualité des choses à vendre dépendaient de la seule volonté du franchiseur », de cette constatation « il résulte que pour la conclusion des contrats de vente successifs nécessaires à la mise en œuvre du contrat litigieux, qui comporte essentiellement des obligations de faire, les prix ne pouvaient être librement débattus et acceptés par les parties ». La Cour a ainsi confirmé l'application de l'article 1129.

Il en résultait que le critère essentiel en matière de franchise n'était plus la distinction entre obligation de faire ou de donner, mais l'existence ou non de la liberté du franchisé dans le choix de ses produits et fournisseurs. S'il y avait limitation, le prix devait être déterminé dès l'origine, en l'absence de limitation, il pouvait ne pas l'être puisque la liberté de négocier était assurée. Cette solution a cependant été revue par la jurisprudence.

2 - Les arrêts du 1er décembre 1995 et la liberté du prix d'achat

Les quatre arrêts de la Cour de cassation du 1er décembre 1995 ont modifié le principe de l'invalidité d'un contrat de franchise comportant une clause d'approvisionnement exclusif en l'absence de prix préalablement déterminé ou déterminable.

En fait, l'indétermination du prix dans une telle hypothèse ne remet pas en cause la validité du contrat, mais peut cependant conduire à des sanctions spécifiques. C'est en tout cas ce qui résulte du principe posé par la Cour selon lequel « lorsqu'une convention prévoit la conclusion de contrats ultérieurs, l'indétermination du prix de ces contrats dans la convention initiale n'affecte pas... la validité de celle-ci, l'abus dans la fixation du prix ne donnant lieu qu'à résiliation ou indemnisation »[51].

---

49. Com 19.11.91 Mourat c/ Natalys CCC 1992, 3. Cette même obligation de respecter l'article 1129 a été posée plus récemment dans l'arrêt Loiseau, s'agissant encore une fois d'un contrat de franchise avec approvisionnement exclusif pour la distribution sous franchise de chocolaterie et de confiserie. La Cour a cependant considéré que les conditions de l'article 1129 étaient en l'espèce vérifiées dès lors que les parties s'entendaient sur le prix initial et sur le fait que les prix pourraient ultérieurement être modifiés par le fournisseur mais auprès d'une commission de conciliation et concertation, dès lors que la Commission disposait d'un réel pouvoir, ce que les juges du fond ont constaté puisqu'elle avait ramené la première augmentation de 8 % à 5 %, si bien que le contrat ne pouvait ête annulé sur le fondement de l'article 1129 (Cass. Com. 24.5.94 Loiseau et autres c/ Moris et autres CCC 1994/110).

De la même manière, par un arrêt de la Chambre commerciale du 8.11.94 (SA Bressand c/ SA Div. Dalloz 99 N44 actualités) la Chambre commerciale a réaffirmé, à propos d'un accord de franchise comportant une obligation d'approvisionnement exclusif que « saisis d'une action en nullité pour indétermination du prix les juges doivent rechercher si dans le cadre de l'exécution de la clause d'approvisionnement exclusif figurant à un contrat de franchise, les prix pouvaient être librement débattus et acceptés par les parties, ce qui, s'il n'en était pas ainsi aurait eu pour effet de rendre nul le contrat et d'autoriser le franchisé à faire constater et prononcer la nullité, même après un accord de résiliation des conventions ».

50. Com. 5.11.91 Sté halles Capone c/ sté Takala CCC 92/3.

51. Voir L. Leveneur, Revue Contrats Conc. Cons., janv. 1996, n° 1, p. 1. M.A. Frison-Roche, « De l'abandon du carcan de l'indétermination à l'abus dans la fixation du prix », RJDA, janv. 96, p. 3, M. Jeol et L. Aynes, Dalloz 1996, n° 2, jurisprudence p. 13.

a) *L'indétermination du prix ne remet pas en cause la validité du contrat*

Parmi les quatre arrêts rendus par la Cour de cassation, le 1er décembre 1995, l'un seulement avait trait à un contrat de franchise comportant une clause d'approvisionnement exclusif – auprès du franchiseur : ce contrat cadre précisait que les tarifs des produits seraient ceux du franchiseur au jour de l'enregistrement de la commande. Sous la jurisprudence antérieure, une telle clause aurait conduit à l'annulation du contrat dès lors que la détermination du prix était laissée à la discrétion du franchiseur. C'est d'ailleurs la position qu'avait adoptée la Cour d'appel de Chambéry qui avait conclu à l'annulation. L'arrêt est cependant cassé au motif que *« la clause d'un contrat de franchise faisant référence au tarif en vigueur au jour des commandes d'approvisionnement à intervenir n'affecte pas la validité du contrat, l'abus dans la fixation du prix ne donnant lieu qu'à résiliation ou indemnisation »*.

Le principe de l'absence d'interférence avec la question de la validité du contrat est d'ailleurs de portée très large puisque ne sont pas seuls concernés les accords de franchise. Ainsi dans l'un des arrêts relatifs à une convention de location-entretien, la Cour pose le principe que l'article 1129 du Code civil n'est pas applicable à la détermination du prix interdisant ainsi toute interprétation qui se fonderait désormais sur ce texte.

La portée très large du revirement explique ainsi que la solution soit sans doute la même, qu'il s'agisse pour le franchisé de s'approvisionner exclusivement auprès du franchiseur ou auprès d'un fournisseur indiqué par le fournisseur.

Pour les contrats de franchise cependant, qui donnent lieu à des contrats de vente ponctuels, la question de la détermination du prix pourra précisément être soulevée à propos de ces contrats d'achat-vente. Dans l'hypothèse d'une indétermination du prix, ces contrats ponctuels pourront être ponctuellement annulés, l'article 1591 restant pleinement applicable, encore que la prolongation dans le temps de la relation entre les parties ne facilite pas toujours l'annulation ponctuelle (voir L. LEVENEUR, Revue Contrats Conc. Cons., janv. 1996).

Une autre limite a trait à la réserve de la Cour de cassation relativement à l'existence de dispositions légales particulières. L'on sait que le contrat de franchise, comme le contrat de concession ou de distribution sélective, constitue un contrat spécifique (voir *supra*). Si cette spécificité donnait lieu à une réglementation particulière relativement à la détermination du prix, cette réglementation pourrait aller à l'encontre de la solution de principe.

Mais quoi qu'il en soit, le défaut d'application de l'article 1129 Civ. ne signifie pas que les parties ou l'une des parties peuvent se dispenser de déterminer à l'avance les prix ou de les rendre déterminables. Il signifie seulement que la sanction du défaut n'est plus la nullité. La Cour de cassation prend d'ailleurs le soin de préciser qu'une telle indétermination peut donner lieu à une résiliation ou à une indemnisation.

b) *La sanction de l'indétermination du prix*

Le fondement de la jurisprudence antérieure était finalement la protection de la partie faible, même si poussée à l'extrême, cette solution était finalement une porte ouverte à la sortie du contrat par toute partie suffisamment bien conseillée.

Les arrêts du 1er décembre 1995 donnent finalement une solution qui permet de sauver le contrat sans que la justice contractuelle n'en souffre. En effet, il reviendra au juge, sur le terrain de l'exécution du contrat, d'apprécier l'existence d'un abus et, le cas échéant, de le sanctionner par une résiliation ou indemnisation.

Puisque le fondement de l'article 1129 relatif à la formation des contrats est écarté, ce sont les articles 1134 et 1135 Civ. qui permettront sur le terrain de l'exécution de sanctionner l'abus. Le juge aura donc la tâche de définir l'existence d'un abus et l'on ne peut, par ailleurs, s'empêcher de relever une fois encore les interférences entre le droit civil et le droit de la concurrence puisqu'un abus dans la détermination du prix pourrait également s'analyser en un abus de dépendance économique.

Mais d'ailleurs, en matière de prix d'achat le droit de la concurrence s'assure déjà de la liberté des distributeurs dans l'hypothèse, en particulier, où il existerait des différences de prix d'un État à l'autre, différences qui inciteraient évidemment les distributeurs à s'approvisionner auprès d'autres distributeurs dans un autre État[52].

Mais le droit de la concurrence intervient surtout pour affirmer la liberté des distributeurs dans la détermination de leurs prix de revente.

B – LIBERTÉ ET PRIX DE REVENTE

En droit communautaire, l'article 85 §1er donne comme exemple d'ententes prohibées les accords, décisions ou pratiques concertées, qui consistent à « a) fixer de façon directe ou indirecte les prix d'achat ou de vente ou d'autres conditions de transaction », et l'article 86 donne comme exemple d'abus de position dominante les pratiques qui consistent à « a) imposer de façon directe ou indirecte des prix d'achat ou de vente ou d'autres conditions de transaction non équitables ».

En droit français l'article 7 de l'ordonnance du 1er décembre 1986 sanctionnant les ententes donne comme exemple le fait de « faire obstacle à la fixation des prix par le libre jeu du marché en favorisant artificiellement leur hausse ou leur baisse », et l'article 34 punit seulement le fait d'imposer directement ou indirectement un caractère minimal au prix de revente d'un produit ou d'un bien, au prix d'une prestation de service ou à une marge commerciale.

Cette interdiction a été réaffirmée par la jurisprudence récente, et les exceptions sont strictement contrôlées.

1 - La réaffirmation du principe

C'est essentiellement en droit français que la jurisprudence récente a réaffirmé la principe de l'interdiction d'imposer des prix de revente et ce, tant sur le fondement de l'article 34 que sur celui de l'article 7, c'est-à-dire tant sur celui de l'interdiction d'imposition des prix de revente minimum que sur celui des ententes, mais il est clair cependant que le droit communautaire va dans le même sens ainsi que la Cour l'a posé dans l'affaire Pronuptia[53].

C'est ainsi par exemple que la clause, prévoyant que l'agrément des distributeurs est subordonné à leur acceptation de la politique de prix de revente conseillée, dès lors que ces prix ne doivent pas être inférieurs aux prix préconisés, a été jugée contraire à l'article 7 de l'ordonnance du 1er décembre 1986[54].

Par ailleurs, sont interdites sur le fondement de l'article 34, des remises condi-

52. A cet égard, le droit de la concurrence interdit comme contraire à l'article 85 une clause qui imposerait une rotation des stocks tout en considérant que les approvisionnements auprès d'autres distributeurs n'étaient pas pris en compte dans la détermination du chiffre d'affaires minimum si bien que le réseau était illicite (Com. 4.5.93 parfums Cacharel CCC 93/158).

53. CJE 28.1.86 Rec 353.

54. Com. 18.5.93 Sté Salomon CCC 93, 154 et RJDA 1993, 920.

tionnelles liées à un engagement de ne pas récupérer ces remises sur les prix de revente : il s'agit en effet du délit de vente avec imposition de prix minimum[55]. Pourtant, la liberté du revendeur dans la détermination des prix de revente n'est pas totale : des exceptions la limitent.

2 - *Les exceptions*

En dehors des cas où le droit de la concurrence impose au revendeur de ne pas pratiquer des prix trop élevés (art 6 du règlement 83/83) ou des prix prédateurs dans l'hypothèse d'une position dominante, la liberté du revendeur peut être affectée par le fabricant lui-même par le biais des prix conseillés, essentiellement en matière de franchise, de l'interdiction des prix discount en matière de distribution sélective.

a) *Le prix de revente conseillé et les accords de franchise*

Si en effet, l'admission de principe des prix conseillés est claire, la difficulté consiste à rechercher s'il s'agit réellement de prix conseillés et si les franchisés restent effectivement indépendants pour déterminer leurs prix si des prix ou des marges sont conseillés par l'organisateur du réseau.

Ainsi, si en matière de franchise, des prix ou des marges peuvent être conseillés dès lors que les franchisés restent libres dans la détermination des prix[56], le juge recherche au cas par cas si cette liberté existe et cette analyse, au regard de la dernière jurisprudence, est extrêmement rigoureuse. La Cour de cassation a ainsi considéré qu'une telle liberté n'existait pas si une clause prévoit que le franchisé « s'oblige à respecter autant que faire se peut » des marges et ce, non sur le fondement de l'article 34 de l'ordonnance du 1er décembre 1986, comme l'avait fait la Cour d'appel, mais sur celui d'une entente[57].

Dans cette même ligne, la Cour d'appel a pareillement refusé la diffusion par le franchiseur auprès de franchisés de documents destinés à la clientèle comportant les taux de commission et les frais forfaitaires fixes préimprimés, en considérant que cela ne constitue pas seulement un confort de gestion pour les franchisés mais une forte incitation à appliquer les taux de commission et les frais forfaitaires indiqués, lesquels, communiqués aux déposants et très généralement appliqués, ont entraîné une restriction effective du libre jeu de la concurrence sur le marché concerné ayant ainsi un effet équivalent à une pratique de prix imposés[58]. De surcroît, certaines professions ne peuvent recevoir de conseil, ainsi la pratique de prix conseillé a-t-elle été interdite à l'égard des pharmaciens dont la déontologie interdit de solliciter la clientèle par des procédés habituels de la concurrence et qui ont coutume de surcroît de respecter les prix légalement imposés en matière de médicament[59].

Cette position est conforme à celle prise en droit communautaire par la Cour de justice dans l'arrêt Pronuptia qui a accepté le principe des prix conseillés en l'absence de pratique concertée dans l'application effective des prix, et par le règlement d'exemption qui prévoit le retrait de l'exemption, dans l'hypothèse d'une pratique concertée.

---

55. Conseil 13.11.91 Affaire petits appareils électroménager BOCC 11.12.91. Voir également la décision secteurs des produits et matériels pour kinésithérapeutes.

56. Cass. Com 23.2.93.

57. Com. 1.6.93 SARL Les jardins du Lauragais c/ SA Établissement horticoles Georges TRUFFAUT et autres CCC 93/175.

58. Paris 1ère, 8.7.94 Sté SA CEJIBE.

59. Paris, 28.1.88 BOCCRF 4.2.88.

b) *Distribution sélective et prix discount*

Une exception importante limite la liberté du revendeur dans l'hypothèse d'un réseau de distribution sélective : l'interdiction des prix discount.

En effet, la Cour d'appel de Paris, faisant application de la règle de raison, admet que cette interdiction ne tombe pas sous le coup de l'article 7 de l'ordonnance du 1er décembre 1986 puisque selon la Cour, la clause est « raisonnablement justifiée » eu égard au prestige de la marque. Il est vrai qu'il s'agissait en l'espèce de la marque Lacoste[60].

Cet arrêt n'est pas en contradiction avec l'arrêt AEG rendu par la Cour de justice et qui avait considéré illicite le refus d'admettre dans le réseau les magasins discount qui répondent aux conditions de sélection[61] : si cette condition est critère de sélection, et si évidemment ce critère est justifié, il n'y a pas de raison à considérer comme illicite le refus d'agrément.

D'ailleurs, le droit communautaire, dans la décision système de distribution Grundig[62], a admis l'interdiction d'offrir des prix « marchandises à enlever ou à emporter ou libre-service » ou l'interdiction de pratiquer la vente par correspondance lorsqu'elle est justifiée par le produit.

Il faut distinguer entre la licéité de l'interdiction des prix bas détériorant l'image de marque et l'illicéité de la clause visant à imposer une marge.

La raison l'emporte ici sur la protection.

Si à l'étape de Toulouse sur les chemins de la recherche en matière de validité des réseaux de distribution, nous avons trouvé un peu de raison et beaucoup de protection, nous n'avons pas trouvé de certitude.

Les chemins restent incertains. Incertains quant à l'évolution de la règle de raison, incertains quant à l'application des règles de droit civil.

Une incertitude nuisant sans aucun doute à la nécessaire sécurité juridique des entreprises.

Mais les pèlerins trouvèrent-ils jamais la vérité ?

Mais y a-t-il en droit une vérité, surtout en droit économique où l'analyse se fait au cas par cas : « A chacun sa vérité ».

Certains affirment que la grandeur des pèlerinages fut aussi de faciliter les échanges, échanges commerciaux, échanges culturels. Saluons donc aujourd'hui cette rencontre à Toulouse et les discussions suscitées.

D'autres en revanche s'inclinent devant l'explosion des arts suscitée par les pèlerinages et la naissance d'architectures particulières, dont Saint-Sernin est sans doute un fleuron. Il nous semble bien aujourd'hui que la seule certitude en matière de validité a conduit le droit à des créations tout aussi nouvelles que spécifiques à la distribution, et dont l'harmonie d'ensemble passe par l'équilibre du détail.

Si le droit a défini les contrats de distribution, la construction juridique des réseaux est loin d'être achevée. Puissions-nous aujourd'hui, à cet édifice, apporter notre pierre.

---

60. Paris 9.12.92 société Michel Swiss c/ Sté Montaigne diffusion CCC 1993/8.
61. CJE 25.10.83 AEG Telefunken Rec 3151.
62. Décision 10.7.85 JOCE 30.8.85 L233.

II
La protection du système de distribution

LA PROTECTION DU RÉSEAU DE DISTRIBUTION

par Martine BEHAR-TOUCHAIS
Professeur à l'Université René Descartes (Paris V)

1. On parle habituellement de protection à propos des parties faibles (consommateurs, assurés, salariés) ou encore, en droit de l'environnement, pour les espèces en voie de disparition. *A priori* les réseaux de distribution ne semblent pas entrer dans ces catégories. Au contraire, quand la distribution en réseau a commencé à se développer, on a plutôt craint qu'elle soit un danger pour les concurrents, et ce sont ces derniers qu'il a fallu protéger contre les pratiques anticoncurrentielles du réseau et contre l'effet cumulatif des réseaux[1].

Mais comme vient de nous le montrer Mme PERUZZETTO, il y a des réseaux utiles, des réseaux bénéfiques pour le consommateur, donc des réseaux dignes de protection.

Et pourtant aujourd'hui, ces réseaux de distribution sont la cible d'atteintes très diverses, qui toutes ne nécessitent pas d'ailleurs de très longs développements.

2. Quelles sont donc les atteintes qui peuvent être portées au réseau ? Pour parler de façon imagée, il y a des atteintes internes qui sont autant de pathologies du réseau et des atteintes externes dues à l'envie que suscite le réseau.

S'agissant des atteintes internes, des maladies en quelque sorte du réseau, ce dernier doit craindre deux pathologies, pour lesquels le pronostic vital peut être réservé :

– C'est par exemple le cas lorsque le réseau est victime d'une dissidence interne, d'une tentative de captation de réseau par ses membres. Cette gangrène qui atteint le réseau, n'est finalement qu'une violation concertée des contrats de distribution par les distributeurs dissidents, au détriment bien sûr de l'intérêt commun du réseau. Les espèces qui ont été soumises aux juridictions ont conduit à une condamnation de ces distributeurs dissidents, qu'il s'agisse des distributeurs du réseau Foir Fouille, qui en sont sortis pour distribuer les produits sous l'enseigne Magic-Fouille et qui ont été condamnés pour violation de leur obligation de non-concurrence[2], ou encore qu'il s'agisse des franchisés dissidents du réseau Copy 2000 qui, prétexte pris de l'absence du savoir-faire substantiel délivré par le franchiseur, sont sortis du réseau Copy 2000 pour créer un nouveau réseau de distribution de photocopies sous

1. Cf not. sur la théorie de l'effet cumulatif : Brasserie de Haecht contre consorts Wilkin Janssen (Haecht I) C.J.C.E. 12 décembre 1967 aff. 23/67 Rec. p. 525 et s. ; Stergios Delimitis contre Heninger Braü AG C.J.C.E. 28 janvier 1991 aff. 234/89 Rec. I. p. 935, J.D.I. 1991. p. 485 et s. Chr. M.A. HERMITTE, J.C.P. 1991 éd. E.I. 64 n°s 34 et s. Chr. GAVALDA et PARLÉANI, Rev. Trim. Dr. Eur. 1991 p. 485 et s. note R. KOVAR, R.J.D.A. 5/1991 n° 416, Cah. Dr. Entr. 3/1992 p. 1 et s. M. Ch. BOUTARD-LABARDE ; voir aussi *Communication de la Commission* J.O.C.E. n° C121 du 13 mai 1992.

2. T.C. Montpellier 23 mai 1989, Lettre distrib. 1989 n° 6 p. 1, confirmé par CA Montpellier 4 janvier 1990, Lettre distrib. 1990 n° 1, cf. Lamy Economique, n° 3750.

l'enseigne « Alpha Copy » et qui ont là aussi été condamnés à indemniser le franchiseur[3].

Une telle dissidence interne provoque une perturbation très sérieuse du réseau pour de multiples raisons. Les distributeurs non dissidents ont un peu moins confiance malgré tout dans le franchiseur ; ce dernier préoccupé par la dissidence et par les difficultés économiques qu'elle lui cause, a moins de temps à consacrer à l'exécution de ses obligations envers ses distributeurs fidèles ; et les éventuels candidats à l'entrée dans le réseau se font plus rares, dans la mesure où l'image de marque du réseau est atteinte dès que la dissidence est connue de l'extérieur.

Heureusement cette dissidence massive n'est pas si fréquente en pratique qu'elle doive retenir plus longtemps notre attention. Si ce n'est qu'elle pourrait entraîner une telle désorganisation du réseau, qu'elle pourrait conduire dans certains cas à une autre pathologie grave du réseau.

– En l'occurrence, il s'agit de la décapitation, c'est-à-dire du redressement judiciaire du promoteur du réseau, avec le cortège de traitements que l'on connaît, parmi lesquels la cession de l'entreprise à un repreneur.

La défaillance du promoteur du réseau est tellement grave pour celui-ci, que la Cour d'appel de Paris a décidé que les contrats de franchise ne pouvaient être judiciairement cédés au repreneur de l'entreprise du franchiseur[4].

Le réseau se relèverait certes plus facilement de la simple défaillance d'un de ses membres. Peut-être toutefois lui faudrait-il supporter une prothèse, c'est-à-dire l'intrusion d'un tiers dans le réseau par le biais de la cession judiciaire du contrat de distribution, même si la question demeure controversée, surtout dans le cas du redressement judiciaire du distributeur[5].

Le risque de défaillance du distributeur, est encore celui de la contagion, dans la mesure où la jurisprudence admet, dans des cas certes particuliers, que le promoteur du réseau qui se serait par trop ingéré dans la gestion normalement indépendante de son distributeur pourrait avoir à répondre de tout ou partie du passif de ce dernier en sa qualité de gérant de fait du distributeur défaillant[6].

Mais le fléau de la défaillance d'entreprises n'est pas hélas propre aux réseaux de distribution[7], et n'est sans doute pas de ce fait l'enjeu le plus important de la protection des réseaux de distribution au sens où nous l'entendrons ici.

3. Si le réseau de distribution peut craindre ces pathologies internes, les atteintes que l'on vient d'évoquer ne sont rien à côté du deuxième fléau du réseau, à savoir l'envie qu'il peut susciter auprès des concurrents.

L'envie d'avoir un succès commercial rapide, dû au prestige de la marque, à la clientèle qu'elle ne manquera pas d'attirer, mais l'envie d'avoir tout cela sans en supporter les contraintes.

– Cette envie peut conduire d'abord, à la contrefaçon de marque, au sens strict, contrefaçon qui bien sûr nuira au réseau tout entier. Il ne fait pas de doute que la

---

3. CA Paris 16 déc. 1992 Petites Affiches 14 mai 1993, p. 14 et s. note O. GAST ; Le pourvoi en cassation contre cet arrêt vient d'être rejeté : Cass. Com. 4 avril 1995 pourvoi n° 93-11.798 V. arrêt n° 734 D.

4. CA Paris 15 déc. 1992 D. 1993 I.R. 45 affaire CONFORTEL.

5. Voir notamment : CA Colmar 13 juin 1990, D. 1991. 97 note D. FABIANI ; CA Versailles 23 juin 1988 Gaz. Pal. 1989. 1. somm 112 ; CA Douai 8 mars 1990 D. 1990 I.R. 87.

6. Cass. Com. 9 nov. 1993 J.C.P. 1994. II. 22304 note G. VIRASSAMY.

7. Pour une étude complète de cette question : cf. G. VIRASSAMY, Juriscl Comm. fasc 3155 *(Redressement et liquidation judiciaires ; contrats de concession et de franchisage)*.

distribution de fausses montres Cartier en provenance d'Asie porte préjudice au réseau Cartier dans son ensemble. Et, si la lutte contre la contrefaçon n'est pas propre aux réseaux de distribution, elle est un enjeu important de leur protection. Je n'insisterai toutefois pas davantage puisque la protection de la marque est l'un des thèmes de ce colloque.

– L'envie peut aussi conduire, en se fondant sur le principe de la libre concurrence, à tenter de distribuer le produit du réseau, sans être membre du réseau. C'est la théorie dite du passager clandestin[8]. Dans le contexte actuel du droit des réseaux de distribution, c'est cette distribution parallèle hors réseau qui inquiète le plus les fabricants et les membres des réseaux de distribution, et c'est pourquoi nous y consacrerons nos développements.

4. On peut tout de même légitimement se demander pourquoi ce problème apparaît aujourd'hui plus aigu que dans le passé. Sans doute, les atteintes se sont-elles multipliées, mais elles se sont surtout aggravées, en ce qu'elles émanent souvent aujourd'hui de concurrents très puissants, en l'occurrence de ce qu'on appelle la grande distribution. A tel point d'ailleurs que pour certains auteurs, l'hyper concentration de la puissance d'achat de la grande distribution, serait, si l'on n'y prenait pas garde, une menace mortelle pour les réseaux de distribution[9]. C'est donc bien de la préservation d'une espèce menacée dont il sera ici question.

Il ne s'agit pas ici d'opposer économiquement deux modes de distribution, mais plutôt d'organiser la coexistence pacifique de petites et moyennes entreprises d'un côté, et de centrales d'achat extrêmement puissantes de l'autre. Pour ce faire, il faut trouver le degré raisonnable de protection du réseau de distribution.

5. Une fois cela admis, on se heurte tout de suite à la technique juridique, et plus précisément à un conflit de droits, droit de la concurrence d'un côté, théorie générale des obligations de l'autre[10].

Comment faire, en effet, pour articuler ici le droit de la concurrence et la théorie générale des obligations ?

Une chose est sûre, les deux droits ont un domaine d'application déterminé : il appartient au droit de la concurrence de dire si le réseau est ou non valable (et de faire cesser au besoin les comportements anticoncurrentiels) ; il appartient ensuite à la théorie générale des obligations (c'est-à-dire à la théorie de l'opposabilité du contrat aux tiers et aux règles de la concurrence déloyale) de dire, si et comment le réseau licite doit être protégé contre la distribution parallèle.

Cela étant, s'agissant de la protection des réseaux, il nous semble que l'on ne peut pas appliquer la théorie générale des obligations sans tenir compte des objectifs du droit de la concurrence qui a validé le réseau qu'on entend protéger, donc sans tenir compte de l'effet utile du droit de la concurrence.

La jurisprudence française sur la protection des réseaux a pourtant hésité, mettant ainsi sérieusement à l'épreuve le droit de la concurrence. C'est ce qui nous invi-

---

8. Cf. L. VOGEL, *La distribution automobile à l'épreuve du règlement d'exemption,* n° 123/85, D.P.C.I. 1992 p. 577 et s. n° 9.

9. Cf. J. CALVO, *La protection civile et pénale des systèmes de distribution sélective en droit français,* Les petites Affiches 20 juillet 1994, p. 11 et s, not. p. 16.

10. Sur un plan plus général : cf. F. DREIFUSS-NETTER, *Droit de la concurrence du droit commun des obligations,* Rev. Trim. Dr. Civ. 1990 p. 369 ; M. MALAURIE-VIGNAL, *Droit de la concurrence et droit des contrats,* D. 1995 ch. 51 et s.

te à examiner dans un premier temps le droit de la concurrence à l'épreuve de la protection du réseau.

Nous montrerons que les objectifs du droit de la concurrence nous semblent aujourd'hui de nouveau préservés ; il n'empêche que les promoteurs de réseaux ne sont pas convaincus du caractère suffisant de la protection qu'ils tirent de la jurisprudence de la Cour de cassation. Ils tentent donc de renforcer la protection de leur réseau. C'est pourquoi il nous faudra examiner, dans un second temps, si ce renforcement de la protection résiste à l'épreuve du droit de la concurrence.

I – LE DROIT DE LA CONCURRENCE À L'ÉPREUVE DE LA PROTECTION DU RÉSEAU

6. La Cour de justice des Communautés européennes répète régulièrement que si les articles 85 et 86 du Traité concernent le comportement des entreprises et non pas des mesures législatives des États membres, il n'en reste pas moins que le traité impose à ceux-ci de ne pas prendre ou maintenir en vigueur des mesures susceptibles d'éliminer l'effet utile de ces dispositions, telles que celles qui imposeraient, ou favoriseraient la conclusion d'ententes contraires aux articles 85 ou 86 ou en renforceraient leurs effets[11].

L'effet utile est donc une notion du droit communautaire qui est invoquée pour empêcher un législateur national de prendre des mesures, qui sans violer directement la règle communautaire, l'empêcherait en fait d'être effective, que ce soit des mesures de fond ou des dispositions procédurales[12].

Dès lors, on doit se demander en notre matière si les règles de protection du réseau licite peuvent ou non faire totalement abstraction de l'effet utile du droit de la concurrence en ce qu'il a déclaré le réseau licite. C'est ce qu'il nous faut rechercher,

11. C.J.C.E. 30 avril 1986 Ajès Nouvelles Frontières, aff. 209 à 213/84, Rec. p. 1425, Rev. Trim. Dr. Eur. 1987 p. 511 note Dutheil de la Rochère ; C.J.C.E. 29 janvier 1985 Leclerc essence, aff. 231/83, Rec. p. 305, Rev. Trim. Dr. Civ. 1985 p. 375 note G. Isaac ; C.J.C.E. 1er oct. 1987 V.V.R. aff 311/85 Rec. p. 3801 ; cf. C. Gavalda et G. Parleani, *Traité de Droit communautaire des affaires,* Litec 1992, p. 471 et nos 552 et s. ; Voir aussi par exemple, sur l'effet utile de l'article 554 § 1 du Traité : *ibid* n° 291 ; sur l'effet utile des articles 52 ou 59 : *ibid.* n° 325.

12. L'effet utile de la règle communautaire peut impliquer que le juge national abandonne ou laisse inappliquées certaines dispositions procédurales susceptibles de nuire à la pleine efficacité du droit communautaire. La jurisprudence sur la « supervignette » en est un exemple frappant. Il suffira de rappeler, en simplifiant, que la supervignette taxant les véhicules de plus de 16 CV, jugée incompatible avec le Traité de Rome, a donné lieu à des actions en répétition des taxes indûment payées (CJCE 9 mai 1985 Humblot, aff. 112/84 Rec. p. 1367), actions que le fisc a tenté de faire soumettre au délai fiscal de répétition des taxes, ce qui aurait rendu impossible la répétition notamment des taxes payées en 1981, et 1982, et donc ce qui aurait été totalement contraire à l'effet utile du droit communautaire. Pour respecter cet effet utile la Cour de cassation française a donc écarté l'application du texte fiscal pour appliquer le délai trentenaire de l'action en répétition de l'indu (Cass. Com 7 nov. 1989 R.J.F. déc. 1989 n° 1460). Mais le législateur (loi n° 89-936 du 29 déc. 1989 modifiant l'art. 190 L.P.F.), sur pression du fisc, a changé le texte et fiscalisé cette action pour la faire échapper au délai trentenaire. Cependant, toujours soucieuse de l'effet utile du droit communautaire, la Cour de cassation le 13 décembre 1994, a certes admis que le délai trentenaire ne s'appliquait pas, mais qu'en raison des principes de conflits dans le temps en matière de changement de lois sur les délais de prescription, les nouveaux délais ne pouvaient courir qu'après l'entrée en vigueur de la loi nouvelle (D. Simon, *Supervignette le retour*, Europe fév. 1995 p. 3).

tant en ce qui concerne le principe de la protection (A), qu'au regard des modalités de mise en œuvre de cette protection (B).

A – PRINCIPE DE PROTECTION CONTRE LA DISTRIBUTION PARALLÈLE ET EFFET UTILE DU DROIT DE LA CONCURRENCE

7. S'agissant tout d'abord du principe de protection du réseau, la jurisprudence française est passée progressivement d'une certaine méconnaissance de l'effet utile du droit de la concurrence à une préservation de cet effet utile, en passant par trois phases.

8. Dans une première période qu'on peut situer jusqu'en 1983, la jurisprudence est partie de l'idée que la protection du réseau se faisait par l'application « autonome » des règles de l'opposabilité du contrat aux tiers et de la concurrence déloyale.

Elle en a déduit que tous les réseaux de distribution licites pouvaient être protégés contre la distribution parallèle, à la condition que le distributeur parallèle ait eu connaissance de l'existence du réseau, et ce, en distinguant deux hypothèses : tout d'abord, celle où il y a tierce complicité, c'est-à-dire que le revendeur hors réseau commet une faute délictuelle en contractant par exemple avec le fournisseur, dès lors qu'il participe en connaissance de cause à la violation délibérée de l'engagement d'exclusivité de ce dernier ; ensuite, celle où il n'y a pas tierce complicité, et le tiers engage sa responsabilité délictuelle par cela seul qu'il viole consciemment le droit d'autrui, ce qu'il fait dès lors qu'il revend le produit sur le territoire exclusif, en connaissance de l'exclusivité du distributeur.

Cette jurisprudence est illustrée notamment par le fameux arrêt Mitsubishi de la Cour de cassation du 21 février 1978, rendu en matière de protection d'un réseau de distribution exclusive, où est cassé un arrêt de la cour d'appel qui avait refusé de condamner le distributeur parallèle qui pourtant connaissait l'exclusivité[13].

Beaucoup se sont alors insurgés contre cette solution qui privait le tiers de son droit légitime de concurrence[14]. A quoi cela servait-il d'avoir interdit en droit interne et communautaire les clauses de protection territoriale absolue si l'article 1382 du Code civil français permettait en quelque sorte lui-même la protection territoriale absolue ?[15]

9. Cette interprétation « anticoncurrentielle » de l'article 1382 du Code civil va toutefois être abandonnée dans une deuxième période qui va de 1983 à octobre 1992.

En effet les 16 février et 12 juillet 1983, la Cour de cassation opère un revirement de jurisprudence concernant les réseaux de distribution exclusive. Dans la même affaire Mitsubishi notamment, elle décide que le fait d'avoir importé en vue de la vente en France des machines et du matériel Mitsubishi en dépit des droits d'exclusivité dont bénéficiait à sa connaissance la société Universal ne constitue pas en lui-même un acte de concurrence déloyale[16]. Avec cet arrêt, on revient à une

13. G. VIRASSAMY, « La connaissance et l'opposabilité » (rapport français) *in Les effets du contrat à l'égard des tiers*, L.G.D.J. 1992 p. 132 et s., spécialement p. 146 ; on notera toutefois que la cassation est prononcée pour défaut de base légale et non pour violation de la loi.

14. Voir not. G. VIRASSAMY *op. cit.*

15. E. PUTMAN, note Bull. Aix 1994-1 sous Aix 5 mai 1994.

16. D.1984, p. 489 note D. FERRIER.

interprétation de l'article 1382 du Code civil conforme aux objectifs du droit communautaire de la concurrence, alors même que le contrat litigieux était bien opposable au tiers qui en avait connaissance.

Il est toutefois dommage que la Cour de cassation n'ait pas su à ce moment précis s'arrêter sur sa lancée.

Elle a sans doute trouvé paradoxal que le contrat de distribution sélective, qui est moins contraignant entre les parties que le contrat d'exclusivité, soit mieux protégé contre les tiers extérieurs au réseau[17].

Et, la jurisprudence a étendu son revirement aux contrats de distribution sélective[18]. Ainsi, par un arrêt du 10 janvier 1989, la Cour de cassation a affirmé que *« le fait d'avoir commercialisé des produits relevant du réseau de distribution sélective de la société Nina Ricci, ne constituait pas en lui-même en l'absence d'autres éléments un acte fautif »*[19]. La distribution parallèle a donc été légitimée par cet arrêt, d'ailleurs conforté par un arrêt du 21 mars 1989[20].

Mais c'était là de nouveau oublier le droit de la concurrence. Le réseau de distribution sélective, sous les conditions que Mme PERUZZETTO vient de nous exposer, n'est pas anticoncurrentiel, parce qu'il est en principe ouvert, et qu'un tiers, à condition de remplir les conditions posées, peut y entrer. Permettre l'importation parallèle dans ce cas, c'est permettre de tourner la licéité des conditions posées pour avoir le droit de vendre les produits en cause. C'est priver d'effet utile le droit communautaire de la concurrence cette fois en ce qu'il valide le réseau posant des critères objectifs de caractère qualitatif, et en ce qu'il reconnaît que l'objectif des membres du réseau peut être de se protéger contre les reventes parallèles hors réseaux. Et au-delà c'est compromettre totalement la survie des réseaux de distribution sélective.

10. C'est pourquoi il faut se féliciter avec une très large majorité de la doctrine de ce que la jurisprudence soit entrée dans une troisième période, en opérant le 27 octobre 1992[21] un affinement qui est en fait un revirement déguisé.

Certes la Cour de cassation a continué d'affirmer que *« le fait de commercialiser les produits relevant d'un réseau de distribution sélective ne constitue pas en lui-même un acte fautif »*.

Mais les cas où il fait exception au principe renversent le principe apparent affirmé, comme le montreront les trois exemples suivants :

Ainsi tout d'abord, dans l'arrêt Louis Azarro, il est affirmé que le tiers commet un acte de concurrence déloyale *« pour avoir commercialisé des produits d'un réseau de distribution sélective, sans être soumis aux contraintes habituelles des distributeurs agréés, et en bénéficiant, en outre, de la valeur publicitaire de la*

17. Cf. J. AZÉMA *Réflexions sur la distribution sélective. L'action contre le distributeur parallèle, Mélanges* CHAVANNE, Litec, 1990, p. 195 et s., not. p. 200 ; adde : G. Le TALLEC, *Une symbiose entre le droit communautaire et le droit national : la distribution sélective des parfums,* Rev. Trim. Dr. Eur. 1988 p. 437 et s. not. p. 447, où l'auteur relève qu'un contrat de concession exclusive est plus rigoureux qu'un contrat de distribution sélective, ce qui signifie que dans la mesure où il est licite, il est tentant de lui donner plus d'effet à l'égard des tiers.

18. Cf. V. VERNET, *Le régime juridique de la distribution sélective,* thèse Montpellier 1992.

19. Bull. Civ. IV n° 18, D. 1989. 337 ; BONET et MOUSSERON, *Donner et retenir ne vaut,* Cah. Dr. Entr. 2/1989, p. 12 et s. ; P. JOURDAIN, *Les réseaux de distribution et la responsabilité des tiers revendeurs hors réseaux,* D. 1990 ch. 43.

20. D. 1989. 427 note BENABENT ; et sur les arrêts postérieurs : G. BONNET, *Distribution sélective des parfums : les arrêts sur renvoi après cassation,* D. 1991 chr. p. 9 ; G. CANIVET et L. VOGEL, *La distribution sélective des produits de marque dans la jurisprudence judiciaire,* D. 1991 ch. 283.

21. Sur ces arrêts, voir not. Concl. AG Michel RAYNAUD, RJDA 1/93 p. 17 et s. ; M. MOUSSERON et J.M. MOUSSERON, *Le bonheur retrouvé de la distribution sélective,* RJDA 1/93 p. 7 et s.

marque pour développer sa propre commercialisation »[22]. Cette formule, qui définit la concurrence parasitaire, pourrait s'appliquer à tous les cas de distribution parallèle à un réseau de distribution sélective.

De la même façon, il est ensuite jugé qu'est un acte de concurrence déloyale et de publicité mensongère, le fait de distribuer un produit dont le conditionnement indique *« ne peut être vendu que par un distributeur agréé »*[23], alors que cette mention est d'usage en matière de réseau de distribution sélective.

Plus nette encore est la décision du 23 février 1993 qui sanctionne le tiers au réseau qui a commercialisé le produit marqué sans l'accord du fabricant, se rendant ainsi coupable d'usage illicite de la marque[24].

Donc le principe selon lequel le fait de commercialiser des produits d'un réseau de distribution sélective n'est pas un acte de concurrence déloyale est toujours renversé. Tout au plus pourrait-on se demander[25] s'il faut pour cela que le réseau soit étanche, ou plus précisément s'il faut qu'il ait été stipulé une interdiction expresse de revente à des revendeurs non agréés.

Or, à cet égard, au contraire du droit allemand, la Cour de justice, dans le dernier arrêt Métro, a considéré que l'étanchéité du réseau (compromise en l'occurrence

---

22. Cass. Com 27 oct. 1992, Sté Pin ups dans co c. Sté des parfums Louis AZARRO, RJDA 1/19 n° 19, D.1992 j.506 note BENABENT, Contrats, conc, consom.1992, n° 225 note L. VOGEL.

23. Sur la concurrence déloyale : cf. Cass. Com 17 oct. 1992 GOGUET c. DIOR ; même date GOGUET c. COURRÈGES ; même date GOGUET c. ROCHAS RJDA 1//93 n° 20 1ère, 2e et 3e esp. ; sur la publicité mensongère : cf. Cass. Com 27 nov. 92 Hermès c. Leclerc ; 24 nov. 1992 DIOR c. SODIGAR-LECLERC, *ibid* n° 20, 4e et 5e esp.

24. D.1994 J.318 note E. FORT-CARDON ; cet arrêt opère un revirement par rapport à l'arrêt de la Chambre criminelle du 5 octobre 1987 (D.1988 Somm.297 obs. GAVALDA et LUCAS de LEYSSAC). Il faut relever que l'article 15-III de la loi du 4 janvier 1991 (cf. art. L 713-4 C.P.I.) qui consacre la notion d'épuisement du droit de marque, dispose que le titulaire d'une marque ne peut en interdire l'usage lorsque c'est avec son consentement que le produit a été mis dans le commerce de la Communauté, sauf le cas de motifs légitimes, notamment de modification ou d'altération ultérieure du produit, qui justifient alors l'interdiction par le titulaire du droit de marque de toute commercialisation. Il en résulte d'une part, que l'usage d'une marque n'est licite que si le titulaire a consenti à cet usage précis, ce qui permet au promoteur d'un réseau de distribution sélective de stipuler valablement que le distributeur agréé ne pourra revendre les produits à un distributeur non agréé, c'est-à-dire de stipuler une clause interdisant la revente hors réseau (en ce sens, E. FORT-CARDON, note préc.), et d'autre part, que de toute façon, même sans une telle stipulation expresse, l'existence d'un réseau de distribution sélective constitue le juste motif prévu par le texte (F. POLLAUD-DULLIAN, J.CL. Marques Commentaire de la loi du 4 janvier 1991, nos 99 et s.).

25. On peut aussi se demander si le distributeur parallèle remplissait les conditions pour être intégré dans le réseau, si la distribution parallèle serait sanctionnée par cela seul qu'elle se serait faite sans sélection préalable. Toujours est-il que dans son arrêt du 18 octobre 1994 (SEIKO, CGH contre TAD, Le spécialiste, Time production et Monting, Bull. Civ. n° 310 p. 251), la Cour prend soin de relever que le distributeur condamné ne remplissait pas les conditions de la sélection, en ces termes :

« Attendu que l'arrêt, après avoir exactement énoncé que le fait pour un revendeur de s'approvisionner sur un marché parallèle ne constitue pas en soi une pratique anticoncurrentielle relève... que les montres SEIKO sont vendues par les sociétés TAD, Le spécialiste et Monting directement ou par le biais de revendeurs dans des magasins proposant au public des articles « bas de gamme » ne figurant pas sur les panels de notoriété de l'horlogerie tels que de petits bijoux fantaisie et de « pacotille, sans valeur » ; que l'arrêt relève également que le personnel de ces boutiques n'a ni les compétences que tout consommateur est en droit d'attendre du vendeur d'un produit d'une certaine notoriété et d'une relative complexité ; qu'en l'état de ces constatations d'où il ressort que la société CGH, distributeur ... des produits SEIKO pour la France, était fondée à se prévaloir de la notoriété des produits qu'elle commercialisait pour établir le préjudice que lui occasionnaient les agissements de ces sociétés. »

Il serait peut-être alors possible d'admettre que le fait de revendre un produit distribué par un réseau de distribution sélective licite est un acte de concurrence déloyale, sauf au tiers revendeur à prouver qu'il remplit les conditions de sélection pour être intégré dans le réseau.

par la possibilité de distribuer les produits en Suisse, où l'étanchéité est interdite) n'est pas une condition de licéité du réseau de distribution sélective[26].

En dehors de ce cas où une législation interdit l'étanchéité, on peut néanmoins penser que l'obligation de ne pas revendre à des tiers extérieurs au réseau pèse sur les distributeurs, même en l'absence de clause expresse en ce sens. L'arrêt Métro I n'avait-il pas d'ailleurs affirmé qu'un réseau serait privé de sens si la commercialisation des produits n'était pas réservée aux membres du réseau ? En tout état de cause, il semble qu'aucun arrêt depuis 1992[27] n'ait refusé la protection au réseau, au motif que le promoteur n'aurait pas prévu de clause expresse d'étanchéité[28].

11. L'évolution jurisprudentielle que l'on vient de retracer montre donc qu'est justifiée la différence faite entre distribution exclusive et distribution sélective. Mais cette différence peut permettre à certains égards de tourner le droit de la concurrence.

Même si la question n'a pas été évoquée dans l'arrêt Seiko du 18 octobre 1994[29], il faut relever que dans cette affaire, Seiko avait un distributeur exclusif pour la France, la Belgique et le Luxembourg, et que celui-ci avait créé de son propre chef un sous-réseau de distributeurs sélectifs sur le territoire sur lequel il avait l'exclusivité. De cette manière par l'arrêt d'octobre 1994, il a obtenu la condamnation des distributeurs parallèles qui ne remplissaient pas les conditions de la sélectivité, mais aussi finalement la protection de son exclusivité contre une importation parallèle.

Ceci ne fait que révéler que les réseaux mixtes, mélanges de sélectivité et d'exclusivité, rendent la question plus complexe.

D'ailleurs, dans le domaine de la distribution automobile où l'on a des réseaux de ce type, le règlement n° 123/85 a admis une solution intermédiaire, en distinguant d'une part, les revendeurs non membres du réseau auxquels les membres du réseau peuvent opposer un refus de vente, et d'autre part, les importateurs parallèles mandataires qui agissent au nom d'utilisateurs finals (à l'égard desquels le refus de vente est interdit). Cette solution a été maintenue dans le nouveau règlement n° 1475/95. Il en résulte au stade de la protection du réseau, que la concurrence déloyale peut être invoquée contre un revendeur hors réseau[30] mais non à l'encontre

---

26. C.J.C.E. 19 janv. 1994 Métro c. Cartier aff. 376/92 non encore publié au Recueil ; R. KOVAR, *Le dernier METRO l'étanchéité des réseaux de distribution : un réseau peut être ouvert ou fermé,* Cah. Dr. Entr.4/1994 p. 2 et s., C. GAVALDA et G. PARLEANI, *Chronique Droit communautaire des affaires,* J.C.P. 1994 éd. E. I.415, n° 27, L. IDOT, Europe mars 1994 n° 117.

27. Il est sûr que la jurisprudence française n'exige pas la preuve de l'étanchéité au stade de la licéité du réseau (Cass. Com 17 oct. 1992 GOGUET c. DIOR, RJDA 1/93 n° 20 1ère esp.). Il ne fait pas de doute non plus qu'un défaut d'étanchéité en fait n'est pas de nature à priver le réseau de protection. Dans l'arrêt HERMES du 21 juin 1994, la Cour de cassation a affirmé à propos d'un réseau comportant une clause d'étanchéité, que le fait que le tiers ait pu s'approvisionner n'est pas de nature à démontrer l'illicéité du réseau (J.C.P. 1994 éd. E. pano 1116). Enfin, pour protéger le réseau, les juges relèvent l'existence d'une clause d'étanchéité si elle existe (Cass. Com 27 oct. 1992 GOGUET c. ROCHAS préc.), ou constatent l'existence de mentions équivalentes, comme par exemple le fait que les produits mentionnent « ne peut être revendu que par un distributeur agréé » (Cass. Com 27 oct. 1992 GOGUET c. DIOR préc.), ou encore se contentent de relever qu'en revendant à un tiers hors réseau, les distributeurs ont enfreint leurs obligations de membre du réseau de distribution sélective, sans dire si ces obligations résultent expressément des contrats par eux conclus, ou si elles en résultent implicitement (Cass. Com. 15 mars 1994 BOULOGNE DISTRIBUTION Bull. Civ. IV n° 108 p. 83, Contrats, conc. Conso août 9 sept. 94 n° 158 note L. VOGEL).

28. La clause expresse d'étanchéité serait toutefois, pour certains, nécessaire pour empêcher l'épuisement du droit de marque.

29. Bull. Civ. IV n° 310 p. 251.

30. CA Poitiers 14 mars 94 Europe janv. 95 n° 23.

d'un mandataire[31], à condition qu'il remplisse les conditions de son intervention[32]. Ce qui n'est pas toujours le cas. Ainsi, dans l'affaire Nissan, le tribunal correctionnel de Paris le 12 juin 1992 a condamné un mandataire pour publicité mensongère après avoir constaté qu'il avait offert à la vente des véhicules présentés comme neufs (alors qu'il ne pouvait agir qu'au coup par coup et ne disposait d'aucun stock) et avait édité un tract publicitaire dans lequel sa qualité de mandataire n'apparaissait pas[33].

Il apparaît donc que l'effet utile du droit de la concurrence est aujourd'hui préservé, tout au moins en ce qui concerne le principe de la protection contre la distribution parallèle. Mais chacun sait que l'on peut très bien admettre la protection d'un droit mais poser des conditions de mise en œuvre tellement draconiennes que le principe ainsi posé serait indirectement remis en cause. C'est pourquoi il nous faut à présent rechercher si l'effet utile du droit de la concurrence est pris en compte au stade cette fois de la mise en œuvre du principe de protection.

B – MISE EN ŒUVRE DE LA PROTECTION CONTRE LA DISTRIBUTION PARALLÈLE ET EFFET UTILE DU DROIT DE LA CONCURRENCE

12 – A cet égard, le promoteur d'un réseau de distribution sélective n'aura un droit effectif que si les conditions de preuve sont assouplies et s'il peut prendre des mesures conservatoires. Or, sur ces deux points que nous allons examiner, la jurisprudence est là encore passée d'une méconnaissance de l'effet utile du droit de la concurrence à sa préservation.

1 – La charge de la preuve

13. La première preuve nécessaire à la protection est la preuve de la licéité du réseau. Or, en 1988[34], les juges ont mis cette preuve à la charge du promoteur du réseau. Cette jurisprudence, initiée avec les arrêts défavorables aux réseaux de distribution sélective, s'est toutefois maintenue en apparence depuis le revirement de 1992[35]. Mais la jurisprudence postérieure a préféré semble-t-il assouplir la preuve à apporter plutôt que d'inverser la charge de la preuve.

– Tout d'abord, la jurisprudence interne tient compte des lettres de classement émanant de la Commission, même si celles-ci n'ont pas en vertu de la jurisprudence

---

31. La Cour de justice vient de clore l'affaire PEUGEOT contre ECOSYSTEM, par un arrêt du 16 juin 1994 (aff. C.322/938) dans lequel elle a donné tort à PEUGEOT. La société ECOSYSTEM offrait aux utilisateurs finals, outre ses services de mandataire, un certain nombre de prestations supplémentaires comme des avances du prix d'achat des véhicules, la prise en charge de la solvabilité de l'acquéreur, ainsi que des risques de change, prestations qui la faisaient ressembler à un acheteur-revendeur. Pourtant, la Cour de justice a tranché pour la qualification de mandataire : cf. C. GAVALDA et G. PARLEANI, Chr. préc. J.C.P.1994 éd. E.I. 415 n° 30.

32. Cf. Communication de la Commission du 18 déc. 1991 J.O.C.E. n° C-329/91 ; Communication de l'autorité de surveillance de l'EEE du 6 avril 1994, J.O.C.E. n° L816, 21 juillet 1994, p. 57.

33. Cité par L. VOGEL, *La distribution automobile à l'épreuve du règlement d'exemption* n° 123/85, D.P.C.I. 1992, p. 581.

34. Cass. Com. 13 déc. 1988 Bull. Civ. IV n° 343 p. 230.

35. La doctrine a discuté de la question de savoir si cette jurisprudence contrevient ou non au droit commun de la preuve. A vrai dire, il nous semble que la méconnaissance du droit commun n'est pas aussi grande que cela a été dit, car il ne s'agit pas de prouver la validité du réseau pour éviter une annulation, auquel cas ce serait au demandeur à l'annulation de prouver que les conditions de l'annulation sont remplies. Il s'agit de prouver la validité du réseau, parce que c'est un élément générateur du droit à protection.

de la Cour de justice valeur normative. Elles sont néanmoins un élément de nature à établir la licéité apparente du réseau[36].

– Ensuite, le juge se contente pour admettre la preuve, de la production des contrats de distribution.

Cette solution est très favorable au réseau. En effet, s'il est vrai que l'existence d'une entente prohibée résulte le plus souvent de clauses insérées dans les contrats écrits de distribution, il arrive aussi fréquemment que l'entente résulte de l'adhésion tacite[37] des distributeurs à un comportement apparemment unilatéral du fournisseur[38], exprimé dans une circulaire[39], dans des factures[40], ou des conditions générales de vente[41].

---

36. Cass. Com 27 oct. 1992 GOGUET c. DIOR, RJDA 1/1993 n° 20 1ère esp., et GOGUET c. ROCHAS 3e esp.

37. Dans l'affaire de la Dermopharmacie, à l'argument tiré de la volonté unilatérale des fabricants de produits cosmétiques, la cour d'appel de Paris répond :

« L'agrément par le fabricant des distributeurs pharmaciens d'officine se fonde sur l'acceptation, expresse ou tacite, de la part des contractants, de la politique poursuivie par les fabricants exigeant l'exclusion de tous les distributeurs n'ayant pas la qualité de pharmacien d'officine ; cet agrément est donc de nature contractuelle » (CA Paris 28 janvier 1988 Conseil de l'Ordre des pharmaciens et autres, BOCCRF 4 février 1988, p. 33, J.C.P. 1988. I. 17145).

38. Comportement qu'il ne faut pas confondre avec une volonté véritablement unilatérale : cf. L. VOGEL, *Définition et preuve de l'entente en droit français de la concurrence. Étude de la jurisprudence récente*, J.C.P. 1991, éd. E. I. 96 n° 6.

39. Ainsi, la circulaire adressée par Ford Allemagne à ses revendeurs, leur signalant qu'elle n'accepterait plus de commandes de véhicules à conduite à droite, a été considérée comme un accord entre entreprises, dès lors qu'elle s'intégrait dans un ensemble de relations contractuelles : C.J.C.E. Ford AG 17 sept. 1985 aff. 25 et 26/84 Rec. p. 2725, Rev. Trim. Dr. Eur. 1985 p. 392 et s. ; Voir aussi Déc. Fischer price-Quaker Oats-Toyco 18 déc. 1987 J.O.C.E. L n° 49 du 23 fév. 1988.

De même, dans l'affaire Konika, Konika UK désireuse de lutter contre des importations parallèles de films Konika en provenance d'Irlande, et du Royaume-Uni, a enjoint par circulaire à ses distributeurs de ces deux pays, de coopérer avec elle de façon à empêcher les exportations directes et indirectes, les menaçant à défaut de ne plus les approvisionner ou d'augmenter leurs prix d'achat, réduisant ainsi leurs possibilités de vendre au Royaume-Uni. Selon Konika, cette circulaire ne pouvait être considérée comme un accord entre entreprises, puisqu'un seul distributeur lui avait répondu. Pour la Commission, au contraire, la circulaire constitue *« l'offre d'un accord qui a été acceptée par plusieurs distributeurs … il n'est pas d'usage entre commerçants, qu'un distributeur réponde expressément à une lettre de ce genre d'un fabricant ? En général, un distributeur qui reçoit une telle lettre la comprendra, surtout lorsqu'elle définit une politique commerciale appliquée par le fournisseur, comme fixant les conditions que ce fournisseur impose à leur relation commerciale envers lui, à savoir, en l'espèce, que le produit ne soit pas exporté. Si un distributeur ne réagit pas à l'encontre d'une telle lettre, les exigences qu'elle exprime doivent par conséquent être considérées comme constituant un élément essentiel de sa relation contractuelle avec le fournisseur. Cette interprétation s'impose particulièrement quand le distributeur continue d'acheter au fournisseur, mais ne revend que sur son marché national, et quand le distributeur cesse d'approvisionner un acheteur qui exporte » :* Déc. Co 18 déc. 1987 J.O.C.E. n° 278/34 du 23 mars 1988 ; Voir sur cette décision : R. KOVAR, *La décision Konika et la politique commerciale des entreprises,* Cah. dr. Entr. 2/1988 p. 1 et s. ; et les réf. citées.

40. Dans l'affaire Sandoz, la Cour de justice a considéré que l'envoi de factures comportant au dos des conditions de vente avec la mention « exportation interdite » était un accord entre entreprises car il s'intégrait dans le cadre général des relations d'une entreprise et il avait été tacitement approuvé par son destinataire (C.J.C.E. 11 janv. 1990 aff. C 277/87 Rec. p. I-45, J.D.I. 1990, p. 487 obs. M.A. HERMITTE).

41. Dans l'affaire Philips, le Conseil de la Concurrence a relevé que *« les conditions générales de vente et les engagements présentés à ses clients par la société Philips sont acceptés explicitement ou tacitement par les revendeurs lors de la passation des commandes et constituent, en tant que tels, entre le fournisseur et les membres de son réseau de distribution, des conventions susceptibles d'affecter le jeu de la concurrence sur le marché en cause et d'entrer dans le champ d'application de la loi »* (Déc. 88-D-47 (Philips électronique domestique) BOCCRF du 29 déc. 1988, Rec. Lamy n° 342 note J. CALVO ; confirmée par CA Paris 28 juin 1989 BOCCRF du 14 juillet 1989 ; voir aussi Paris 13 juin 1991 SA Concurrence BOCCRF 5 juillet 1991 p. 177, J.C.P. 1991, Pan 814 et I, 89 chron. AZEMA n° 9 ; Paris 5 juillet 1991 SA Concurrence, SA Jean Chapelle, SA Semavem et SA Sony France, BOCCRF 20 juillet 1991, p. 219, Cont. Conc. Conso 1991 n° 186 obs. L. VOGEL, J.C.P. 1991 Pan. 986 et 1062 et I.89 chron. AZEMA n° 9).

Donc en exigeant seulement la production des contrats (même de tous les accords), les juges se contentent de la preuve de la validité *prima facie* du réseau selon l'expression de certains[42].

En d'autres termes, sous l'apparence d'un simple assouplissement de la preuve, la jurisprudence a procédé à un partage de la charge de la preuve :

Au promoteur de prouver la validité *prima facie* du réseau en produisant les contrats. Et au tiers de prouver outre et contre cette validité apparente du réseau. C'est donc au tiers qu'il appartiendra de démontrer par exemple qu'il existe des circulaires du promoteur acceptées tacitement par les distributeurs et qui révèlent que le réseau n'est pas licite. Finalement c'est sur le tiers que pèsera la preuve la plus délicate à apporter.

Le tiers ne pourra bien sûr faire aucune preuve contraire quand la preuve de la licéité du réseau aura été apportée cette fois de manière complète, par la production d'une décision d'exemption[43] de la Commission comme dans les affaires Yves Saint-Laurent et Givenchy.

14. Mais le promoteur doit-il faire une autre preuve ? Notamment, puisque la Cour de cassation ne tire pas directement de la revente par le tiers l'acte de concurrence déloyale, faut-il faire la preuve de la faute du revendeur hors réseau ? A cet égard, en mars 1989[44], la Cour de cassation avait exigé que le fournisseur rapporte la preuve que le tiers s'était approvisionné de manière illicite. A partir de là, deux pratiques permettaient au tiers de s'en sortir. D'une part, il lui suffisait de taire ses sources. La preuve de leur caractère irrégulier était alors très difficile. D'autre part, il lui suffisait de procéder à des interpositions de complaisance pour qu'il soit impossible de prouver l'approvisionnement irrégulier.

Aujourd'hui sont sanctionnés au titre de la concurrence déloyale, les interpositions de complaisance, et le refus d'indiquer ses sources. Cela revient selon certains à mettre à la charge du tiers la preuve de la régularité de son comportement, preuve diabolique s'il en est.

Mais si l'efficacité de la protection apparaît préservée par les facilités de preuve, il est essentiel pour cette protection que le promoteur puisse faire cesser de toute urgence les reventes irrégulières, par le biais de mesures conservatoires.

2 – Les mesures conservatoires

15. La possibilité de prendre des mesures provisoires est un des moyens de la préservation de l'effet utile d'un droit[45].

Très vite s'est donc posée en notre matière, la question de la possibilité de demander au juge des référés[46] de prononcer des mesures conservatoires, ce qui pourrait être fait très rapidement selon la procédure du référé d'heure à heure.

Au départ, ce recours au juge des référés a été refusé au promoteur du réseau. Puisqu'il fallait faire une preuve préalable et complète de la licéité du réseau, il en résultait une contestation sérieuse que le juge des référés ne pouvait trancher.

Le 27 octobre 1992, la Cour de cassation a renversé le principe en énonçant que *« l'existence d'une contestation sérieuse ne fait pas obstacle à ce que le juge des référés prescrive les mesures conservatoires qui s'imposent pour prévenir un*

42. Cf. M. et J.M. Mousseron, art. préc.
43. Ou d'une décision judiciaire d'exemption en droit interne.
44. Cass. Com. 21 mars 1989 Bull. Civ. IV n° 98 p. 65.
45. FACTORTAME C.J.C.E. 16 juin 1990 aff. C-213/89 in Rec. p. I-2433.
46. Cf. en général : G. Parleani, *Le juge des référés face au droit communautaire*, D. 1990 ch. 65.

dommage imminent ou pour faire cesser un trouble manifestement illicite ». Et il résulte de la décision que l'existence d'un trouble manifestement illicite se déduit de la simple preuve *prima facie* de la licéité du réseau.

Ce recours à des mesures conservatoires ne peut d'ailleurs qu'être amélioré depuis que le 23 février 1993, la Cour de cassation a admis que la distribution parallèle hors réseau de produits marqués entraînait un usage illicite de marque. En effet, le promoteur du réseau, titulaire de la marque, pourra de ce fait utiliser les modes de protection particuliers du droit des marques, qui sont réputés pour leur rapidité et leur souci d'efficacité.

16. L'effet utile du droit de la concurrence sort finalement indemne de cette jurisprudence interne sur la protection des réseaux. Il n'empêche toutefois que la protection demeure encore perfectible, dans des limites qu'il faut encore préciser. Dans ce but, les promoteurs tentent par des clauses adaptées, d'améliorer la protection que leur donne la loi. Il faut donc examiner si ces clauses qui tentent de renforcer la protection du réseau ne vont pas à certains égards se heurter directement au droit de la concurrence.

II – LE RENFORCEMENT DE LA PROTECTION DU RÉSEAU À L'ÉPREUVE DU DROIT DE LA CONCURRENCE

17. Les promoteurs de réseau peuvent avoir à cet égard deux buts : soit ils se contentent de la protection substantielle telle qu'on vient de la dégager, mais ils veulent se donner des moyens plus efficaces de la mettre en œuvre. Ils vont insérer des clauses tendant à renforcer l'efficacité de la protection jurisprudentielle (A). La jurisprudence y est assez favorable.

Mais ils peuvent vouloir encore plus et ne pas se contenter de la protection qui leur est impartie. Ils tenteront alors de renforcer l'étendue de la protection (B). Mais là la jurisprudence n'y sera pas du tout favorable.

A – FAVEUR POUR LES CLAUSES TENDANT À RENFORCER L'EFFICACITÉ DE LA PROTECTION DU RÉSEAU

1 – Les clauses de limitation de la garantie aux produits vendus dans le réseau

18. Il y a une manière de renforcer l'étanchéité, et notamment de lutter contre les législations qui ne le permettent pas (comme la législation suisse dans l'affaire Métro contre Cartier). Il s'agit de limiter la garantie aux produits vendus par les membres du réseau.

Il semble qu'en matière de distribution exclusive la limitation de la garantie aux produits vendus dans le réseau ait été vue avec défaveur[47]. Au contraire dans l'affaire Métro contre Cartier, la Cour de justice a validé une telle clause[48] qui a

47. Arrêt SA ETA C.J.C.E. 10 déc. 1985 aff. 31/85 Rec. p. 3933.

48. Ce qui n'empêche pas parallèlement le droit communautaire de tendre à une unification de la garantie à l'intérieur du réseau : cf. décision GRUNDIG renouvelant exemption Com. 21 déc. 93 : Europe mars 1994 n° 116.

pour objectif d'empêcher que les tiers au réseau ne se livrent au commerce des produits couverts par le système (point 32). Dès lors, l'effet de cette clause est le même que toutes les clauses qui fondent la distribution sélective[49].

2 – Les clauses renforçant les pouvoirs de contrôle des fabricants

19. Puisque la distribution parallèle trouve souvent sa source dans une « fuite » d'un membre du réseau, il faut trouver d'où vient la fuite.

Il y a pour le fabricant différents moyens de contrôle ou de contrainte, qu'il s'agisse d'imposer aux détaillants de vérifier en cas de livraison à un autre revendeur s'il s'agit d'un distributeur agréé, en consultant la liste fournie par le fabricant, de tenir un registre permettant un contrôle numérique complet des ventes de produits contractuels à des revendeurs, de garder un double des factures, permettant le contrôle ultérieur du fabricant ou enfin qu'il s'agisse d'utiliser des codes-clients introduits dans les produits par des fabricants pour contrôler la circulation de leurs produits et notamment pour contrôler des reventes éventuelles d'un distributeur agréé à un autre distributeur non agréé.

La Cour de justice admet ces exigences relatives au contrôle, dans la mesure où elles sont nécessaires. Ainsi, dans l'arrêt Métro contre Saba, la Cour relève :

« que les obligations acceptées en matière de contrôle, tant qu'elles ne dépassent pas le but recherché, ne sauraient constituer par elles-mêmes une restriction de concurrence mais forment l'accessoire de l'obligation principale dont elles contribuent à assurer l'application ».

De même la Commission le 21 décembre 1993[50], renouvelant l'exemption du réseau de distribution sélective Grundig, relève que ces obligations sont *« indispensables notamment pour empêcher le distributeur agréé de violer les accords de distribution en cédant des produits Grundig à des distributeurs non autorisés ; sans cette possibilité de contrôle, il serait difficile de prévenir de telles violations. »*

Toutefois il est ajouté que ce contrôle ne doit s'exercer que lorsque c'est nécessaire :

« Ces informations sont expressément limitées aux cas dans lesquels il s'avère nécessaire de contrôler la distribution pour des raisons techniques ou parce que l'on peut sérieusement présumer une infraction au contrat de distribution … dans la communauté. »

Et la Commission effectue un contrôle régulier du caractère nécessaire des contrôles effectués par le promoteur.

C'est la même idée de nécessité qui explique que dans le réseau Yves Saint-Laurent, le fabricant, s'il peut exiger de ses distributeurs qu'ils conservent à sa disposition le double de leurs factures, ne puisse effectivement consulter ces doubles que si des éléments portent à croire qu'un distributeur a violé ses obligations contractuelles. Le réseau au départ prévoyait l'envoi systématique des factures au fabricant, mais la Commission a demandé la modification de cette clause.

De plus, le distributeur peut toujours montrer par d'autres moyens qu'il a respecté ses obligations. Dans ce cas on ne peut exiger de lui la production des factures.

---

49. Cf. L. IDOT, Europe mars 1994 n° 117.
50. Cont. Conc. Conso. fév. 94 n° 31 obs. L. VOGEL.

La jurisprudence française tire d'ailleurs les conséquences de ces techniques de contrôle, notamment à propos des codes-clients[51]. En effet, elle admet que la faute du distributeur puisse être prouvée par ce biais. C'est ce qui résulte par exemple d'un arrêt de la chambre commerciale du 10 mai 1994[52] par lequel la Cour de cassation décide que la résiliation du contrat de distribution conclu entre la société Chanel et la société Ève Parfums ne pouvait donner lieu à aucune indemnité au profit du distributeur fautif, dans la mesure où la faute de ce dernier ressortait de ce que sept articles portant son numéro d'identification, qui avaient été commandés par Ève Parfums qui ne soutenait pas ne pas les avoir reçus, avaient été retrouvés chez un revendeur non agréé[53].

Donc s'agissant des clauses qui tendent à rendre la protection jurisprudentielle plus efficace, on remarque que ces clauses sont vues avec une certaine faveur par le droit de la concurrence qui ne les condamne pas. Il n'en va pas de même des clauses qui tendent à renforcer l'étendue de la protection.

B – DÉFAVEUR POUR LES CLAUSES TENDANT À RENFORCER L'ÉTENDUE DE LA PROTECTION

1 – Les clauses restreignant les importations parallèles entre distributeurs du réseau

20. Pour être sûr qu'il n'y aura pas de revente à des distributeurs non agréés, certains fabricants ont eu le tort de croire qu'ils pouvaient permettre uniquement la vente aux consommateurs. En excluant les ventes croisées entre distributeurs du même réseau, ils entendaient en outre supprimer le risque qu'un revendeur ne se présente comme membre du réseau, et que le distributeur sélectif lui vende des produits contractuels sans avoir conscience de méconnaître ses obligations.

Ces clauses interdisant les importations parallèles entre distributeurs du réseau (intra band) sont néanmoins condamnées, comme l'a récemment encore rappelé le tribunal de première instance par une décision du 7 juillet 1994 dans l'affaire Dunlop Slazenger[54]. Ce principe se retrouve d'ailleurs dans les règlements d'exemption catégorielle. Ainsi, par exemple, l'article 4a du Règlement n° 4087/88 du 30 novembre 1988 relatif à des catégories d'accords de franchise précise que le franchisé doit être libre d'acheter les produits faisant l'objet de la franchise aux autres franchisés.

21. Il en va de même des clauses qui tendent indirectement à ce but, comme celles qui obligent le distributeur sélectif à un chiffre d'affaire minimal d'achat auprès du fournisseur. Indirectement sont ainsi limitées les ventes croisées entre distributeurs du réseau.

Il ne faut toutefois pas les confondre avec les clauses qui obligent à un chiffre d'affaires minimal en produits contractuels. Ces clauses sont restrictives de concur-

---

51. Que certains jugent contraires à la règle de l'épuisement des droits : cf. CALVO *La protection civile et pénale des systèmes de distribution sélective en droit français,* Petites affiches 20 juillet 1994 p. 11 et s.

52. Cont. conc. Conso août-sept. 1994 n° 158. L. VOGEL.

53. Il ne suffirait pas au tiers non agréé de faire disparaître les codes, car il s'agirait d'un acte de concurrence déloyale : CA Paris 30 janvier 1992 D. 1993 IR 36.

54. Europe août-sept. 1994 n° 326 note L. IDOT.

rence, puisqu'indirectement elles conduisent à une restriction quantitative du nombre des distributeurs. Mais si le distributeur du réseau peut se fournir soit auprès du fournisseur soit auprès des autres distributeurs, elles peuvent être exemptées[55].

En revanche, si le distributeur ne peut se fournir que chez le fournisseur pour ce chiffre d'affaire minimal, c'est une manière détournée de limiter ses importations parallèles auprès des autres membres du réseau. C'est pourquoi la Commission a subordonné la délivrance de l'exemption Yves Saint-Laurent à la suppression de cette clause.

2 – Les clauses de protection territoriale absolue

22. *A fortiori* le renforcement de la protection serait tout à fait illégitime s'il conduisait à la protection territoriale absolue, interdite par le droit communautaire et le droit interne, qu'il s'agisse de réseaux de distribution exclusive[56] ou de distribution sélective[57] où il a été décidé que les restrictions à la revente à des consommateurs situés dans d'autres parties du Marché commun ne pouvaient dans ces espèces être rachetées.

Les règlements d'exemption sont à cet égard tout aussi stricts. C'est ainsi par exemple que le Règlement franchise précité prévoit dans son article 5g que l'exemption est refusée si les franchisés sont tenus de ne pas fournir à l'intérieur du Marché commun les produits ou services qui font l'objet de la franchise à des utilisateurs finals en raison de leur lieu de résidence, ce qui serait la protection territoriale la plus absolue qui soit[58].

23. Il semble finalement qu'on soit arrivé à un juste équilibre en matière de protection des réseaux. Contrairement à ce qui se passe quand il s'agit de protéger une partie faible, où l'on est tenté par un excès de protection avec ses effets pervers, la jurisprudence sur les réseaux de distribution ne connaît pas ces travers, parce qu'elle ne poursuit pas un objectif de protection du faible contre le fort, mais qu'elle tire les conséquences simplement de la licéité de ce mode de distribution des produits. C'est pourquoi, elle est parvenue à une protection raisonnable qu'il faut peut-être encore affiner mais qu'il faut avant tout préserver.

55. Cf. Décision Yves Saint-Laurent précitée.

56. C.J.C.E. 13 juillet 1966 arrêt GRUNDIG aff. 56 et 58/64 Rec. p. 429 ; encore rappelé dans l'affaire ZERA c. MONTEDISON Commission 22 juin 1993 Europe janvier 1994 n° 25.

57. C.J.C.E. 12 juillet 1979 arrêt BMW aff. 32, 36 à 82/78, Rec. p. 2435 ; C.J.C.E. 17 sept. 1985 arrêt FORD of EUROPE et FORD WERKE AG, aff. 25 et 26/84, Rec. p. 2725.

58. Voir aussi notamment : art. 3 points 10 et 11 du Règlement 123/85.

LE PARASITISME

par Philippe le TOURNEAU
Professeur à la Faculté de Droit de Toulouse

1. Précision liminaire. – *Les aspects contemporains du droit de la distribution,* tel est l'intitulé de notre colloque. L'exposé qui m'a été confié, *le parasitisme,* traite d'une question périphérique au droit de la distribution : si cette notion se rencontre dans la distribution, elle n'a rien de spécifique ici. Aussi bien, je vous invite à une sorte de récréation au milieu de votre travail, ou à une brève excursion dans des terres peu connues, car découvertes récemment.

2. Le point de départ : la concurrence déloyale. – La responsabilité pour faute demeure apte à suivre les évolutions des données et à répondre aux besoins qu'elles font naître : ample vêtement, elle s'adapte, vaille que vaille, aux circonstances inédites. Illimitée est sa vocation : elle peut intervenir dans tous les pans de l'activité sociale, en complément ou en suppléance de la loi. Il en va singulièrement de la sorte dans la vie des affaires, où elle bride et corrige les menées de ceux qui ne respecteraient pas ses usages (cf., pour un appel direct à la morale des affaires, CA Paris, 20 mai 1994, *SA Chargeurs c. Carnegie International,* Gaz. Pal., 1994, 2, p. 627, note I. d'Arthuys). Et si importante est la place qu'elle y occupe, qu'elle reçut dans ce secteur, sinon un régime différent, du moins une appellation spécifique, la fameuse *concurrence déloyale.* L'expression est descriptive plus que technique, de fantaisie plus que scientifique : c'est une image, certes parlante, plus qu'un concept. Elle rappelle que la concurrence, au plan micro-économique, doit être *loyale* entre les divers concurrents. C'est-à-dire que chaque commerçant, chaque entreprise, s'abstiendra de certains actes, de certaines pratiques, peut-être profitables, mais contraires à la loyauté.

3. Le critère : déloyauté et non-détournement de clientèle. – Il ressort de cela que le critère juridique de la concurrence déloyale est la déloyauté, et non point le détournement de clientèle. Ce dernier peut en être une conséquence, mais n'est pas nécessaire ; de toute façon, le détournement de clientèle n'est pas un critère juridique, mais une notion économique. Ce qui importe, c'est de s'attaquer aux moyens et non aux buts (cf. P. Roubier, *Le droit de la propriété industrielle,* t. 1, 1952, Sirey, n° 106) ; cette affirmation est d'autant plus certaine que « la clientèle n'est qu'une valeur fugitive dans un patrimoine, c'est de la fortune à l'état dynamique, et non à l'état statique » (P. Roubier, *op. et loc. cit.*) ; et encore, cette vue est des plus contestables, car nul ne peut se dire réellement « propriétaire » d'une clientèle, c'est-à-dire d'hommes et de femmes : la clientèle n'est pas un bien (cf. le rappelant fortement : Cass. 1e civ., 7 févr. 1990, Bull. Civ. I, n° 38 ; D., 1991, somm., p. 319, obs. J.-L. Aubert ; RTD civ., 1991, p. 325, obs. J. Mestre. – comp. Cass. 1er civ., 7 juin 1995, D., 1995, p. 560, note B. Beignier).

4. De la concurrence déloyale au parasitisme. – Chaque expression comporte ses limites et, d'une certaine façon, ses pièges. La concurrence déloyale n'échappe pas à ce sort. L'accent mis sur la concurrence conduisit la jurisprudence à limiter l'emprise de la théorie, en stricte logique des mots, aux concurrents, à la conquête de la clientèle pour des produits et services, identiques ou similaires : tel est le *principe de la spécialité* de la concurrence déloyale. Pourtant, il est apparu que le devoir de loyauté de la concurrence devait dépasser – au moins dans certaines circonstances –, le cercle des stricts rapports concurrentiels, ou se prolonger, au-delà des activités lucratives rivales. Ainsi se vérifiait l'observation du Général de Gaulle que voici : « Aucune des catégories de notre pensée ne s'applique exactement aux choses de la vie. En vain, nous poussons le vivant dans tel ou tel de nos cadres ; tous les cadres craquent ; ils sont trop étroits, trop rigides. » *(Le fil de l'épée).* Poussée par la doctrine, la jurisprudence sut franchir la borne qu'elle avait posée, en recourant à la notion complémentaire *d'agissements parasitaires.* Elle permet de condamner quiconque, même non concurrent, qui usurpe sensiblement une *valeur économique* d'autrui, réduisant ainsi notablement ses investissements matériels et intellectuels, gagnant du temps, évitant de prendre des risques. L'agissement parasitaire est le fait, par un agent économique, de vivre aux crochets d'un autre ; le parasite, végétal ou animal, vit en association imposée avec un autre végétal ou animal, dont il se nourrit (le mot vient du grec *parasitos,* de *sitos*, nourriture) : de même, le parasite commercial tire profit de l'activité d'autrui sans bourse délier : il se place dans son « sillage », selon une expression fréquemment employée par les juges (CA Paris, 4 mai 1995, Expertises, 1995, p. 356, Cass. com., 27 juin 1995, PIBD, 1995, III, p. 472 – CA Paris, 20 novembre 1995, D. 1996, inf. rap. p. 6), cela afin de profiter des efforts et investissements d'autrui. La théorie des agissements parasitaires prolonge l'existence de loyauté entre concurrents par un devoir de loyauté entre tous les *intervenants* de la vie économique, dès lors qu'ils agissent dans un *but intéressé.*

5. Fondement. – A vrai dire, l'audace était limitée car les tribunaux ne firent qu'appliquer une règle importante, dégagée précisément à propos de la concurrence déloyale, celle de *l'universalité de la responsabilité civile.* Entendez par là que, lorsqu'aucune autre voie de droit ne se présente, la responsabilité civile reste le recours pour voler au secours des citoyens ; le refuge des innocentes victimes à la recherche de terrestres consolations, notamment *la protection d'une valeur immatérielle* nouvelle. Autrement dit, concurrence déloyale et agissements parasitaires ne sont que *deux facettes de la responsabilité civile* mais qui, utilisées dans des secteurs bien particuliers et délimités, ont été baptisées spécialement.

6. Engendrement par provignement. – De même que l'abus de droit, rameau de la responsabilité civile distingué depuis longtemps, a engendré la concurrence déloyale (cf. Ph. le Tourneau et L. Cadiet, *Droit de la responsabilité*, Dalloz, 4ᵉ éd., 1996, n° 3221), la concurrence déloyale a engendré, par provignement, la théorie des agissements parasitaires. Cette évolution est tout à fait caractéristique de l'histoire de l'action en concurrence déloyale, toute enveloppée par l'élargissement constant de son critère (cf. Le Moal, Juris-cl. Concurrence et consommation, fasc. 240 n° 55), c'est-à-dire des actes qu'elle appréhende, pour les interdire ou les sanctionner.

7. Droit des professionnels. – La théorie des agissements parasitaires, comme celle de la concurrence déloyale, n'intéresse que des professionnels, aussi bien quant aux auteurs qu'aux victimes des actes contraires aux usages des affaires ; du reste, ils sont les seuls à connaître ceux-ci. Aussi, peut-on voir ici comme *un* *maillon de ce droit des professionnels* qui, annoncé juste avant la guerre par Ripert (*Ébauche d'un droit civil professionnel :* Mélanges Capitant, 1939, p. 678), émerge progressivement sous nos yeux (cf. J. Mestre et autres, *Les principales clauses des contrats conclus entre professionnels,* PUAM, 1990. P. Serlooten, – *Vers une responsabilité professionnelle ?* Mélanges Hébraud, 1981, p. 805. – Ph. le Tourneau, *De l'allégement de l'obligation de renseignements ou de conseil,* D., 1987, chron., p. 101 ; *Les professionnels ont-ils du cœur ?* D., 1990, chron., p. 21 ; *La responsabilité civile professionnelle,* Economica, 1995. – G. Viney, *Les grandes orientations de la responsabilité civile,* Cah. dr. entr., 1992/6, p. 29).

8. Inventeurs et continuateurs de la notion de parasitisme. – La notion de parasitisme a été inventée en 1956, concomitamment en *France,* par M. Yves Saint-Gal et, en *Italie,* par M. Remo Franceschelli ; c'est qu'un besoin se faisait sentir : or le droit a horreur du vide. M. Saint-Gal est autant théoricien que praticien, puisqu'il travaillait à l'époque à l'Union des fabricants, dont un des buts est de protéger les marques de ses adhérents. Constatant que certains commerçants s'inspirent des réalisations de tiers sans commettre, au sens strict, un acte de concurrence déloyale, cet auteur proposa la notion nouvelle d'agissements parasitaires pour combler cette lacune juridique (*Concurrence déloyale et concurrence parasitaire, ou agissements parasitaires,* RIPIA, 1956, n°25/26, p. 19 s.). M. Franceschelli était lui aussi à la fois théoricien et praticien, en tant qu'avocat spécialiste de la propriété industrielle, de réputation européenne. Face au même constat que son homologue français, il proposa le concept de concurrence parasitaire, pour réprimer les actes de ceux qui suivent systématiquement les traces d'autrui (*Concorrenza parassitaria,* Riv. dir. ind., 1956/1, p. 265). Depuis, la notion a été adoptée dans de nombreux pays européens (cf. *La concurrence parasitaire en droit comparé,* Actes du colloque de Lausanne, Droz, 1981) – mais pas en droit communautaire – ; elle a été substantiellement élargie et affinée par les travaux de M. Xavier Desjeux et de moi-même ; nous avons eu assez de chance pour influencer la jurisprudence.

9. Distinctions et plan. – Hélas, une fois n'est pas coutume, la mariée est trop belle ! Jugez-en : la théorie des agissements parasitaires a connu un tel succès qu'une certaine confusion, au moins quant au vocabulaire, s'est instaurée : à la distinction simple entre concurrence déloyale et agissements parasitaires, s'est ajoutée l'expression de *concurrence parasitaire* ; bien inutilement, car elle n'apporte aucune précision supplémentaire ; mais l'inconvénient est minime, puisque, de toute façon, il s'agit encore et toujours de la responsabilité civile. En tous cas, le fait est là, de sorte que pour traiter de la question, il nous faudra, dans le labyrinthe de la *notion de parasitisme* (I), emprunter une sorte de parcours initiatique : avant de dépeindre les agissements parasitaires *stricto sensu* (B), but de l'étude, nous commencerons par envisager la concurrence parasitaire (A). Le moment sera alors venu de s'intéresser au *régime juridique* du parasitisme (II).

I – NOTION DE PARASITISME

A – CONCURRENCE PARASITAIRE

10. La concurrence parasitaire ne se distingue pas réellement de la concurrence déloyale. – A la vérité, force est de constater, après avoir bien scruté les arrêts appliquant cette figure de la concurrence parasitaire, que cette dernière ne présente aucun trait juridique spécifique ; en quoi elle est parfaitement superflue. En fait, sinon en droit, le seul élément pouvant réunir la jurisprudence sur la notion, serait que, dans chaque espèce, les circonstances (de fait) étaient *particulièrement choquantes* (V. les faits de Cass. com., 7 févr. 1995, TF 1 c. Antenne 2, J.C.P. 1995, note Ph. le Tourneau) ; l'hypothèse est que les magistrats attacheraient, plus ou moins consciemment une sorte de *flétrissure morale* à l'emploi de l'adjectif « parasitaire ». L'explication est courte et la justification inexistante ! Certains arrêts marquent explicitement la concordance entre les deux notions de concurrence parasitaire et de concurrence déloyale (cf. Cass. com., 21 juin 1994, *Sorelec,* Bull. Civ. IV, n° 229 : le vendeur manifesta « une volonté de parasitisme constituant une faute de concurrence déloyale ». – CA Colmar, 13 mai 1993, D. 1995, p. 96, note J.-J. Burst : agissements parasitaires « constitutifs de concurrence déloyale » – CA Versailles, 10 mars 1995, RJDA 1995, n° 1186 : « faute constitutive de concurrence déloyale et parasitaire »). Puisque sa banalité est certaine nous n'en traiterons pas, sauf pour rappeler qu'elle est notamment utilisée pour la protection des réseaux de distribution (V. notamment nos deux ouvrages, l'un *La concession commerciale exclusive,* l'autre *Le franchisage,* Economica, 1994).

11. Confusion entre les réseaux. – Pour éviter le fameux *cloisonnement du marché,* la jurisprudence considère aujourd'hui que le distributeur indépendant (hors réseau) qui achète à un tiers (un approvisionnement parallèle, notamment une *importation parallèle*), puis revend les produits relevant d'une concession (au sens large) ne commet pas, par cela seul, un acte de concurrence déloyale (Cass. com., 1er mars 1994, Bull. Civ. IV, n° 86. – 18 oct. 1994, Bull. Civ. IV, n° 310).

12. Circonstances dans lesquelles l'intrusion dans un réseau constitue une faute. – Toutefois, si la revente des produits s'accompagne de diverses autres circonstances, une condamnation pour concurrence déloyale peut intervenir (Cass. com., 27 oct. 1992, Bull. Civ. IV, n° 322). Ces circonstances sont, par exemple, la commercialisation des produits sans être soumis aux contraintes habituelles des membres du réseau ; et le fait de bénéficier de la valeur publicitaire de la marque pour développer sa propre commercialisation. Cet assouplissement – qui est une consécration de la *concurrence parasitaire* –, renforce la cohésion et la force des réseaux, du moins pour la distribution sélective. De même, le fait de mettre en vente des produits, dont le conditionnement porte la mention de la vente par des distributeurs exclusifs, lorsque le vendeur n'est pas membre du réseau, est un acte de concurrence déloyal (Cass. com., 27 oct. 1992, D. 1992, p. 505, note A. Bénabent, 1er esp. ; – 23 févr. 1993, *SA Berry Distribution, inédit*).

13. La violation délibérée par un tiers est illicite dans certains cas. – Le principe de *l'opposabilité des réseaux au tiers* garde sa pleine vigueur lorsque le tiers s'approvisionne (ou simplement tente de le faire) auprès d'un distributeur sur le même marché domestique, en violation consciente du contrat liant le concessionnaire-vendeur ou concédant (cf., pour la distribution sélective, mais la règle est transposable à la concession commerciale : Cass. com., 12 juill. 1993, Bull. Civ. IV, n° 295. – 15 mars 1994, Bull. Civ. IV, n° 108. – Sur la question : G. Bonet et J.-M. Mousseron, *Donner et retenir ne vaut II :* Cah. dr. entr. 1993/1, p. 23 s.).

Autrement dit, la violation délibérée d'une convention d'exclusivité reste, en soi, un acte de concurrence déloyale (alors que la violation du monopole de distribution par un réseau ne l'est plus) : c'est l'hypothèse classique de *tierce complicité,* ici dans le manquement par le concessionnaire à ses obligations contractuelles.

14. Preuve. – La difficulté, pour le concédant, réside dans ce qu'il doit apporter la preuve que le tiers acheteur connaissait la clause d'exclusivité. Toutefois, la Cour de cassation a établi une sorte de *présomption,* de bon sens, en défaveur du tiers : il lui faut pouvoir prouver (ou accepter de prouver) la provenance du produit (Cass. com., 27 oct. 1992, Bull. Civ. IV, n° 322 ; D. 1992, p. 505, note A. Bénabent, 3e esp.). Mais a été regardé comme fautif, en lui seul, le refus par un distributeur non membre du réseau de justifier de la provenance des produits (Cass. com. 27 oct. 1992, *préc.,* 3e esp.), comme le fait de mettre en vente des produits dont le conditionnement portait la mention de la vente par des distributeurs exclusifs (Cass. com., 27 oct. 1992, *préc.,* 1er esp. ; – 23 févr. 1993, *SA Berry Distribution, inédit*).

B – AGISSEMENTS PARASITAIRES

15. Généralités. – Allant du simple au complexe, du connu (la concurrence parasitaire, qui n'est qu'un autre nom de la concurrence déloyale) à la nouveauté, à cette *terra incognita,* nous arrivons aux agissements parasitaires, qualification plus élaborée d'un aspect de la concurrence déloyale. Les agissements parasitaires – qui interviennent entre non-concurrents, c'est le postulat –, sont *polymorphes,* tant l'imagination des hommes est féconde lorsqu'il s'agit de mal faire ! Néanmoins, ils peuvent se regrouper autour de deux aspects (cf. CA Toulouse, 19 oct. 1988, D., 1989, p. 290, note J.-J. Barbiéri) : l'usurpation d'une *notoriété* (1) ou l'usurpation d'une *technique* (2). Le mot d'usurpation doit être entendu souplement, en y incluant l'imitation.

1 – Usurpation de la réputation d'autrui

a) Proposition doctrinale

16. Principe. – C'est à propos de l'usurpation d'une notoriété que la notion d'agissements parasitaires a été proposée en 1956 par M. Yves Saint-Gal ; il y voyait « le fait de se référer, sans s'adresser à la même clientèle, à une marque ou à toute autre forme de propriété industrielle ou intellectuelle créée par un tiers et particulièrement connue et, ce, à l'effet de tirer profit de sa renommée » (*op. cit.,* p. 37). Acceptée assez rapidement par la jurisprudence, surtout par les cours d'appel de Paris et de Versailles, et développée par la doctrine, elle a reçu droit de cité. L'idée de base est de protéger ceux qui ont une réputation, un prestige, en un mot une *notoriété,* qu'un tiers cherche à accaparer, ou dont il cherche à profiter. « L'utilisation intéressée d'une marque ou d'un nom commercial notoire constitue un agissement parasitaire lorsqu'il fait bénéficier l'utilisateur, sans contrepartie, du renom acquis par d'autres grâce à un travail intellectuel, un savoir-faire ou des investissements publicitaires » (CA Versailles, 3 nov. 1988 : D., 1993, somm., p. 116).

La condition de notoriété (secondaire pour la simple concurrence parasitaire) est ici essentielle, qualifiante. Les juges doivent donc la relever *in specie* ; en effet, il importe de ne pas protéger n'importe quel signe : dans la hiérarchie des normes, la sauvegarde du principe de la liberté du commerce garde la précellence.

17. Exemple. – Voici un signe renommé, par exemple la marque *Chanel* ou l'appellation d'origine *Champagne,* qui est repris et utilisé, à titre de marque ou pour un tout autre usage, dans un domaine totalement distinct (non-concurrent) ; licitement à s'en tenir au droit des marques de l'époque, mais avec assurément l'idée de bénéficier par ricochet de sa célébrité pour attirer la clientèle : cet acte est choquant ; la théorie des agissements parasitaires permet d'y mettre fin.

18. Jurisprudence. – Chacun connaît l'affaire *Pontiac* qui donna lieu à l'arrêt fondateur en jurisprudence de la théorie des agissements parasitaires, sans toutefois employer l'expression : est une faute l'emploi de la marque Pontiac, déposée pour les automobiles, pour vendre des réfrigérateurs (CA Paris 8 déc. 1962 : D., 1963, p. 406, note H. Desbois). Peu après, une espèce comparable défraya la chronique à propos d'un fabricant d'automobiles japonais, qui avait repris la marque française de piles *Mazda,* très célèbre à l'époque (CA Paris, 19 oct. 1970 ; Ann. Prop. Ind., 1971, p. 1, note R. Dusolier. – H. Desbois, *La protection des marques notoires ou de haute renommée en l'absence d'un risque de confusion ; à propos de l'affaire Mazda :* Mélanges Bastian, Litec, 1974, t. 2, p. 13 s.). Ces arrêts ont été suivis de très nombreuses décisions, intéressant le *Gotha* des marques, surtout depuis les années 1980 (ex. récents : CA Paris, 24 janv. 1991, *L'Express :* Expertises, 1992, p. 146. – 21 nov. 1991, *Orient-Express :* PIBD, 1992, III, p. 174, utilisée pour un jeu. – TGI Paris, 12 juill. 1989, *Évian :* PIBD, 1990, III, p. 79. – 19 nov. 1993, *Porsche :* PIBD, 1993, III, p. 208. – Cass. Com., 27 juin 1995, *Lindt*, Bull. civ. IV, n° 193).

19. Aboutissement : l'affaire Comité interprofessionnel du vin de Champagne contre la société Yves Saint-Laurent Parfums. – L'espèce qui, sans doute, donna enfin ses lettres de noblesse à la théorie, en la faisant connaître de tous les juristes (nombreux étaient encore les avocats, magistrats et professeurs qui en ignoraient et le nom et l'existence), par l'intense retentissement médiatique qui lui a été donnée, est la seconde affaire *Champagne* (la première étant intervenue dans un litige entre le Comité interprofessionnel du vin de *Champagne* et la Seita, qui avait mis sur le marché une cigarette *Champagne :* TGI Paris, 5 mars 1984 : PIBD, 1984, III, p. 200 ; Ann. Prop. Ind., 1985, p. 161, note J.-J. Burst). La société Yves Saint-Laurent Parfums avait lancé, à grands fracas publicitaires, un parfum *Champagne,* dont le flacon même cherchait à reproduire les bouchons des bouteilles de ce vin. Le parfumeur avait manifestement eu la volonté de se placer dans le sillage de la célèbre appellation d'origine, probablement la plus prestigieuse du monde, « le sourire de la France » (qui, comme toute appellation d'origine appartient à une collectivité, les producteurs de *Champagne,* qui ont su la créer et la maintenir). Il fut condamné de ce chef par la Cour d'appel de Paris (15 déc. 1993 : D., 1994, p. 145, note Ph. le Tourneau ; JCP, 1994, éd., E, II, 540, note F. Pollaud-Dulian ; ce dernier auteur parvient, sur cette matière, à ne citer ni les travaux de X. Desjeux ni les nôtres, et alors que les deux décisions *Champagne* ont été inspirées par nous ! – Sur l'arrêt, V. aussi : A. Le Tarnec, *Appellations d'origine et marques. A propos de l'affaire du parfum « Champagne » :* Gaz. Pal., 1994, 1, doctr., p. 176 ; cet article n'analyse pas vraiment l'arrêt puisque, consacré au droit européen, inopérant en l'espèce, il n'analyse pas le fondement de la condamnation ; C. Grynfogel, *A propos de l'affaire Champagne : Vers une protection absolue des appellations d'origine :* RJDA 1994, p. 213).

L'arrêt releva notamment que ladite société a « détourné la notoriété dont seuls les producteurs et négociants en Champagne peuvent se prévaloir pour commercialiser le vin ayant droit à cette appellation ». D'où la Cour confirma le jugement qui avait interdit de continuer à utiliser le terme *Champagne* pour désigner ce parfum. Force fut à la société Yves Saint-Laurent Parfums de s'incliner. Du moins, sur le territoire français. Mais, d'une part, elle procéda à une habile publicité, tournant en quelque sorte en dérision l'arrêt cité, bafouant de la sorte ouvertement la justice, ce qui, dans d'autres contrées, serait condamnable au titre du *contempt of court*. D'autre part, elle continua et continue d'utiliser l'appellation à l'étranger, à raison de la territorialité des lois. On voit ainsi combien la justice est désarmée face aux puissances économiques internationales, ce qui montre les failles du libéralisme. Toutefois, un arrangement est intervenu en février 1995, aux termes duquel le parasite devra changer le nom de son parfum, pour tout l'univers, avant la fin de 1998.

20. Limites. – Toutefois, en premier lieu, il importe, dans chaque espèce, de relever la notoriété du signe usurpé (cf. *supra,* n° 16). En second lieu, les juges du fond ne sauraient se contenter d'une formule générale, pour protéger un signe célèbre contre une usurpation : ils doivent caractériser les comportements répréhensibles et les risques qu'ils font courir au signe parasité (Cass. com., 4 juin 1991, *Coca-Cola :* Bull. Civ. IV, n° 210). Enfin, la reprise sans droit d'un signe approprié n'est condamnable que si elle intervient *à titre lucratif, dans une activité commerciale,* et non si elle a lieu dans une œuvre littéraire ou artistique : en effet, la liberté de création prédomine par rapport au droit privatif du titulaire de la marque (comp. : CA Paris, 20 déc. 1974, *Pradel c. Labo. Delalande :* D., 1975, p. 313, concl. Franck, note J. Lindon. – *Contra :* TGI Paris, 17 déc. 1980, *Bic c. Julliard :* Gaz. Pal., 1981, 1, p. 139, note crit. Ph. le Tourneau). C'est que l'œuvre, quelle qu'elle soit, est une *émanation de la personnalité ;* plus que tout autre acte de la vie humaine, elle dévoile au grand jour une parcelle de l'intériorité de l'être ; comme telle, elle occulte l'aspect purement patrimonial, invoqué par le propriétaire du signe utilisé par le créateur (sur le droit de la personnalité, V., sous ce titre, la synthèse originale de B. Beignier, PUF, 1992, mais qui ne cite pas la propriété littéraire).

21. Justification de la jurisprudence appliquant la théorie des agissements parasitaires. – La jurisprudence qui, depuis l'arrêt *princeps* Pontiac, applique, dans des circonstances les plus diverses, la théorie des agissements parasitaires, est tout à fait justifiée. Pourquoi ? Parce que la notoriété fait en quelque sorte éclater les anciens cadres juridiques, soudain trop étroits : en effet, dans le monde contemporain, la notoriété est une source légitime de profits. Il serait injuste de laisser les tiers s'en emparer et la galvauder. La loyauté commerciale ne saurait tolérer que le geai se pare des plumes du paon. Les titulaires de *marques, noms commerciaux, enseignes, slogans, sigles, appellations d'origine,* disposent là d'une arme défensive contre les usurpateurs qui ne sont pas des concurrents : elle *prolonge* donc la protection accordée par la concurrence déloyale, lorsque celle-ci cesse d'agir. Mais, encore une fois, il y a ici une espèce de trompe-l'œil, car l'une et l'autre sont sœurs, et habitent la même demeure : celle de la responsabilité civile.

b) Consécration législative partielle

22. Consécration législative quant aux marques. – Cette jurisprudence a été récemment consacrée par le législateur, sans le nom et en partie. En effet, l'article 16 de la loi du 4 janvier 1991 sur les marques, devenu l'article L. 713-5, alinéa 1er, du Code de la propriété intellectuelle, dispose que « L'emploi d'une marque jouissant d'une renommée pour des produits ou services non similaires à ceux désignés dans l'enregistrement engage la responsabilité civile de son auteur s'il est de nature à porter préjudice au propriétaire de la marque ou si cet emploi constitue une exploitation injustifiée de cette dernière ». La formule est très large puisqu'elle vise *l'exploitation injustifiée* d'une marque.

D'autre part, la loi du 18 janvier 1992, renforçant la protection des consommateurs, autorise sous certaines conditions, la *publicité comparative,* sauf lorsqu'elle aurait « pour objet principal de tirer avantage de la notoriété attachée à une marque ». Cette disposition figure désormais à l'article L. 121-9 du Code de la consommation. Elle prohibe en réalité toute publicité comparative avec un produit revêtu d'une marque notoire.

Enfin, rappelons pour mémoire qu'en vertu de l'article 6 bis de la Convention de Paris, la marque notoire est protégée en raison de sa seule notoriété, même si elle n'a pas été enregistrée (cf. C. propr. intell., art. L. 712-4, al. 1er et L. 714-4).

23. Consécration législative quant aux appellations d'origine. – La loi du 4 janvier 1991 avait introduit une disposition réglant le *conflit entre une appellation d'origine et une marque,* devenue l'article L. 711-4 du Code de la propriété intellectuelle : « Ne peut être adopté comme marque un signe portant atteinte à des droits antérieurs et notamment : ... d) A une appellation d'origine protégée ». Nous avions suggéré naguère cette réforme (Ph. le Tourneau, *Proposition pour une réforme du droit des appellations d'origine :* Gaz. Pal., 1984, 1, doctr., p. 107). Elle était inapplicable dans l'affaire *Champagne* précitée, car la société Yves Saint-Laurent Parfums avait eu l'habileté, pour ne pas dire la malhonnêteté, de racheter une marque *Champagne,* qui avait été valablement déposée, avant la mise en vigueur de cette réforme.

D'autre part, la loi du 2 juillet 1990 avait modifié la loi du 6 mai 1919, pour trancher un éventuel *conflit entre une appellation d'origine et une autre utilisation.* La règle figure aujourd'hui à l'article L. 115-5, alinéa 4, du Code de la consommation : « Le nom géographique qui constitue l'appellation d'origine ou toute autre mention l'évoquant ne peuvent être employés pour aucun autre produit similaire... ni pour aucun autre produit ou service lorsque cette utilisation est susceptible de détourner ou d'affaiblir la notoriété de l'appellation d'origine ». Cet article, dans sa deuxième partie, était applicable dans l'affaire *Champagne* ; il fut cependant écarté en fait par l'arrêt, faute par les intimés d'avoir démontré le risque, pourtant évident, d'affaiblissement de la notoriété de l'appellation d'origine par son utilisation par un parfum. La Cour fut sans doute impressionnée par l'argument du parfumeur, mettant en valeur le prestige de sa propre maison (qui n'est pas un fait justificatif ; cf. *infra,* n° 47) ; et, d'un autre côté, par la notoriété de l'appellation en cause, tellement incommensurable, qu'elle ne risquerait pas d'être atteinte par le comportement d'un tiers (vue que nous ne partageons pas).

24. Portée limitée des consécrations législatives. – Quelques vastes que soient les termes des articles précités des Codes de la propriété intellectuelle et de la consommation, la consécration légale de la notion de parasitisme et la protection qu'ils accordent restent limitées. En effet, ces textes ont eu, à la vérité, *pour seul dessein de régler des conflits entre signes* et non pas d'établir une règle générale. Bornées à l'emploi d'un signe désigné, ces dispositions légales ne couvrent donc pas tout le champ qui a été occupé par la théorie des agissements parasitaires ; c'est-à-dire celui de l'ensemble des signes utilisables par un commerçant ou une entreprise ; mais cela n'a aucune espèce d'importance : le droit commun de la responsabilité civile pour faute (auquel ressort la théorie dont s'agit) continue dès lors de s'appliquer. Du reste, l'article L. 713-5, alinéa 1er, du Code de la propriété intellectuelle renvoie *expressis verbis* à la responsabilité civile. En tout cas, ces textes, pour limités qu'ils soient, témoignent que l'interdiction des agissements parasitaires est devenue une préoccupation du législateur.

2 – Usurpation des efforts intellectuels et des investissements d'autrui

25. Annonce. – Tantôt l'usurpation porte sur l'effort intellectuel ; tantôt sur les investissements d'un tiers. Ces efforts et investissements peuvent s'être traduits par un résultat tant *technique* (a) qu'*esthétique* (b), entendu de façon extensive. L'élargissement de la théorie des agissements parasitaires à ces actes n'était pas évident, et n'est pas intervenu immédiatement.

a) Usurpation du résultat technique des efforts intellectuels et des investissements d'autrui

26. Point de départ : retour sur les raisons de la protection de la renommée. – A prendre de haut, pour la justifier, la jurisprudence qui a protégé la réputation, le renom d'un signe contre les usurpations, en dehors de tout risque de confusion et en l'absence de rapport concurrentiel entre les parties, deux raisons principales et complémentaires apparaissent. D'abord, la notoriété est le résultat *d'un savoir-faire* : lui-même est issu d'un *travail* persévérant, d'efforts continus, parfois depuis fort longtemps (songez à l'appellation *Champagne*) ; et *d'investissements* notables, matériels et intellectuels (pour l'élaboration de la marque, les campagnes publicitaires pour la faire connaître, puis pour maintenir le public en éveil, etc.), se traduisant par la prise de *risques* (Sur ce dernier point : CA Paris, 16 févr. 1989 : PIBD, 1989, III, p. 398).

Ensuite, la notoriété est une *valeur économique,* un bien appréciable en argent, ayant un prix ; elle donne lieu à des transactions commerciales. C'est M. Xavier Desjeux qui, en 1981, retrouvant une intuition féconde de Roubier, attira l'attention sur cette notion de valeur économique *(Quelle protection juridique pour le modèle « fonctionnel » ? Le design ou la création d'une valeur économique personnelle à l'entreprise* : Gaz. Pal., 1981 1, doctr., p. 297).

27. Extension des agissements parasitaires en dehors de l'usurpation d'une notoriété, par analogie de raisons. – Partant du double fondement dégagé ci-dessus, l'idée nous était venue qu'il convenait d'élargir notablement le concept d'agissements parasitaires, dans les situations comparables, c'est-à-dire dans celles où l'on retrouve, d'un côté des *efforts* soutenus, des *investissements* et une *valeur économique,* ce qui couvre tout le *capital technique* d'une entreprise ; de l'autre côté, un *détournement* de ce travail et des investissements. Nous avions ainsi suggéré, dès 1982, de protéger les auteurs de logiciel, avant la loi du 3 juillet 1985 (cf. *Variations autour de la protection du logiciel,* Gaz. Pal., 1982, 2, doctr., p. 370 s. – V., dans le même sens, J. Huet, *La modification du droit sous l'influence de l'informatique,* JCP, 1983, éd., G, I, 3095, n° 18. – Et, adoptant cette solution : CA Paris, 2 févr. 1989, Expertises, 1989, p. 69).

Depuis, nous avons développé cette intuition, tant lors de consultations que dans une dizaine de publications (cf., notamment, *La responsabilité civile,* Dalloz, 3e éd., 1982, n° 1993 s. – *Des mérites et vertus de la responsabilité civile,* Gaz. Pal., 1985, 1, doctr., p. 283. – *La verdeur de la faute dans la responsabilité civile, ou de la relativité de son déclin,* RTD civ., 1988, p. 505. – *Les professionnels ont-ils du cœur ?* D., 1990, chron., p. 23. – *Quelques aspects des publicités commerciales,* Gaz. Pal. 1992, 2, doctr., p. 847. – *Le parasitisme dans tous ses états,* D. 1993, chron., p. 310 ; PIBD, 1994, II, p. 36. – *Le franchisage :* Juris-cl. Contrats distribution, fasc. 566, 1993. – *Parasitisme,* Juris-cl. Concurrence consommation, fasc. 227, 1995). De son côté, M. Xavier Desjeux continuait de défricher parallèlement le terrain, par de très nombreux articles (cf. notamment : *L'investissement économique et le droit de la propriété industrielle : du droit des brevets au droit des marques,* Gaz.

Pal., 1962, 2, doctr., p. 422. – *Le droit de la responsabilité civile comme limite du principe de la liberté du commerce et de l'industrie : à propos de la sanction de la copie,* JCP, 1987, éd. E, II, 14929. – *La protection des idées en droit positif. De la contrefaçon artistique à l'activité parasitaire,* Gaz. Pal., 1992, 2, doctr., p. 971 – *La reprise de la prestation d'autrui : l'idée commerciale et l'investissement économique, esquisse d'un projet de loi, ibid. – Le droit d'auteur et les agissements parasitaires, ibid).*

28. Accueil jurisprudentiel et doctrinal. – Nous avons eu tous deux l'agréable satisfaction de constater que la jurisprudence nous emboîtait le pas, jusqu'au point d'adopter parfois nos expressions, suivie, plus lentement il est vrai, par une partie de la doctrine (V., principalement, J.-J. Burst, *Concurrence déloyale et parasitisme,* Dalloz, 1993, passim. – G. Cas et R. Bout, Lamy *Droit économique,* n° 2272 et s. – P.-Y. Gautier, *Propriété littéraire et artistique,* PUF, 1991, n° 30 et 270. – R. Le Moal, Juris-cl. Concurrence et consommation, fasc. 240. – J.-M. Mousseron, *Parasitisme et droit,* Cah. dr. entr. 1992/6, p. 15. – J.-M. Mousseron, J. Raynard et T. Revet, *De la propriété comme modèle,* Mélanges Colomer, Litec, 1993, p. 281. – T. Revet, *La force de travail, étude juridique,* préf. F. Zénati, Litec, 1992, n° 502 s. – M. Vivant, C. Le Stanc, L. Rapp et M. Guibal, *Lamy droit de l'informatique,* 1995, n° 245 s.). Mais il est encore des auteurs importants qui négligent totalement cette notion : il est révélateur, à cet égard, de jeter un œil sur les index des ouvrages. Nous ne dénoncerons personne : que chacun se fasse juge !

29. Point d'arrivée : définition doctrinale exhaustive. – Aujourd'hui, en 1995, nous formulons l'état présent de la question, *en droit positif* (puisqu'adopté par la jurisprudence), dans une proposition nouvelle. Elle s'efforce d'être synthétique, et de simplifier les faits, les caprices spontanés et ondoyants de la riche réalité, ce qui est le rôle et l'intérêt premiers des concepts juridiques. Néanmoins, elle est nettement plus élaborée et plus complexe que celle que nous avions proposée en 1982, et affinée en 1993 dans une chronique au Dalloz. Voici le dernier état de notre définition :

« Quiconque, à titre lucratif et de façon injustifiée, s'inspire sensiblement, ou copie, sans nécessité absolue, une valeur économique d'autrui, individualisée et procurant un avantage concurrentiel, fruit d'un savoir-faire, d'un travail intellectuel et d'investissements, commet un agissement parasitaire fautif. Car cet acte, contraire aux usages du commerce, notamment en ce qu'il rompt l'égalité entre les divers intervenants, même non concurrents et sans risque de confusion, fausse le jeu normal du marché et provoque ainsi un trouble commercial. Celui-ci est, en soi, un préjudice certain dont la victime peut demander en justice la cessation et la réparation, lorsqu'elle ne dispose pas d'une autre action spécifique ».

30. Conditions négatives de la protection. – La protection est d'abord tributaire de trois conditions négatives. Premièrement, l'action en condamnation du parasite n'est recevable que si la victime ne dispose pas d'une *autre voie juridique spécifique :* en ce sens, elle n'est que subsidiaire. (cf. *infra,* n° 30 et s.). Deuxièmement, sa mise en œuvre ne doit pas contrarier les *principes de la liberté du commerce et de « la fluidité des échanges commerciaux intra-communautaires »* (CA Toulouse, 19 oct. 1988 : D., 1989, p. 290, note J.-J. Barbiéri). Troisièmement, la théorie n'entre en scène que lorsque l'emprunt est intervenu dans une *activité économique,* cela afin de laisser sauve la liberté primordiale de création littéraire et artistique, qui relève des droits de la personnalité (cf. *supra,* n° 20).

31. Condition positive de la protection. – Il est essentiel que le parasité ait fourni des « efforts », selon une expression employée par un certain nombre d'arrêts (ex. : CA Paris, 27 mai 1993 : PIBD, 1993, III, p. 569. – Cass. com., 21 juin 1994 : PIBD 1994, III, p. 514) ; ces efforts passent nécessairement par des investissements, plus ou moins considérables. Toutefois, c'est la *réalité des efforts* qui est à prendre en considération, *in concreto,* plus que l'importance des dépenses. Un effort inventif exceptionnel, fruit d'une imagination féconde, peut parfois permettre de trouver un procédé ou un savoir-faire procurant un avantage concurrentiel, sans que sa mise au point nécessite de lourds investissements. Toutefois, le détournement d'efforts intellectuels sera généralement associé à un déroutement d'investissements matériels.

32. Étendue du domaine de la protection. – Cette notion de valeur économique ou, ce qui revient au même, de *bien* juridique, est suffisamment large pour servir à sauvegarder *tout bien technique non protégé* autrement, notamment les logiciels qui échapperaient à la protection de la loi de 1985, faute d'originalité, ou parce qu'il n'y a pas contrefaçon (cf. CA Paris, 2 févr. 1989, précité. – TGI Paris, 19 mars 1993 : PIBD, 1993, III, p. 439, parasitisme par l'administration !), les travaux et l'expérience technique d'une entreprise, ses études ou plans (Cass. com., 30 oct. 1978, *Chantiers modernes* : D, 1980, p. 55, note J. Schmidt. – CA Rouen, 13 janv. 1981, *Jacottet* : D. 1983, p. 53, note A. Lucas ; cet arrêt est important, car les deux sociétés en cause n'étaient pas concurrentes et qu'il vise expressément le détournement d'un investissement économique), et, plus largement, tous « les moyens techniques d'exploitation d'une activité commerciale » (CA Paris, 20 sept. 1991 : Expertises, 1991, p. 356), tel le « code d'accès à un kiosque télématique » (CA Paris, 20 sept. 1991, précité).

b) Usurpation du résultat esthétique des efforts intellectuels et des investissements d'autrui

33. Problématique. – Il est bien admis que, tant le droit d'auteur que le droit des dessins et modèles, peut protéger une œuvre d'art industrielle et toute création de forme d'un objet utilitaire (principe dit de l'unité de l'art) ; à la condition toutefois qu'elle soit nouvelle (de façon absolue, dans le temps et l'espace). Néanmoins, la protection légale cesse lorsque les éléments constitutifs de la nouveauté sont inséparables de ceux de l'invention (C. propr. intell., art. L. 511-3, 2e al.) : ledit objet ressort alors du droit des brevets. Il en est ainsi lorsque la forme a un caractère « fonctionnel » ou « utilitaire », selon les mots employés par la jurisprudence. Mais il faut, au surplus, que cette forme soit inséparable de l'invention, de la fonction.

Autrement dit, le législateur a *une vision quelque peu réductrice* des choses ; en effet, pour lui, tout se résume en une alternative : soit l'œuvre est artistique, donc inutile ; soit, au contraire, l'œuvre est utile, donc elle n'est pas artistique. Réductrice, elle est aussi passablement *archaïque* : elle ne tient aucun compte de l'essor contemporain de l'esthétique industrielle *(design),* qui est une véritable « signature de l'entreprise » (X. Desjeux, *L'investissement économique et le droit de la propriété industrielle : du droit des brevets au droit des marques* : Gaz. Pal., 1986, 2, doctr., p. 422) ; le *design* est aujourd'hui une fonction capitale dans les entreprises gagnantes : le beau intégré (ou art impliqué) fait vendre, dans une société comme la nôtre de surabondance de biens fiables ; phénomène culturel autant qu'économique, il est un facteur de croissance et de compétitivité (sur l'importance actuelle du design, V. : Design Communication, *Design, la stratégie de la réussite,* Presses du management, 1994).

34. Solution. – Chacun connaît et utilise de belles choses dans sa vie quotidienne, dont certaines figurent dans des musées : est-il tolérable, moralement et économiquement, de ne pas les protéger quant à leur apparence ? La réponse saute aux yeux. Dans la mesure où la loi est ce qu'elle est, tant qu'elle ne sera pas modifiée, il importe de rechercher une protection hors des droits sur les créations (droit d'auteur, droit des dessins et modèles, droit des brevets). Certes, il ne saurait être question de protéger une forme en soi, d'une manière générale, ce qui stériliserait la créativité ; mais une forme *particulière* adoptée de façon originale, pour tel ou tel objet.

Une fois encore, le secours ne peut venir que de la théorie des agissements parasitaires : *qui copie, sans nécessité absolue imposée par la destination de l'objet, l'apparence d'une chose créée par autrui, même non concurrent, fruit d'un effort créatif et d'investissements, constituant une valeur économique, commet un agissement parasitaire répréhensible* (pour la réserve de la nécessité dictée par la destination, V. : Cass. com., 23 juin 1987 : Bull. Civ. IV, n° 156. – CA Versailles, 20 oct. 1993 : RJDA, 1994, p. 592. – Sur la règle elle-même, comp. : X. Desjeux, *Quelle protection juridique pour le modèle « fonctionnel » ? Le design ou la création d'une valeur économique personnelle à l'entreprise,* Gaz. Pal., 1981, 1, doctr., p. 297 ; *Peut-on copier une forme utile ? Plaidoyer pour la protection de l'esthétique industrielle,* Gaz. Pal., 1990, 1, doctr., p. 3. – Cass. com., 25 nov. 1986, PIBD, 1986, n° 405. – CA Versailles, 27 sept. 1990, *Guerlain,* D., 1992, somm., p. 313, obs. J.-J. Burst. – CA Paris, 27 mai 1993, PIBD, 1993, III, p. 569).

II – RÉGIME JURIDIQUE DU PARASITISME

35. Le principe de base : le fondement de l'action en parasitisme est la faute. – Malgré l'apparition d'un mot nouveau (en droit), le concept est banal : en effet, l'expression de parasitisme est descriptive plus que technique, de fantaisie plus que scientifique, poétique plus que juridique. Le parasitisme, dans tous ses états, relève du droit de la responsabilité civile, nous l'avons souvent indiqué : il est une application de la responsabilité civile et, au sein de celle-ci, une application spéciale, nommée, de *l'abus de droit dans la vie des affaires, plus précisément de l'abus de la liberté du commerce et de l'industrie.* « Il ne tend pas à la reconnaissance d'un droit du demandeur, (il) tend seulement à la reconnaissance d'un devoir du défendeur, à savoir le devoir qui pesait sur lui de ne pas employer des moyens déloyaux » à l'encontre des autres intervenants de la vie économique (P. Roubier, *Le droit de la propriété industrielle,* t. 1, n° 118, à propos de la concurrence déloyale *stricto sensu*). L'étude de son régime en sera donc grandement facilitée. Toutefois, d'après la plupart des auteurs, certains infléchissements auraient été apportés au droit commun, ce qu'il faudra vérifier. Après les éléments constitutifs de l'action (1), nous achèverons par l'action elle-même (2).

A – ÉLÉMENTS CONSTITUTIFS DE L'ACTION

1 – Faute

36. Nature de la faute. – L'action en parasitisme est fondée sur une faute de son auteur. Celle-ci peut être soit délictuelle, soit quasi délictuelle ; en effet, comme en matière de concurrence déloyale, elle ne suppose pas une faute intentionnelle : tout exercice anormal d'un droit, dans des conditions différentes de celles auxquelles se conforment les individus prudents et diligents, fût-ce par *imprudence,* est source de responsabilité. Il se trouve des arrêts citant, dans des affaires de parasitisme, l'un ou l'autre des deux articles 1382 et 1383 du Code civil (ex. : Cass. com., 9 févr. 1993, *Mercédès,* JCP, 1994, éd. E, II, 545, note C. Danglehaut. – CA Paris, 18 mai 1989, D., 1990, p. 340, note L. Cadiet, et sur pourvoi, Cass. com., 6 mai 1991, PIBD, 1991, III, p. 699. – Cass. com., 4 avr. 1995, RJDA 1995, n° 1478, 1e esp.). Ou employant le mot de faute (CA Versailles, 27 sept. 1990, JCP, 1991, éd. E, 244. – CA Paris, 17 mai 1993, PIBD, 1993, III, p. 522. – Cass. Com., 4 avril 1995, précité).

37. Consistance de la faute. – La faute est, en la matière, tout acte contraire aux *usages* du commerce ou, *a fortiori,* déloyal, traduisant un *excès* dans l'utilisation de la liberté du commerce et de l'industrie. Pour en brosser les diverses facettes, il suffirait de reprendre tous les exemples donnés lors de l'étude de la notion de parasitisme, que ce soit à propos de l'usurpation d'une notoriété ou d'une technique. L'usurpation en elle-même est fautive, de même que la confusion, ou le risque de confusion, qu'elle peut créer dans le public. Mais il peut y avoir responsabilité indépendamment de tout risque de confusion entre les acteurs économiques (CA Paris 16 févr. 1989, PIBD, 1989, III, p. 398. – Cass. Com., 27 juin 1995, précité au n° 18).

38. Critères de comparaison. – La Convention de Paris sur la protection de la propriété industrielle, du 20 mars 1883, dispose : « constitue un acte de concurrence déloyale tout acte de concurrence contraire aux usages honnêtes en matière industrielle ou commerciale » (art. 10 *bis,* al. 2). Les juges du fond ont donc le pouvoir de rechercher si l'acte querellé contrevient à un usage, à un *usage honnête* précise la Convention : car il en est de malhonnêtes que le droit ne saurait consacrer. Cependant, la responsabilité d'un commerçant n'est pas borné par l'existence d'un usage : le modèle de comparaison pour l'appréciation de la faute intervient pour élargir le cercle des devoirs. En droit commun, l'unité de mesure est le bon père de famille (C. civ., art. 1137). Mais l'archétype est concrétisé, d'une certaine manière, par la prise en considération de l'appartenance de l'agent à un groupe social déterminé : dans le parasitisme, il s'agira du *bon professionnel* du secteur d'activité en cause. L'appréciation de la faute continue de s'opérer *in abstracto* (le juge se demande ce qu'aurait fait un bon professionnel idéal), mais le modèle change et impose une diligence plus ou moins grande.

39. Preuve de la faute. – Le parasitisme relevant de la responsabilité pour faute suppose que la victime prouve celle-ci. Il ne saurait exister ici de présomption de responsabilité. Mais, à notre sens, cela n'interdit pas au juge d'admettre comme preuve, sur le fondement de l'art. 1383, un *faisceau* de faits de parasitisme ou la concomitance de certains faits (comp., à propos de la concurrence déloyale : Cass. 1° civ., 29 oct. 1985, Bull. Civ. I, n° 275. – Cass. com., 6 nov. 1990, D., 1992, somm., p. 49, obs. Y. Serra. – CA Paris, 11 févr. 1991, D., 1992, somm., p. 49, obs. Y. Serra. – 24 mai 1995, Expertises 1995, p. 356. – T. com. Paris, 14 mai 1986, Expertises, 1986, p. 188, qui relèvent expressément « un faisceau de faits » déloyaux). En effet, « la tourbe des menus maux offense plus que la violence d'un, pour grand qu'il soit » (Montaigne). La responsabilité n'est pas pour autant présumée : elle reste pour faute prouvée.

2 – Préjudice

40. Le préjudice. Aspects particuliers. – *A priori,* une condamnation du chef du parasitisme suppose l'existence d'un préjudice causé par la faute (cf., pour un rappel, CA Paris, 10 oct. 1991, PIBD, 1992, III, p. 126. – 9 nov. 1992, Gaz. Pal., 1994, 1, somm., p. 60).

Le dommage, globalement, est une *perte de substance* du patrimoine du commerçant concurrencé abusivement. Plus précisément, il présente souvent l'un des cinq aspects suivants : la *dépréciation d'un signe,* comme une marque (parfois, elle résulte d'une publicité dénigrante ; ex. TGI Paris, 2 avr. 1992, PIBD, 1992, III, p. 439 ; dans cette affaire assez singulière, le dénigrement n'était pas direct mais résultait d'une fâcheuse « association d'idées ») ; le *détournement de clientèle* (et donc une baisse du chiffre d'affaires, c'est-à-dire un manque à gagner, *lucrum cessans* : TGI Paris, 19 mars 1993, PIBD, 1993, III, p. 439) ; la *diminution ou la perte d'un avantage concurrentiel* (par l'usurpation d'une valeur économique, qui rend vains les investissements effectués) ; la *gêne dans les initiatives commerciales et la perte d'une chance de développement (y compris de diversification)* du concurrencé abusivement, occasionnées par le comportement répréhensible (CA Paris, 21 déc. 1991, PIBD, 1991, III, p. 174, motif final) ; enfin, le *préjudice moral* (Cass. com., 9 févr. 1993, JCP, 1994, éd. E, II, 545, note C. Danglehaut) : par exemple, le concurrencé risque de passer, aux yeux du public, pour le copieur (ex. : CA Versailles, 11 mars 1993, *TF 1 c. Antenne 2,* Gaz. Pal., 1993, 1, 141 et, sur pourvoi, Cass. com., 7 févr. 1995, JCP 1995, note Ph. le Tourneau) ou, dans l'esprit de ses distributeurs, pour avoir organisé secrètement deux circuits de distribution pour le même produit (CA Paris, 27 sept. 1993, D., 1994, somm., p. 77, obs. M.-L. Izorche).

Tout cela pourrait se résumer en disant que le parasite a porté une atteinte à la « personnalité économique » de la victime (l'expression semble avoir été imaginée par M. Xavier Desjeux, in *« Quelle protection juridique pour le modèle « fonctionnel » ? Le design ou la création d'une valeur économique personnelle à l'entreprise »,* Gaz. Pal. 1981, 1, doctr., p. 297).

41. Précisions sur la confusion. – De la jurisprudence s'évince la règle qu'un bon professionnel, non seulement ne doit pas provoquer la confusion, mais encore doit *prendre toutes les mesures convenables pour éviter qu'elle se produise* (Cass. com., 18 janv. 1994, Bull. Civ. IV, n° 28). Sous un autre angle de vue, il faut noter une méprise fréquemment opérée par les décisions entre la confusion et le détournement de clientèle : ils citent la première (qui est la cause génératrice) au titre du second (qui est le préjudice, ouvrant droit à une action en réparation, s'il existe un lien de causalité entre les deux. – Exemple de cela : CA Paris, 27 sept. 1993, D., 1994, somm., p. 77, obs. M.-L. Izorche : « ce risque de confusion suffit à engager la responsabilité » de la société en cause).

42. Précisions sur le détournement de clientèle. – Le détournement de clientèle ne saurait, à lui seul, constituer un critère de la concurrence déloyale ou des agissements parasitaires, contrairement à ce qu'il a parfois été soutenu. D'abord, parce qu'en méthodologie, un préjudice (ce qu'est cette usurpation) ne peut pas servir de critérium à une notion juridique. D'autre part, et surtout, car le commerçant le plus loyal et le plus honnête peut tout à fait licitement détourner la clientèle d'autres commerçants, en vertu du *principe de la liberté du commerce et de l'industrie* (comp. : Cass. com., 5 juill. 1994, JCP 1994, éd. G, II, 22323, note J. Léonnet), s'il est plus dynamique ou que ses produits ou services sont plus attractifs, pour une raison ou pour une autre (qualité, prix, services après-vente, etc.). Donc, la pierre de touche ne peut pas résulter d'une perte de clientèle, de ce résultat fâcheux, mais des moyens déloyaux qui l'ont provoqué ou qui risquaient de le causer.

43. Le préjudice. Trait principal. – Au-delà de ces faits précis, d'une façon plus générale, les actes de parasitisme *faussent le jeu normal du marché, rompent l'égalité* entre ses divers acteurs (CA Paris, 16 févr. 1989, *Tournus c. Seb,* PIBD, 1990, III, p. 398) ; ce faisant, ils causent un *trouble commercial* aux autres intervenants (Cass. com., 18 oct. 1994, *Bonicel,* RJDA 1995, n° 237). A juste titre, la jurisprudence considère que ce trouble commercial constitue, en soi et à lui seul, *un intérêt né et actuel,* ouvrant la possibilité d'une action en justice, ou même un *préjudice actuel et certain* permettant de demander des dommages et intérêts, même s'il n'y a eu ni perte de clientèle ni baisse du chiffre d'affaires (cf. : Cass. com. 9 févr. 1993, JCP, 1994, éd. E, II, 545, note C. Danglehaut, catégorique). Le dommage est donc constitué *indépendamment de tout risque de détournement de clientèle* entre les acteurs économiques. En effet, encore une fois, ce sont les moyens employés, intrinsèquement vicieux, qui sont appréhendés, et non le résultat qu'ils ont produit. Ce second aspect, purement économique, n'occulte pas le premier, qui est juridique : seul celui-ci importe.

44. Distinction de l'action en réparation de l'action en cessation du trouble. – Plus largement encore, il convient de se souvenir que la responsabilité civile a pour principal objectif d'*empêcher la réalisation de dommages dans l'avenir.* Comment ? En mettant un terme aux comportements illicites, contraires au droit, notamment aux déloyautés dans la confrontation commerciale, alors même qu'aucun préjudice n'est constaté pour l'heure, mais qu'il risque d'en naître un ; ne serait-ce que la perturbation du marché ou un risque de détournement de clientèle (Cass. com., 10 févr. 1987, Bull. Civ. IV, n° 123). « La démonstration du préjudice n'est nécessaire que pour l'obtention de dommages et intérêts, non point pour le succès de l'action en général » (P. Roubier, *op. cit.,* t. 1, n° 111, à propos de l'action en concurrence déloyale).

L'action en agissements parasitaires est donc ouverte en l'absence d'un dommage constitué, dès la simple *tentative* (Cass. com., 15 juill. 1970, D., 1971, p. 112), du reste comme toute action en responsabilité pour faute (cf. Ph. le Tourneau, *La verdeur de la faute dans la responsabilité civile,* RTD civ. 1988, p. 505, spécial. p. 508-509). Autrement dit, contrairement à ce que la majorité de la doctrine prétend, il n'existe aucun particularisme en la matière. L'action en cessation est, en même temps, une action *préventive.* Si le dommage est déjà constitué, le juge prononcera, outre la condamnation à réparation, une interdiction de continuer à perturber le marché (ex. : CA Paris, 15 déc. 1993, D. 1994, p. 145, note Ph. le Tourneau, interdiction de continuer à utiliser sans droit l'appellation d'origine *Champagne*).

45. L'envers du préjudice : les avantages que les agissements fautifs procurent au parasite. – Les agissements parasitaires procurent toutes sortes d'avantages au parasite ; ils sont *l'envers du préjudice subi par la victime,* bien qu'il n'y ait point d'adéquation mathématique entre eux. Le parasite bénéficie d'avantages concurrentiels indus et, ce faisant, fausse à son profit exclusif les règles normales du marché. Le libéralisme économique ne saurait couvrir de son noble habit ce genre de turpitudes : le droit de la responsabilité civile, dans sa modalité des agissements parasitaires, y veille. Quels sont les avantages le plus souvent relevés par les arrêts ? De profiter de la *notoriété d'autrui* (cf. *supra,* n° 16 et s.). De réaliser des *économies substantielles,* soit dans les dépenses de recherches, de conception et de mise au point du produit (CA Paris, 5 avr. 1993, Gaz. Pal., 1994, 1, somm., p. 54) ; soit dans le coût des études de marché (CA Paris, 7 avr. 1993, PIBD, 1993, III, p. 462.

Cass. Com., 4 juillet 1995, PIBD, 1995, III, p. 460) ; en un mot le parasite *évite des frais d'investissements* (CA Versailles, 11 mars 1993, Gaz. Pal., 1993, 1, p. 141, et, sur pourvoi, Cass. com., 7 févr. 1995, JCP 1995, note Ph. le Tourneau. – CA Paris, 27 mai 1993, PIBD, 1993, III, p. 569, « sans bourse délier ». – Cass. com., 4 oct. 1994, PIBD 1995, III, 34), ce qui lui permet de commercialiser les produits à des *prix inférieurs* à ceux du marché (CA Paris, 1er oct. 1992, PIBD, 1993, III, p.35) et *en gagnant du temps* (CA Paris, 16 févr. 1994, PIBD, 1994, III, p. 309). De ne pas avoir à effectuer les *efforts intellectuels de conception* (CA Versailles, 11 mars 1993, précité. – CA Paris, 5 avr. 1994, Expertises, 1993, p. 163. – V. *supra,* n° 26 et s.).

3 – Lien de causalité

46. Pas de particularisme, contrairement aux apparences. – Comme toujours en matière de responsabilité, la condamnation du commerçant parasite suppose la preuve d'un lien de causalité entre sa faute et le préjudice subi par la victime. Mais, d'une part, les juges admettent assez facilement l'existence de ce lien de causalité : ils l'infèrent notamment de l'absence d'autres circonstances pouvant expliquer le préjudice invoqué et prouvé (tel l'affaiblissement d'un signe). D'autre part, dans l'action préventive, au fond (cf. *infra,* n° 56) ou en référé, point n'est besoin d'établir un lien de causalité, puisqu'il n'y a pas même lieu de prouver l'existence d'un préjudice : son risque de survenance est suffisant. C'est faute d'avoir compris cela que tant d'auteurs s'étonnent, ou s'indignent, de ce qu'ils considèrent comme un particularisme ou une hérésie de la matière : la condamnation d'un commerçant en responsabilité civile sans l'établissement d'un lien de causalité ; le juge, à la vérité, ne statue pas sur ce fondement !

47. Circonstances indifférentes. – N'est pas un obstacle à la condamnation du commerçant fautif le fait, qu'après une phase de plagiat intense, il ait modifié son comportement (CA Paris, 18 mai 1989, *Ungaro,* D., 1990, p. 340, note L. Cadiet ; JCP, 1990, éd. G, I, 3478, n° 3 s., obs. B. Edelman) ou qu'il ait présenté ses excuses (CA Paris, 24 janv. 1991, Expertises, 1992, p. 146). Tout au plus, cela pourrait conduire le juge à *modérer* l'indemnité pour l'avenir. La *bonne notoriété* commerciale du parasite, dont les produits sont prestigieux, est également indifférente (Paris, 15 déc. 1993, *Sté Yves Saint-Laurent Parfums c. Comité des vins de Champagne,* 1994, p. 145, note Ph. le Tourneau). Enfin, la *tolérance* antérieure de la victime est, comme de coutume, sans emport, sauf loi contraire (ex. : C. prop. intell., art. L. 714-3, al. 3, 716-5, al. 4). Toutes ces circonstances ne rompent pas le lien de causalité (et ne diminuent pas l'intensité de la faute, ni ne font cesser le préjudice).

B – L'ACTION ELLE-MÊME

1 – Subsidiarité

48. Le principe. – L'action en condamnation du parasite n'est recevable que si la victime ne dispose pas d'une *autre voie juridique spécifique* : c'est ce que la jurisprudence exprime en affirmant, reprenant un mot de Roubier (*op. cit.,* t. 1, p. 61 s.), qu'elle a pour objet de protéger celui qui ne peut pas « se prévaloir d'un droit privatif », sous-entendu un droit de propriété sur une création (Cass. com., 6 déc. 1984, Bull. Civ. IV, n° 335. – CA Paris, 5 mai 1993, Gaz. Pal., 1994, 1, somm., p. 387). Autant dire qu'il s'agit d'une *action subsidiaire.*

49. Conséquence de la subsidiarité : le choix entre l'action en parasitisme et l'action en contrefaçon. – A l'invitation de Roubier (*op. cit.,* t. 1, n° 70 s.), la jurisprudence distingue l'action en concurrence déloyale de l'action en contrefaçon (Pour une étude récente de la question, V. : J. Schmidt-Szalewski, *La distinction entre l'action en contrefaçon et l'action en concurrence déloyale dans la jurisprudence,* RTD com. 1994, p. 455). Ces actions procèdent de *causes différentes* : la seconde est la sanction de la violation d'un droit (de propriété), la première est la sanction de la violation d'un devoir (de ne pas abuser de la liberté du commerce) ; d'où la nécessité de déterminer leurs domaines. « Un concurrent déloyal sommeille toujours chez un contrefacteur, alors que tout concurrent déloyal n'est pas contrefacteur » (B. Edelman, JCP, 1990, éd. G, I, 3478, n° 3, obs. sous CA Paris, 18 mai 1989).

L'ensemble de cette construction a été transposée au parasitisme. Elle se traduit en deux propositions classiques : 1° l'action en parasitisme peut être accueillie *concurremment* à l'action en contrefaçon lorsque sont établis des actes ou des faits *distincts de la contrefaçon* (cf. *infra,* n° 50) ; 2° l'action en parasitisme peut *survivre* à la disparition de celle-ci lorsqu'elle a échoué pour une raison *de droit* (et non parce que l'élément matériel de l'infraction faisait défaut), et qu'il existe un risque de confusion (cf. *infra,* n° 51).

50. Cumul des actions en présence d'un cumul de faits. – Il est d'abord admis que l'action en parasitisme peut être accueillie *concurremment* à l'action en contrefaçon lorsque sont établis des actes ou des faits *distincts de la contrefaçon,* aggravant celle-ci (cf., pour un rappel de cette règle classique : – En matière de marque : TGI Paris, 1er juill. 1993, PIBD, 1993, III, p. 691. – CA Versailles, 11 mai 1995, RJDA, 1995, n° 1460. – En matière de brevet : CA Paris, 4 déc. 1990, PIBD, 1991, III, p. 179. – En matière de dessins et modèles : CA Paris, 21 juin 1994 : PIBD, 1994, III, p. 583. – A propos d'un logiciel : Paris, 5 avr. 1993, Gaz. Pal., 1994, 1, somm., p. 54. – V. J.-M. Mousseron, *Responsabilité civile et droits intellectuels,* Mélanges. Chavanne, Litec, 1990, p. 247). Cette règle est fâcheuse en pratique, et critiquable au regard du principe de l'universalité de la responsabilité civile (cf. note Ph. le Tourneau, Gaz. Pal., 1985, 2, somm., p. 175). Toutefois, l'exigence de « faits distincts » de la contrefaçon se trouve tempérée par ce que l'action en parasitisme est ouverte en présence d'un simple risque de détournement de la clientèle (cf. *supra,* n° 43-44).

51. Survivance de l'action en parasitisme après échec de l'action en contrefaçon pour une raison de droit. – Bien que l'action en parasitisme ne soit pas une action *supplétive ni complémentaire* de celle en contrefaçon, dont le succès serait douteux ou qui aurait échoué faute d'établir l'élément matériel de la contrefaçon, elle peut *survivre* à la disparition de celle-ci. Il faut qu'elle ait échoué pour une raison de *droit* (et non parce que l'élément matériel de l'infraction faisait défaut), et qu'il existe un risque de détournement. D'autre part, elle existe pleinement lorsque la victime ne dispose d'aucun droit de propriété (cf. *supra,* n° 48), et ne peut donc pas agir en contrefaçon, faute de droit (exemple caractéristique : CA Paris, 15 déc. 1993, D., 1994, p. 145, note Ph. le Tourneau).

2 – Compétence

52. Droit commun et droit spécial. – Les règles habituelles de compétence s'appliquent, tant d'attribution que territoriale. Nous n'en traiterons donc pas. Notons seulement, qu'en matière de parasitisme, les parties seront le plus souvent des commerçants (mais pas toujours : il peut s'agir, par exemple, d'architectes). Dans ce cas, le tribunal de commerce sera compétent. Le conseil des prud'hommes pourra être compétent lorsqu'un ancien salarié commet envers son ancien employeur des actes de parasitisme, dans la mesure où ils avaient commencé durant la vie contractuelle (CA Paris, 5 déc. 1990, D., 1992, somm., p. 47, obs. Y. Serra).

Cependant, les actions mettant en jeu une contrefaçon, de brevet ou de marque, et une question de parasitisme connexe sont portées devant le tribunal de grande instance (C. prop. intell., art. L. 615-19, al. 2, et L. 716-3).

3 – Diversité des objectifs de l'action

53. Au fond : prévention, cessation et réparation (rappel et précision complémentaire). – Comme toute action en responsabilité civile, l'action en parasitisme peut avoir trois objectifs (cf. *supra,* n° 44) : d'abord, d'empêcher la survenance d'un dommage, qui n'est pas encore constitué ; ou de mettre un terme à des actes déloyaux, ce qui revient à tarir leur source par une mesure d'interdiction (assortie ou non d'une atteinte) ; enfin d'obtenir réparation du dommage qui a eu lieu. La première est une action préventive, la seconde en cessation, la troisième en réparation. Ces deux dernières sont souvent jumelées, car des agissements existent, ont causé un préjudice (qu'il convient de réparer) et il faut qu'ils cessent. Les actions préventive et réparatrice ne confèrent pas un droit de propriété, mais parviennent à un résultat voisin : elles assurent la *réservation* de certaines valeurs économiques (biens juridiques), se traduisant par une opposabilité *erga omnes.* Il est en effet d'autres modalités de reconnaissance de biens immatériels que l'appropriation (cf. J.-M. Mousseron, *Valeurs, biens, droits* : Mélanges A. Breton et F. Derrida, 1991, Dalloz, p. 277).

54. Quelle réparation ? Des dommages et intérêts. – La principale réparation est par équivalent : elle consiste en l'octroi de *dommages et intérêts,* qui doivent être évalués et liquidés selon les principes de l'action en responsabilité civile. Leur évaluation est souvent délicate : le juge s'entourera de l'avis d'experts. L'examen de l'évolution du chiffre d'affaires, depuis le début les actes déloyaux, est un élément d'appréciation (mais non déterminant). Il importe de tenir compte, le cas échéant, du préjudice moral ; et, pour le préjudice matériel, tant de la part subie, déjà constituée, que du gain manqué pour l'avenir, du fait de la diminution de la clientèle ou de la banalisation de la notoriété, abusivement usurpée par le parasite (cf. M. Nussenbaum, *Évaluation du préjudice de marque ; le cas particulier de l'atteinte à l'image de marque* : JCP, 1993, éd., E, I, 303).

En présence d'un trouble commercial subi par la victime, indépendant de l'atteinte à sa notoriété, le juge pourrait lui allouer le bénéfice réalisé par le parasite par ses actes blâmables (cf. : CA Paris, 10 juill. 1986, *Rotschild,* JCP 1986, éd., G, II, 20712, note E. Agostini. – 20 mars 1995, *Monldings*, Gaz. Pal., 4 octobre 1995, somm. – E. Agostini, *Les agissements parasitaires en droit comparé : le cas Helmunt Rotschild,* JCP, 1987, éd., G, I, 3284) : mais c'est là quitter la responsabilité civile car, dans celle-ci, le préjudice se détermine en contemplation de la victime et non de l'auteur du dommage. Aussi il a été proposé de recourir au droit de propriété (C. Korman, *Les fruits restitués du parasitage économique,* Gaz. Pal., 1988, 2, doctr., p. 703 ; la victime revendiquerait les fruits, selon les articles 546 et 547 du Code civil, produits par le bien parasité. La proposition de l'auteur ne vise que les signes distinctifs ; mais elle pourrait être étendue à l'usurpation de toute valeur économique de l'entreprise, en considérant que les investissements constituent l'accessoire du fonds).

55. Autres sanctions. – Souvent, la *publication de la décision* de condamnation est ordonnée par le juge, à titre principal ou à titre accessoire, aux frais de la partie perdante. Si le juge n'a pas admis cette sanction, la partie gagnante a le droit de publier la sentence à ses frais ; cette possibilité a parfois été contestée ; pourtant, ce droit résulte de la publicité même des audiences et des jugements (P. Roubier, *op. cit.,* t. 1, n° 120, p. 546) ; il serait tout de même surprenant qu'une revue pût publier un jugement et non son principal intéressé (dès lors qu'il ne commet aucune faute à cette occasion). La publication est, *a priori,* assez satisfaisante, car elle permet d'attirer l'attention de la clientèle sur les moyens déloyaux employés par un commerçant, et devrait la dissuader d'acheter les produits de ce dernier. Malheureusement, aujourd'hui, cette vue n'est plus aussi assurée : dans l'affaire du parfum *Champagne,* le producteur-parasite s'est targué de ses agissements (cf. *supra,* n° 19) et la clientèle s'est ruée sur cet article (dont les ventes, en 1993, dépassèrent de 30 % l'objectif prévu).

Les tribunaux peuvent enfin prononcer des *interdictions, changements ou modifications* : toutefois, il ne s'agit plus vraiment de réparation, mais de mesures destinées à empêcher la perpétuation du dommage (cf. *supra,* n° 44 et 52).

56. Action préventive provisoire. – Une loi du 2 juillet 1963 a instauré une procédure accélérée pour mettre fin, *hic et nunc,* aux actes de concurrence déloyale préjudiciables, sans attendre la fin du procès au fond. Faute de décret d'application, cette action spécifique est restée lettre morte. Mais la réforme des référés a permis en partie de remédier à cette lacune. Il est aujourd'hui possible (Nouv. C. proc. civ., art. 809 et 873) d'agir en référé pour faire cesser un *trouble imminent ou manifestement illicite,* sans qu'il soit nécessaire d'assigner préalablement au principal (cf. : Cass. com., 18 mai 1993, JCP, éd. G, 1984, II, 22243, note A. Dekeuwer. – Pour une comparaison avec le référé de l'art. 36 de l'ordon. du 1er déc. 1986, V. : M. Malaurie, *Le référé-concurrence* : JCP, 1993, éd., G, I, 3637). Le juge peut assortir sa décision d'une astreinte.

4 – Diversité apparente des actions

57. Trois actions : en concurrence déloyale, en concurrence parasitaire, en agissements parasitaires. – La jurisprudence offre un riche panorama d'actions, puisqu'elles sont triples, du moins en apparence : les actions en concurrence déloyale, en concurrence parasitaire et en agissements parasitaires. A dire vrai, les deux premières ne se distinguent guère entre elles (cf. *supra,* n° 10). La troisième présente une certaine spécificité, que nous avons tenté de mettre en lumière (cf. *supra,* n° 15 et s.).

58. De la diversité à l'unité, par dilution des concepts. – La diversité des actions est trompeuse ou, plutôt, est en passe de s'estomper. Du fait même du succès des notions agitées, leur emploi se généralise, mais souvent de façon approximative, pour ne pas dire fautive : les *interférences* entre elles se multiplient. Il s'ensuit une *dilution* des concepts autour de celui de *parasitisme,* employé à tous vents, au genre et à la mollesse quelque peu équivoques (cf. pour un exemple récent de son emploi : Cass. com., 21 juin 1994, *Sorelec* : Bull. Civ. IV, n° 229). Le droit semble s'orienter actuellement vers un principe *fédérateur* de tous les agissements contraires à la morale des affaires, le parasitisme, traité de façon homogène.

Il existe une tendance lourde des jugements et arrêts à ne plus chercher à qualifier exactement les faits, avec l'expression la plus appropriée. Outre celles de concurrence parasitaire, d'agissements parasitaires ou de parasitisme, toutes sortes d'expressions voisines se rencontrent ; voici les plus fréquentes : *activité parasitaire* (CA Paris, 27 mai 1993, PIBD, 1993, III, p. 569). – Cass. com., 7 févr. 1995, JCP 1995, note Ph. le Tourneau) ; *comportement parasitaire* (très fréquente ; exemples : Cass. com., 21 juin 1994, PIBD 1994, III, p. 514. – 4 juillet 1995, PIBD, 1995, III, p. 460) ; *intention parasitaire* (CA Paris, 25 juin 1992, PIBD, 1992, III, p. 633) ; *pratique parasitaire* (CA Paris, 17 mai 1993, PIBD, 1993, III, p. 522).

Le mal est minime, puisqu'il s'agit tout uniment de responsabilité civile. Mais cela est tout de même décevant car, si le propre du juriste est « de transformer la confusion en ordre » (pour paraphraser Malraux à propos de « l'homme de l'Histoire », dans *Les chênes que l'on abat*), ce rôle n'a pas été totalement concluant en la matière. Nous resterons sur ce constat en demi-teinte. Sans doute est-ce le sort de toute théorie. N'est-ce point Gœthe qui écrivait : « Grise, cher ami, est toute théorie, et vert le bel arbre de vie » ? Retrouvez, Mesdames, Mesdemoiselles, Messieurs, après le sombre parasitisme, l'éclat du soleil et de la vie !

LA PROTECTION DE LA MARQUE

par André FRANÇON
Professeur émérite à l'Université Panthéon-Assas (Paris II)

Mesdames, Messieurs,

Chacun connaît le mot célèbre de La Bruyère « Tout est dit et l'on vient trop tard ». J'y pensais un peu en préparant mon exposé de ce matin. En effet le thème de ce colloque est « les aspects contemporains du droit de la distribution » et les organisateurs m'ont demandé de vous parler de « la protection de la marque ». Il s'agit donc pour moi de traiter de problèmes modernes du Droit des marques. Or il m'apparaît que deux d'entre eux et non des moindres ont déjà été examinés hier. Il s'agit d'abord de la question de l'infraction consistant en l'usage non autorisé de marques. L'on se demande si cette infraction est ou non constituée lorsqu'existe un réseau de distribution sélective et que les obligations découlant de l'organisation d'un tel réseau n'ont pas été respectées. De cela Mesdames PERUZZETTO et BEHAR-TOUCHAIS ont été amenées à vous parler lors de leurs excellents exposés d'hier. Je ne saurais donc y revenir aujourd'hui.

Un autre point intéressant le droit des marques doit à mon avis être également écarté de mon propos pour éviter les risques de redite. C'est celui de la protection étendue de la marque notoire. En effet, cette extension de la protection a des liens étroits avec la notion d'agissements parasitaires, question sur laquelle le professeur Le TOURNEAU vous a indiqué tout ce qu'il convient de connaître.

Est-ce à dire que je n'aie rien à dire ? Sûrement pas. En l'occurrence je pourrais très bien soutenir qu'un exposé intitulé « la protection de la marque » couvre ni plus, ni moins que l'intégralité du droit des marques. Mais je veux rester fidèle à la consigne des organisateurs du colloque qui est de porter attention aux aspects modernes de la matière. Par ailleurs le mot « protection » n'est pas neutre. Si l'on se reporte au Littré, certes la première définition qu'il donne du mot « protection » laisse un peu sur sa faim puisqu'il déclare que « la protection est l'action, le fait de protéger ». Mais la suite est plus instructive. On y lit que la protection est « l'action, le fait de défendre quelqu'un ou quelque chose contre une agression, un danger, etc. ».

M'appuyant donc à la fois sur cette définition et sur le sujet du colloque, je me propose de traiter des moyens de défense de la marque mis en œuvre par le législateur français à l'époque contemporaine. De ce point de vue, j'aurai à puiser dans deux lois. L'une est la loi du 4 janvier 1991 qui a doté le droit français d'une nouvelle législation sur les marques. L'autre est la loi du 5 février 1994 relative à la répression de la contrefaçon (sur cette loi voir l'excellente étude d'Olivier THRIERR parue dans la RIPIA n° 178 p. 609). Certes chacun de ces deux textes a un champ d'application qui déborde largement mon sujet : la loi de 1991 réglemente l'ensemble du droit des marques et la loi de 1994 organise la lutte contre la contrefaçon dans toutes les branches de la propriété intellectuelle et pas seulement en droit des marques. Mais dans chacun de ces deux textes, on trouve des éléments qui constituent des nouveautés dans le régime de la protection de la marque.

J'en ferai donc ma pâture, étant entendu qu'on trouve aujourd'hui tous ces textes dans le Code de la propriété intellectuelle.

Si l'on cherche une tendance forte du droit contemporain des marques en France dans la perspective de la défense de la marque, on est amené, semble-t-il, à dire que le trait dominant est la volonté de lutter contre la contrefaçon. Celle-ci a en effet pris à la dernière époque une ampleur considérable, notamment à l'extérieur de nos frontières et ce phénomène est susceptible de préjudicier gravement aux intérêts des titulaires de marques en France. Le souhait du législateur a donc été de mettre en place un système susceptible de juguler ce fléau. Son action a été double. Elle a consisté d'une part à empêcher la mise dans le commerce des marchandises revêtues de marques contrefaites et d'autre part à aggraver les sanctions de la contrefaçon des marques. Ce sont ces deux points que j'aborderai tour à tour.

I – LA PRÉVENTION DE LA MISE DANS LE COMMERCE DE MARCHANDISES CONTREFAITES

La prévention de la mise dans le commerce de marchandises revêtues de marques contrefaites s'est réalisée par le développement du système de saisies et des mesures provisoires. Certes la tradition était que, dans ce domaine, existait la saisie-contrefaçon. Celle-ci a été consacrée notamment par toutes les lois sur les marques qui se sont succédé en France. Mais son objet précis était essentiellement de procurer une preuve de la contrefaçon au titulaire de la marque qui se propose d'agir en contrefaçon contre le tiers qui a fait de la marque un usage illicite. Tel est le schéma de la saisie dite descriptive dans laquelle était réalisée une description des actes incriminés avec le cas échéant prélèvement de quelques spécimens des objets contrefaisants pour illustrer la description. Ainsi limitée, la saisie-contrefaçon n'était pas à proprement parler un moyen de lutter contre les contrefaçons. Mais, à l'époque moderne, dans le domaine des marques, on a vu se multiplier les mesures qui permettent d'arrêter la diffusion des produits marqués et ce avant même qu'il ait été jugé que les marques revêtant ces produits sont contrefaites.

Ceci découle de deux séries de dispositions, à savoir d'une part d'une extension et une diversification des types de saisies en matière de marques (A), d'autre part de la mise en place de mesures d'interdiction judiciaire provisoire de diffusion des produits marqués (B).

A – D'abord dans le domaine des saisies, le législateur en a beaucoup diversifié les formes puisqu'on relève aujourd'hui, à côté de la saisie-descriptive traditionnelle, trois autres types de saisies, à savoir les saisies réelles, les saisies effectuées par les officiers de police judiciaire et les saisies en douane.

1 – La saisie réelle, étant donné que, à la différence de la saisie purement descriptive, elle est susceptible de porter sur tous les objets incriminés, semble dépasser la nature de simple moyen de preuve pour s'apparenter à une mesure de confiscation. Certes elle n'était pas inconnue de la loi de 1964, mais l'article 25 de cette dernière n'y faisait qu'une allusion discrète. La loi de 1991 lui a donné une ampleur accrue en la visant nommément à côté de la saisie descriptive, dans son article 21, devenu dans le Code de la propriété intellectuelle l'article L. 716-7.

2 – A côté de la saisie réelle, mention doit être faite aussi d'une forme de saisie qui figure aujourd'hui dans l'article L. 716-8-1 du Code de la propriété intellectuelle.

Il s'agit d'une compétence reconnue aux officiers de police judiciaire par la loi du 5 février 1994. Le texte dispose que « les officiers de police judiciaire pourront procéder, dès la constatation des infractions prévues aux articles L. 716-9 et L. 716-10, à la saisie des produits fabriqués, importés, détenus, mis en vente, livrés ou fournis illicitement et des matériels spécialement installés en vue de tels agissements ».

Dans quelles conditions sera effectuée la saisie prévue ? La question peut se poser de savoir si la saisie doit être réalisée selon l'article 76 du Code de procédure pénale, c'est-à-dire avec l'assentiment exprès de la personne entre les mains de qui la saisie est effectuée. Il semble bien que le texte nouveau autorise les officiers de police judiciaire à se passer de ce consentement pour procéder à la saisie, ce qui leur confère un pouvoir redoutable.

3 – Cependant en ce qui concerne les saisies, en matière de marques, la mesure la plus spectaculaire à l'époque moderne est la saisie en douane que d'aucuns préfèrent appeler la retenue en douane. Ce système vise à empêcher l'importation en France de produits revêtus à l'étranger de marques contrefaites, ce qui est une situation très fréquente.

Cette mesure, qui figurait dans la vieille loi de 1857 sur les marques, avait été fâcheusement abolie par le législateur en 1964. Les rédacteurs de la loi de 1991 l'ont en quelque sorte ressuscitée en la consacrant dans son article 22, devenu l'article L. 716-8 du Code de la propriété intellectuelle, lui-même légèrement remanié par la loi du 5 février 1994 sur la répression de la contrefaçon. Il s'agit d'ailleurs de la transposition en France du règlement n° 3842/86 du Conseil des Communautés européennes du 1er décembre 1986, fixant des mesures en vue d'interdire la mise en libre pratique des marchandises de contrefaçon. Ce règlement a, depuis lors, été remplacé par un règlement n° 3295/94 du 22 décembre 1994.

Voici les grandes lignes du mécanisme de l'article L. 716-8 du Code. Sur demande écrite du propriétaire d'une marque enregistrée ou d'un licencié exclusif de marque, l'administration des douanes peut arrêter à la frontière des marchandises présentées illicitement sous cette marque.

Une fois qu'elle a effectué la retenue, l'administration en informe le demandeur. Celui-ci dispose alors d'un délai de 10 jours pour justifier sa demande aux services douaniers. Il doit, dans ce délai, présenter aux services douaniers la preuve soit qu'il a obtenu du président du tribunal de grande instance des mesures conservatoires (il s'agit d'une saisie réelle), soit qu'il s'est pourvu au civil ou au pénal en contrefaçon et a fourni un cautionnement pour garantir sa responsabilité éventuelle au cas où la contrefaçon ne serait pas ultérieurement reconnue.

Pour que celui qui a recours à la retenue en douane soit en mesure de faire une saisie réelle ou d'assigner au fond, l'article L. 716-8 indique qu'il pourra obtenir de l'administration des douanes, malgré le devoir de secret qui pèse sur cette dernière, les noms et adresses de l'expéditeur, de l'importateur et du destinataire des marchandises qu'il prétend présentées sous une marque contrefaite.

A défaut du respect du délai précité de 10 jours, la mesure de retenue est levée de plein droit.

Le mécanisme de la retenue en douane semble être une mesure efficace de lutte contre la contrefaçon puisque, introduite en 1991 par le législateur seulement pour les marques, elle a été étendue en 1994 aux dessins et modèles ainsi qu'aux droits d'auteur et aux droits voisins.

B – Les diverses mesures de saisie dont on vient de parler sont en quelque sorte tournées vers le passé : il s'agit d'empêcher que soient mises dans le commerce des marchandises d'ores et déjà revêtues de marques présentées comme contrefaites.

Mais il faut aussi songer à l'avenir, c'est-à-dire faire en sorte d'empêcher que la contrefaçon de marques dûment constatée continue pendant toute la période où le procès en contrefaçon est encore en cours, ce qui risque de durer longtemps.

De là une procédure d'interdiction provisoire qu'avait consacrée la loi de 1991 sur les marques et qui figure aujourd'hui dans l'article L. 716-6 du Code de la propriété intellectuelle. Il s'agit de la reprise dans le domaine des marques d'un système déjà connu en matière de brevets depuis une loi du 26 novembre 1990.

On est en présence d'une mesure grave, car l'interdiction peut avoir des conséquences irrémédiables si ensuite l'action au fond n'est pas reconnue justifiée ; d'autre part la décision prise sur l'interdiction provisoire peut risquer de créer un préjugé qui faussera la véritable discussion au fond.

C'est pourquoi le législateur a pris des précautions pour éviter que cette action produise les résultats fâcheux qu'on vient de mentionner.

On indiquera tour à tour les conditions et les effets de la demande d'interdiction provisoire.

Les conditions sont les suivantes : il faut d'abord que le demandeur en interdiction provisoire ait déjà introduit une action en contrefaçon à bref délai après avoir connu les faits de contrefaçon. Il faut d'autre part que l'action en contrefaçon présente un caractère apparemment sérieux.

La demande d'interdiction provisoire doit être portée devant le président du tribunal de grande instance saisi de l'instance en contrefaçon au fond.

Le président du tribunal de grande instance statue dans la forme des référés, ce qui garantit la rapidité de la procédure. Il peut donner satisfaction au demandeur sous deux formes.

La première consiste pour le président à condamner le défendeur, éventuellement sous astreinte à s'abstenir à titre provisoire de poursuivre les actes de contrefaçon incriminés. Si le président opte pour cette solution, il se peut qu'il croie que le procès en contrefaçon n'aboutira pas forcément à la condamnation du défendeur. En ce cas, il peut imposer au demandeur à l'interdiction la constitution de garanties destinées à assurer l'indemnisation éventuelle du préjudice subi par le défendeur, si l'action en contrefaçon est ultérieurement jugée non fondée.

Cependant dans le cadre de l'article L. 716-6 du Code, l'instance en référé peut apporter éventuellement au demandeur une satisfaction moindre que celle consistant pour lui à obtenir que le défendeur se voit interdire de continuer les contrefaçons incriminées. Le juge des référés peut en effet permettre au défendeur de poursuivre les actes argués de contrefaçon, mais en imposant cette fois-ci au défendeur la constitution de garanties. Il s'agit d'assurer l'indemnisation du propriétaire de la marque ou de son licencié, dans le cas où le procès en contrefaçon aboutirait finalement à la condamnation du défendeur.

Mais ceci va justement me conduire à évoquer dans une seconde partie les mesures récentes qui ont été prises pour renforcer les sanctions de la contrefaçon de marque.

II – LES SANCTIONS DE LA CONTREFAÇON DE MARQUES

L'on sait que traditionnellement, les titulaires de marque dont les droits ont été méconnus usent plus volontiers contre les contrefacteurs de sanctions civiles que de sanctions pénales, tandis que, pour sa part, le ministère public n'engage guère l'action publique dans ce domaine. Néanmoins les rédacteurs de la loi du 5 février 1994, pour intensifier la lutte contre la contrefaçon de marque, ont renforcé les sanctions pénales auxquelles s'exposent leurs auteurs.

Ce renforcement s'est manifesté sur deux terrains. L'un est celui du Code de la propriété intellectuelle et l'autre celui du Code des douanes.

A – S'agissant du renforcement des sanctions pénales prévues par le Code de la propriété intellectuelle en cas de contrefaçon de marques il se vérifie aussi bien à l'égard des contrefacteurs personnes physiques qu'à l'égard des contrefacteurs personnes morales.

1 – Si l'on considère d'abord les sanctions applicables aux contrefacteurs, personnes physiques, il convient en premier lieu de parler du prélèvement des peines encourues, puis de l'élargissement de l'éventail des sanctions.

En ce qui concerne le relèvement des peines encourues, il intéresse même les délinquants primaires. Pour eux, s'agissant des peines principales infligées pour contrefaçon, certes le maximum de la peine d'emprisonnement reste inchangé et demeure fixé à deux ans, mais il n'en est pas de même des peines d'amendes. Alors que, auparavant la peine d'amende maximum en matière de contrefaçon de marque était 120 000 francs, la loi de 1994 l'a portée à 1 000 000 de francs, ce qui est une extension considérable. Et, comme avant 1994, il faut doubler ce maximum si l'on a affaire à un récidiviste.

Mais c'est ici que l'on voit apparaître l'élargissement de l'éventail des sanctions. En effet, le doublement des peines n'a pas seulement lieu en cas de récidive. L'article L. 716-12 dispose désormais qu'il se produira aussi, même si l'on est en présence d'un délinquant primaire, dès lors que celui-ci est ou a été lié par convention avec la partie lésée.

L'article L. 716-12 prévoit en outre dans les deux cas qu'on vient de citer la faculté pour le juge de prononcer une peine complémentaire qui existait déjà dans la loi de 1964, mais que la loi de 1991 avait abandonnée. Il s'agit de la possibilité de priver le coupable pendant un temps qui n'excédera pas 5 ans du droit d'élection et d'éligibilité pour les tribunaux de commerce, les chambres de commerce et d'industrie, les chambres des métiers et les conseils de prud'hommes.

Une autre manifestation de l'élargissement par la loi de 1994 de l'éventail des sanctions en cas de contrefaçon de marques concerne la fermeture d'établissement. Cette peine complémentaire n'était, avant cette loi, prévue que dans le domaine du droit d'auteur et des droits voisins. La loi de 1994 en a étendu l'application, notamment dans le secteur des marques. Pour elles, le texte pertinent est l'article L. 716-11-1 CPI. L'établissement passible de la fermeture est celui ayant servi à commettre l'infraction. La formule est large et englobe aussi bien la fabrication que la distribution et la vente au détail des objets contrefaits.

Une grande liberté de choix est laissée au juge puisque le texte prévoit que la fermeture peut être définitive ou temporaire (c'est-à-dire n'excédant pas 5 ans) et également totale ou partielle. Des mesures sont prévues pour sauvegarder les intérêts du personnel de l'établissement concerné. En cas de fermeture temporaire, aucune rupture ou suspension du contrat de travail n'est possible. En cas de fermeture définitive entraînant le licenciement du personnel, des indemnités de préavis, de licenciement ainsi que des dommages-intérêts sont versés au personnel. En période de crise de l'emploi, la fermeture d'établissement est évidemment une mesure d'une gravité particulière que le juge ne devra prendre qu'à bon escient.

J'en viens maintenant à une autre innovation importante, à savoir que :

2 – Des sanctions pénales pour contrefaçon de marques sont prévues par la loi de 1994 non seulement contre les contrefacteurs, personnes physiques, mais aussi contre les contrefacteurs personnes morales. C'est la solution qui découle de l'article L. 716-11-2 CPI.

On sait que traditionnellement, on consacrait en France le principe de l'irresponsabilité pénale des personnes morales. Mais l'article L. 121-2 du nouveau Code pénal a admis, au contraire, la possibilité d'une responsabilité pénale des personnes morales, si du moins un texte spécial le prévoit. Dans le secteur de la propriété intellectuelle, un premier texte en ce sens avait été consacré, s'agissant de la contrefaçon en matière de droit d'auteur, par une loi du 16 décembre 1992. La loi du 5 février 1994 a étendu les mêmes solutions à d'autres branches de la propriété intellectuelle, notamment au domaine des marques. C'est la disposition qui figure dans le nouvel article L. 716-11-2. Toute peine d'emprisonnement étant évidemment exclue pour une personne morale, le texte prévoit d'autres peines qui peuvent être, le cas échéant, très lourdes et que précisent les articles 131-38 et 131-39 du nouveau Code pénal auxquels renvoie le Code de la propriété intellectuelle.

C'est ainsi que, selon le premier de ces textes, le taux de l'amende est fixé au quintuple de celui prévu pour les personnes physiques par la loi qui réprime l'infraction. Pour la contrefaçon de marque, compte tenu du taux de l'amende susceptible d'être infligé à une personne physique, taux que l'on a mentionné tout à l'heure, l'amende infligée à une personne morale pourra aller jusqu'à 5 000 000 de francs pour une première infraction et jusqu'à 10 000 000 en cas de récidive.

On notera aussi que, selon l'article 131-39 du Code pénal, la personne morale contrefactrice pourrait même, au moins en certains cas, être frappée de dissolution, ce qui équivaudrait pour elle à une sorte de peine de mort.

Voulant renforcer l'arsenal des peines pour lutter contre la contrefaçon de marques, la loi de 1994 a souhaité tenir compte de ce que la contrefaçon de marque est souvent réalisée à l'étranger. En tant que telle, cette contrefaçon est hors d'atteinte du Droit français, en raison du caractère territorial de ce dernier. Mais il convenait au moins de sanctionner l'importation en France de produits revêtus à l'étranger de marques contrefaites. A cette fin la loi de 1994 a aggravé les sanctions prévues dans le Code des douanes.

B – L'aggravation des sanctions prévues par le Code des douanes a consisté à ériger en infraction douanière l'importation et l'exportation de produits revêtus de marques contrefaites. La solution découle de l'article 16 de la loi de 1994 qui a modifié en ce sens les articles 38 paragraphe 4 et 428 du Code des douanes.

Il s'agit d'un système qui va plus loin que celui de la simple retenue en douane dont il a été question dans la première partie de cet exposé. En effet, si l'on fait de l'importation de contrefaçons un délit douanier, on donne à l'administration des douanes elle-même non seulement le pouvoir de saisir les marchandises suspectées par le titulaire de la marque, mais aussi celui d'apprécier s'il s'agit réellement de contrefaçon et de décider de leur sort sous le contrôle éventuel du juge au cas où l'importateur contesterait l'infraction.

En cas de contrôle par l'administration des douanes, l'importateur doit fournir à cette dernière des documents justificatifs de ce que les marchandises n'ont pas été acquises en violation d'une interdiction d'importation. Le défaut de justification conduit à assimiler les marchandises à des importations de contrebande et la détention desdites marchandises se voit sanctionnée par les peines prévues à l'article 414 du Code des douanes : emprisonnement de 3 ans maximum, confiscation de l'objet de la fraude, amende d'un montant fixé entre une et deux fois la valeur de la fraude.

On relèvera d'ailleurs que l'importation de produits revêtus de marques contrefaites n'est pas seulement un délit douanier. En effet, selon l'article L. 716-9 CPI, tel qu'il résulte de l'article 13 de la loi du 5 février 1994, c'est aussi un délit proprement pénal car, dispose le texte, les peines de la contrefaçon s'appliquent à quiconque a « importé sous tous régimes douaniers ou exporté des marchandises présentées sous une marque contrefaite ».

Ces dispositions sont plus sévères que ne l'est l'article 10 du règlement communautaire du 22 décembre 1994 sur la mise en libre pratique des marchandises en contrefaçon. Suivant ce dernier texte, en effet « sont exclues du champ d'application du présent règlement » (c'est-à-dire échappent aux sanctions de la contrefaçon) « les marchandises sans caractère commercial contenues dans les bagages personnels des voyageurs dans les limites fixées par l'octroi d'une franchise douanière ».

Aucun texte en ce sens n'ayant été promulgué par le législateur français, l'on doit en déduire qu'il n'existe pas actuellement en France de franchise douanière en matière de contrefaçon de marque.

En conclusion, comme on l'a vu, le Droit français comporte aujourd'hui un arsenal législatif important de moyens de lutter contre la contrefaçon de marque. C'est conforme aux prescriptions du GATT. La question qui se pose est de savoir si ces textes seront ou non efficaces.

Pour ce qui est des mesures destinées à empêcher la mise dans le commerce des marchandises présentées sous une marque contrefaite, on peut penser qu'il en sera fait un large usage. En effet elles sont d'une utilisation facile, puisqu'elles peuvent être aussi bien le prélude à une action civile qu'à une action publique.

S'agissant en revanche des sanctions de la contrefaçon, il est plus malaisé de prévoir si leur renforcement portera ses fruits. Pour les sanctions pénales proprement dites, on peut avoir quelques doutes. En effet les actions publiques en matière de marques restent rares, même si elles deviennent aujourd'hui plus fréquentes qu'autrefois. Peut-être la création des nouvelles infractions douanières va-t-elle changer effectivement la situation. Mais il est encore trop tôt pour le dire.

En réalité si l'on voulait vraiment rendre efficace la lutte contre la contrefaçon de marque, il faudrait sans doute renforcer ses sanctions civiles. Il conviendrait d'admettre que l'indemnisation des victimes de contrefaçon puisse dépasser le montant de la réparation du préjudice par elles subi. Une telle mesure existe déjà à l'étranger dans certains secteurs de la propriété intellectuelle. Mais pour l'adopter en France, il ne faudrait ni plus ni moins que renverser dans ce domaine les bases mêmes du droit commun de la responsabilité civile, à savoir le principe de la réparation intégrale du préjudice. L'on conçoit que le législateur français hésite à s'engager dans cette voie.

III
Questions actuelles du droit de la concurrence

ASPECTS STRATÉGIQUES DU PROCÈS EN DROIT DE LA CONCURRENCE

par Guy CANIVET
Haut Conseiller à la Cour de Cassation

Vous avez souhaité qu'il soit traité d'aspects pratiques de la procédure du droit de la concurrence, j'ai pensé qu'il pouvait être intéressant d'envisager le sujet du point de vue de celui qui, demandeur ou défendeur à une action mettant en cause des rapports concurrentiels, cherche le moyen le plus adapté de faire valoir son droit.

C'est en quelque sorte à la stratégie de mise en œuvre du droit de la concurrence que je vous convie à réfléchir.

Définie, en général, comme l'art de coordonner les actions et de manœuvrer pour atteindre un but, la stratégie suppose d'abord une connaissance de l'environnement et des moyens d'action.

Du point de vue de l'environnement juridique, nous savons que le droit de la concurrence repose tout à la fois sur un ordre interne, constitué par l'ordonnance du 1er décembre 1986, et un ordre communautaire, résultant essentiellement des articles 85 et 86 du traité CE et des textes qui en sont dérivés[1].

Nous savons aussi que le droit français de la concurrence distingue deux catégories de règles matérielles :

– les pratiques anticoncurrentielles du titre II, c'est-à-dire les ententes (article 7) et abus de domination (article 8), dont la qualification suppose une atteinte à la concurrence sur le marché et qui sont exemptes de toutes sanctions administratives ou civiles notamment si, à certaines conditions (articles 10-2), elles contribuent au progrès économique ;

– les pratiques dites restrictives du titre IV, qui sont, soit des infractions pénales, articles 31 à 35 et 37 (violation des règles de facturation, revente à perte, refus de communication de conditions générales de vente, paracommercialisme, etc.), soit des fautes civiles, article 36 (pratiques discriminatoires, refus de vente et ventes liées), les unes et les autres fondant un principe de responsabilité sans référence à une quelconque atteinte à la concurrence sur le marché. Ce sont, de ce fait, des règles de police économique, pour la plupart héritées de la tradition de contrôle tarifaire de l'Administration ou inspirées de la volonté de protéger le petit commerce et non de principes régulateurs des rapports de concurrence.

Faut-il rappeler que le droit communautaire de la concurrence (article 85, § 1 et 86 du traité CE) s'applique à toute pratique anticoncurrentielle, entente ou abus de position dominante, qui est susceptible d'affecter sensiblement les échanges intracommunautaires ?

Comme en droit national, aux termes de l'article 85, § 3 du traité CE, les

1. Nous ne traiterons pas ici du droit des concentrations, relevant, dans l'ordre interne du titre V de l'ordonnance du 1er décembre 1986, et, dans l'ordre communautaire du règlement n° 4064/89 du 21 décembre 1989.

ententes qui visent à promouvoir le progrès économique peuvent être exemptées, soit si elles remplissent les conditions d'un règlement d'exemption par catégorie, soit par décision individuelle de la Commission CE. La différence fondamentale entre les deux systèmes est qu'en droit national, le mécanisme d'exemption est intégré à la phase contentieuse alors qu'en droit communautaire, il lui est nécessairement préalable.

Quant aux moyens d'action, rappelons que selon les modalités diverses, le droit de la concurrence national ou communautaire peut, selon des procédures différentes, être appliqué, sélectivement ou non, soit par les juridictions nationales de droit commun, saisies de litiges entre particuliers ou de poursuites pénales, soit par des instances administratives, nationale, le Conseil de la concurrence, ou communautaire, la Commission CE, dont les décisions sont soumises à des recours juridictionnels, la cour d'appel de Paris statuant en recours contre les décisions du Conseil de la concurrence ou le Tribunal de première instance des communautés européennes contre celles de la Commission.

Ce contexte étant connu, on aura à définir l'action à engager en fonction des moyens dont on dispose. La tactique à adopter pose d'abord la question de la détermination du fondement juridique (I), ensuite celle du choix de la procédure utile (II).

I – LA DÉTERMINATION DU FONDEMENT JURIDIQUE

Qu'elle soit en demande ou en défense, la partie à une instance mettant en cause des rapports concurrentiels pourra avoir à déterminer, entre le droit national et le droit communautaire, le droit applicable au litige, et, le cas échéant, à opter entre une action fondée sur une pratique anticoncurrentielle ou sur une pratique restrictive du titre IV de l'ordonnance du 1er décembre 1986.

A - Les ententes anticoncurrentielles et les comportements abusifs des entreprises peuvent en effet, à certaines conditions, être simultanément soumis aux règles nationales et aux règles communautaires de concurrence. Le demandeur à l'action aura donc à s'interroger sur le fondement approprié au litige.

1 - L'occurrence d'un choix entre droit communautaire et droit national de la concurrence pose, au préalable, la question de savoir si la pratique en cause est de nature à exercer un effet sensible sur le jeu de la concurrence et du commerce entre les États membres. C'est en effet ce critère qui commande l'application des règles communautaires.

Interprétant largement cette condition, les autorités communautaires estiment qu'est susceptible de produire un tel effet toute pratique anticoncurrentielle dont on peut envisager avec un degré de probabilité suffisant qu'elle peut *« exercer une influence directe ou indirecte actuelle ou potentielle sur les courants d'échange entre les États membres »*[2].

2. CJCE 30 juin 1966, LTM-MBU, Rec. 337.

2 - Si on suppose cette condition réalisée, le droit communautaire s'applique aussi bien que le droit national ; en résulte-t-il que les parties ont la faculté d'invoquer à leur gré l'un ou l'autre de ces fondements ?

L'opportunité pour le demandeur à une action de choisir entre l'un et l'autre des ordres juridiques est limitée pour deux raisons. L'option n'a de sens que si les termes de l'alternative conduisent à des solutions différentes, le choix est alors inutile, et, en aucun cas, la mise en œuvre du droit national ne peut conduire à faire échec au droit communautaire, le choix du droit national est alors impossible.

a) Il n'est en effet pas nécessaire de choisir entre l'application du droit national et du droit communautaire s'ils conduisent à la même solution. Ce sera fréquemment le cas puisque les deux domaines juridiques sont d'inspiration économique semblable, que le droit national issu de l'ordonnance de 1986 est fortement inspiré du droit communautaire dont, à quelques minimes différences près, il reprend les termes et qu'en outre la jurisprudence d'application du droit national s'inspire largement des solutions retenues par les juridictions communautaires.

L'auteur de l'action, peut donc invoquer cumulativement et simultanément le droit national et le droit communautaire.

En pratique, on constate souvent que les parties revendiquent spécifiquement l'application du droit communautaire pour se prévaloir, en demande ou en défense, des dispositions d'un règlement d'exemption pris conformément à l'article 85, § 3 du traité. Il n'est pas inutile de rappeler que l'application d'un tel texte suppose la démonstration préalable de l'affectation du commerce intracommunautaire. En outre le droit national doit normalement conduire à des solutions identiques, dès lors que les raisons qui permettent de considérer qu'un accord échappe aux sanctions prévues par les articles 7 et 9 de l'ordonnance de 1986, par application de l'article 10-2, sont identiques dans leurs conditions et leurs fonctions au § 3 de l'article 85 du traité CE. On déduit en effet logiquement du fait qu'un accord entre dans les conditions d'une exemption catégorielle conformément à l'article 85, § 3, que, par là même, il remplit des conditions d'exemption de l'article 10-2 de l'ordonnance.

b) La mise en œuvre du droit national ne peut en tout cas porter préjudice à l'application pleine et entière du droit communautaire. Le choix du droit national est alors impossible.

Si, dans l'un et l'autre cas, la solution est la même, il est préférable, pour le demandeur à l'action de se fonder sur le droit national dans la mesure où il est alors dispensé de la preuve d'une affectation du commerce entre États membres.

Mais si les solutions divergent, l'une ou l'autre des parties, ne manquera pas de revendiquer l'application du droit du traité CE.

En effet, la primauté du droit communautaire emporte pour conséquence que la mise en œuvre du droit national ne peut porter préjudice à l'application pleine et uniforme du droit communautaire et à l'effet des actes d'exécution de celui-ci[3].

Il s'ensuit qu'une pratique anticoncurrentielle qui serait normalement sanctionnée en application de l'article 85, § 1, ou 86 du traité CE, ne peut donc être jugée licite par application du droit français.

A l'inverse, une entente exemptée par l'effet d'une décision individuelle fondée sur l'article 85, § 3, ou d'un règlement d'exemption par catégorie ne peut être sanctionnée sur le fondement du droit national, de même, qu'un comportement d'entre-

3. CJCE 13 février 1969, Walt WILHEM, Rec. 1.

prise dominante qui ne serait pas prohibé par l'article 86 du traité CE ne pourrait l'être par l'article 8 de l'ordonnance de 1986.

En définitive, ou il n'est pas établi que la pratique est de nature à exercer un effet sensible sur le jeu de la concurrence et le commerce entre les États membres, alors seul le droit national s'applique, ou, au contraire, cette preuve est rapportée, alors le droit communautaire est applicable aussi bien que le droit national. En ce dernier cas, s'il se révèle un conflit entre les deux normes, seule reste applicable celle dont la force est supérieure ; tel est le cas du droit communautaire qui prime le droit national[4].

B - Bien que les pratiques anticoncurrentielles et pratiques restrictives soient de nature différente, le même comportement économique peut caractériser à la fois l'une et l'autre.

1 - Pour le demandeur à l'action, le choix entre le fondement du droit communautaire des pratiques anticoncurrentielles et celui des pratiques restrictives du titre IV de l'ordonnance du 1er décembre 1986 ne pose guère de questions.

Certes, les pratiques de prix imposés, de refus de vente, de ventes liées, ou encore de discriminations peuvent être constitutives d'une entente ou d'un abus de domination, mais elles sont, dans la plupart des cas, jugées illicites en droit communautaire, de sorte que l'invocation du traité CE ne conduit pas à des solutions différentes.

Les conflits entre droit communautaire de la concurrence et pratiques restrictives de l'ordonnance du 1er décembre 1986 ne sont toutefois pas à exclure. Certaines pratiques tombant sous le coup des dispositions du titre IV de l'ordonnance de 1986 peuvent être mises en œuvre dans le cadre d'ententes individuellement ou collectivement exemptées par application de l'article 85, § 3, du traité CE. La décision d'exemption prime alors l'application de la norme prohibitive française.

Tel serait par exemple le cas de conditions générales de vente ou d'achat qui caractériseraient une infraction prévue par les articles 31 et suivants de l'ordonnance du 1986 tout en étant comprises dans des contrats de distribution exemptés.

En pratique, la question s'est posée pour les refus de vente. Il a été jugé que la licéité d'un système de distribution au regard des normes communautaires justifie le refus de vente ou d'agrément opposé aux revendeurs extérieurs au réseau[5].

La personne qui, devant une juridiction civile ou pénale, se voit reprocher une pratique sur le fondement d'une disposition du titre IV de l'ordonnance du 1er décembre 1986 aura par conséquent, dans ces cas précis, intérêt à invoquer le droit communautaire pour échapper à sa responsabilité.

2 - L'application simultanée des dispositions des titres III et IV de l'ordonnance du 1986 pose les mêmes questions.

La qualification des pratiques restrictives ne suppose pas, on l'a vu, la preuve d'une atteinte à la concurrence. La victime aura par conséquent intérêt à se prévaloir des dispositions des articles 31 et suivants de l'ordonnance de 1986, même si les agissements dont elle se plaint sont aussi constitutifs d'une entente ou d'un abus de domination, ne serait-ce que parce que la charge de la preuve sera alors considérablement allégée, seul l'existence du fait ou de la clause litigieuse étant à démontrer.

---

4. M.-C. BOUTARD-LABARDE et G. CANIVET, *Droit français de la concurrence*, LGDJ. 1995, p. 27 s.
5. M.-C. BOUTARD-LABARDE et G. CANIVET, *op. cit.* p. 32 s.

Tel sera par exemple le cas du refus de vente, des ventes liées ou des discriminations. Mais le défendeur à une telle action ne manquera pas de porter le débat sur le terrain du titre III pour prétendre que, conformément à l'article 36-2 de l'ordonnance de 1986, la pratique qui lui est reprochée est justifiée par application de l'article 10-2. Il aura alors à faire la preuve que celle-ci s'inscrit dans le cadre d'un accord de distribution ayant pour effet d'assurer un progrès économique, dans les conditions imposées par ce texte.

Aux principes de détermination du fondement de la demande, complexes en eux-mêmes, s'ajoutent des considérations, non moins subtiles, sur le choix de l'organe à saisir.

II – LE CHOIX DE LA PROCÉDURE

Les options relatives au choix de l'autorité à saisir sont gouvernées tout à la fois par des considérations relatives à la finalité de l'action et à l'administration de la preuve.

Le choix de la procédure sera, en effet, différent selon que l'on vise à obtenir une interdiction, une indemnisation, à faire administrativement sanctionner l'auteur de la pratique, à obtenir une mesure urgente, une solution définitive ou une mesure provisoire. Dans l'exercice de ce choix il conviendra en tout cas de ne pas méconnaître les contraintes relatives à l'administration de la preuve.

Rien n'interdit en outre de saisir simultanément une juridiction nationale en même temps qu'une autorité de concurrence nationale et communautaire si, toutefois, on a mesuré le risque et les conséquences de l'interaction d'une procédure sur l'autre, ce risque étant, soit la contrariété des décisions rendues de part et d'autre, soit, à l'inverse, les atermoiements résultant de ce que l'une et l'autre des instances saisies attend que l'autre se prononce.

A - LES CHOIX SONT D'ABORD GOUVERNÉS PAR LA FINALITÉ DE L'ACTION

De ce point de vue, on sait que seules les autorités administratives peuvent prononcer des sanctions pécuniaires, que seules les juridictions nationales peuvent condamner à des dommages et intérêts et que les unes et les autres peuvent prononcer des interdictions et ordonner des mesures provisoires selon des modalités différentes. Il en résulte que si leurs pouvoirs sont complémentaires, elles peuvent avoir des compétences concurrentes dont il est nécessaire de régler les conflits.

1 **-** Le demandeur à l'action pourra par conséquent orienter sa demande en fonction des pouvoirs respectifs de chacune de ces institutions.

a) S'il vise principalement ou préalablement à faire prononcer contre l'auteur de la pratique dénoncée une sanction pécuniaire, il devra saisir le Conseil de la concurrence ou la Commission CE.

– Devant le Conseil de la concurrence, que le droit applicable soit national ou communautaire est indifférent puisqu'il peut se prononcer aussi bien sur les dispositions du titre III de l'ordonnance de 1986 que sur celles des articles 85 et 86 du traité CE. L'invocation du droit communautaire pourra sembler utile si l'on admet qu'une pratique sera d'autant plus sévèrement sanctionnée qu'elle affecte le commerce entre les États membres.

– S'agissant de la Commission CE, devant qui évidemment seul le droit communautaire peut être invoqué, le risque du refus d'engager la procédure devra être pris en compte. On sait en effet que la Commission peut légitimement estimer n'avoir pas à instruire les plaintes visant des pratiques d'importance mineure ou n'ayant pas d'intérêt communautaire suffisant, le plaignant étant alors renvoyé à se pourvoir devant le juge national ou le Conseil de la concurrence[6].

Outre l'objet de faire sanctionner l'auteur des pratiques, la décision de saisir une autorité nationale ou communautaire de concurrence peut résulter de la volonté de faire décider préalablement du caractère illicite de la pratique par une instance spécialisée. La décision ainsi rendue aura, sur celle du juge national ensuite saisi des conséquences civiles de la pratique mise en œuvre, au moins une autorité de fait, si elle émane du Conseil de la concurrence, ou, par l'effet de la primauté du droit communautaire, une autorité de droit s'imposant au juge national, si elle émane de la Commission CE.

Le choix de saisir la Commission CE peut encore être guidé par le fait que celle-ci, avant toute décision, engage généralement avec l'auteur de la pratique dénoncée, des discussions destinées à le convaincre d'y renoncer ou de la modifier, ce que ne fait pas le Conseil de la concurrence.

b) Si le demandeur vise à obtenir la cessation de la pratique dénoncée il peut saisir aussi bien les autorités nationales ou communautaire de la concurrence que les juridictions nationales.

– La Commission CE comme le Conseil de la concurrence sont investis du pouvoir de prononcer des injonctions pour faire cesser les pratiques constatées, la Commission par application de l'article 3 du règlement 17/62, le Conseil de la concurrence par application de l'article 13 de l'ordonnance de 1986.

– Mais en vertu de leurs pouvoirs de droit commun les juridictions peuvent également, au fond ou en référé, édicter sous astreintes, des mesures d'interdiction. L'avantage de saisir les juridictions est que l'éventail des mesures qu'elles peuvent ordonner est plus large et qu'en outre, elles peuvent simultanément, même en référé, accorder des indemnisations.

c) Les autorités de la concurrence et les juridictions ont également en commun, mais sur des fondements différents, le pouvoir d'ordonner des mesures provisoires.

– Le juge des référés peut évidemment être saisi par application des articles 808 et 809 (ou 872 et 873, s'agissant du référé commercial) du nouveau Code de procédure civile de toute demande de mesure provisoire ou conservatoire sur le fondement du droit de la concurrence.

L'article 36, dernier alinéa, de l'ordonnance du 1986 prévoit, en outre, une procédure particulière de référé en matière de pratiques discriminatoires, de refus de vente ou de ventes liées dont la spécificité a perdu tout intérêt, la Cour de cassation ayant décidé qu'elle devait, hormis les conditions particulières d'application de ce texte, satisfaire aux conditions générales de l'action en référé[7].

---

6. TPICE 18 septembre 1992, Automec II, Rec. II, 2223. L. Idot, *La situation des victimes de pratiques anticoncurrentielles après les arrêts Asia Motor et Automec II,* Rev Europe, décembre 1992, p. 1.

7. Cass. com. 27 juin 1989, Bill. civ. IV, p. 139. – M. Malaurie, *« Le référé de l'article 36 »,* AFEC, 1er avril 1992, JCP, éd. G. Doc. 3637.

– Les autorités de la concurrence ont encore le pouvoir d'ordonner des mesures conservatoires[8].

Aux termes de l'article 12 de l'ordonnance de 1986, le Conseil de la concurrence peut ordonner de telles mesures si la pratique dénoncée porte une atteinte grave et immédiate à l'économie générale, à celle du secteur intéressé, à l'intérêt des consommateurs ou à l'entreprise plaignante et à condition que la mesure ordonnée reste strictement limitée à ce qui est nécessaire pour faire face à l'urgence.

La Commission CE s'est vue, elle aussi, reconnaître le pouvoir d'ordonner des mesures provisoires, sur le fondement de l'article 3 du règlement 17/62, par arrêt du 17 janvier 1980, *« en cas d'urgence établie, en vue de parer à une situation de nature à causer un préjudice grave et irréparable à la partie qui en demande l'institution, ou intolérable pour l'intérêt général, à la condition que ces mesures soient de caractère intérimaire et conservatoire et qu'elles restent limitées à ce qui est nécessaire dans la situation donnée »*[9].

Outre les raisons qui tiennent à la compétence technique reconnue aux institutions spécialisées, le choix de l'une ou l'autre de ces procédures sera commandé par des critères d'efficience tenant à l'accessibilité de l'instance, à la rapidité des réponses et à l'exercice des voies de recours.

Ainsi on tiendra compte de la jurisprudence très restrictive du Conseil de la concurrence et de la cour d'appel de Paris en ce qui concerne le prononcé de mesures conservatoires sur le fondement de l'article 12 de l'ordonnance du 1er décembre 1986 notamment quant à la notion *« d'atteinte grave »* généralement entendue comme une atteinte irréversible[10].

On notera aussi que, contrairement à une cour d'appel, statuant en appel d'une décision de référé, ou à la cour d'appel de Paris, statuant sur un recours contre une décision du Conseil de la concurrence, le tribunal de premier instance des Communautés estime qu'en annulant la décision de la Commission refusant une mesure provisoire, il n'a pas le pouvoir de prononcer lui-même une telle mesure mais seulement de renvoyer devant la Commission pour un nouvel examen de la demande[11].

d) Enfin, seules les juridictions ont le pouvoir d'annuler des clauses contractuelles et d'ordonner le paiement des dommages et intérêts. Si la demande a un objet indemnitaire, ou vise à dégager son auteur des liens d'un contrat – d'un contrat de distribution par exemple – elle devra par conséquent nécessairement être portée devant une juridiction.

L'instance judiciaire pourra être engagée seule, ou en l'état d'une décision préalable du Conseil de la concurrence ou de la Commission CE, ou encore concurremment avec la saisine de l'une de ces autorités.

De cette conjonction de procédures peuvent naître des conflits de compétence.

2 - Pour les régler, la jurisprudence nationale et communautaire a été amenée à préciser les règles applicables lorsque sont simultanément saisies les autorités nationales ou communautaire de la concurrence et les juridictions nationales.

---

8. L. Idot, *Les mesures provisoires en droit de la concurrence, nouvel exemple de symbiose entre le droit français et le droit communautaire de la concurrence,* RTDE 1993, p. 581.

9. CJCE, (ord.) 17 octobre 1980, Caméra Care, Rec. 119. – M.-C. Boutard-Labarde, *Enquêtes en vue de l'application des articles 85 et 86 du Traité, Droits et devoirs des entreprises,* Paris FEC 1993, p. 102.

10. L. Idot, *op. cit.*

11. M.-C. Boutard-Labarde, *op. cit.* – B. Geneste, *L'efficacité des mesures d'urgence : le cas exemplaire de « La Cinq »,* Gaz. Pal. 16-17 septembre 1992, p. 18.

a) Si, pour les mêmes faits, une plainte peut être adressée simultanément au Conseil de la concurrence et la Commission CE, la procédure ne peut être suivie simultanément devant l'une et l'autre de ces autorités sur le fondement du droit communautaire puisque la décision de la Commission d'engager la procédure retire au Conseil de la concurrence toute compétence pour appliquer les articles 85, § 1, et 86 du traité CE[12]. En ce cas, le Conseil pourrait théoriquement décider de poursuivre la procédure sur le fondement du droit national, mais par l'effet de la primauté du droit communautaire sa décision risque d'être privée de portée.

b) Il est acquis que les juridictions ne sont pas tenues de surseoir à statuer en l'attente de la décision du Conseil saisi des mêmes pratiques, sauf si elles estiment une telle mesure de l'intérêt d'une bonne administration de la justice.

c) Dans la majorité des cas, et sous la même réserve de l'intérêt d'une bonne administration de la justice, le juge national n'est pas tenu de surseoir à statuer lorsque la Commission CE est saisie des mêmes faits[13]. La seule hypothèse où il est tenu de le faire est, lorsqu'il aura à apprécier la licéité d'une entente ayant fait l'objet d'une notification à la Commission CE sans que celle-ci se soit encore prononcée et s'il estime que les chances d'obtenir une exemption sont sérieuses.

Ces règles, désormais bien fixées, rendent pas conséquent inopérantes toutes les manœuvres dilatoires de la partie en défense qui tenteraient par une demande d'exemption tardive ou une plainte adressée à la Commission de paralyser une instance judiciaire.

B - LES CONSIDÉRATIONS RELATIVES À L'ADMINISTRATION DE LA PREUVE PEUVENT ÉGALEMENT ÊTRE DÉTERMINANTES QUANT AU CHOIX DE L'INSTANCE À SAISIR

On sait que, pour la mise en œuvre du droit de la concurrence, la Commission CE et le Conseil de la concurrence disposent de pouvoirs et de services d'enquête leur permettant de procéder à des investigations aussi bien pour établir la preuve des pratiques dénoncées que pour rechercher les caractéristiques du marché sur lequel elles ont à examiner.

Il est donc évident que chaque fois que le succès d'une action suppose une recherche active de la preuve des pratiques dénoncées ou des investigations pour définir le marché où elles ont faussé la concurrence ou établi les caractéristiques, le demandeur aura à saisir la Commission CE ou le Conseil de la concurrence.

En revanche, lorsque les pratiques litigieuses résultent de pratiques contractuelles appréciables au seul examen d'actes facilement accessibles, il pourra sembler préférable de saisir directement la juridiction.

Celle-ci n'est toutefois pas totalement dépourvue de moyens d'assistance à l'administration de la preuve.

Elle dispose en premier lieu de ceux qui sont prévus par le nouveau Code de procédure civile, essentiellement l'expertise, dont on doit toutefois reconnaître qu'elle est inadaptée chaque fois que la production de documents supposera des investigations complexes et la mise en œuvre de moyens coercitifs dont le juge et l'expert sont, dans ce cadre, à peu près totalement dépourvus[14].

12. Article 9 du règlement 17/62.
13. CJCE 30 janvier 1974, BRT/SABAM, Rec. 51.
14. Paris, 19 mai 1993, JDI 1993, n° 4, p. 957, note L. Idot.

En outre, aux termes de l'article 56 du nouveau Code de procédure civile, les services de la Direction générale de la concurrence de la consommation et de la répression des fraudes peuvent devant les juridictions civiles et pénales, déposer des conclusions et les développer oralement à l'audience ou encore produire des procès-verbaux et des rapports d'enquête. Si l'intervention de l'Administration peut être déterminante par l'assistance qu'elle a apporté à la preuve des faits dénoncés, cet avantage est, pour la partie en demande, à nuancer en considération de ce que l'Administration apprécie seule l'opportunité de son intervention aux termes d'une décision sur laquelle ni le juge ni les parties n'ont la moindre part[15].

Enfin, la juridiction saisie peut, de sa propre initiative ou à la demande des parties, consulter le Conseil de la concurrence sur les pratiques anticoncurrentielles dénoncées selon la procédure prévue par l'article 26, alinéa 2, de l'ordonnance de 1986. Celui-ci émettra un avis immédiat s'il dispose d'informations déjà recueillies au cours d'une procédure antérieure. Si tel n'est pas le cas, il mettra en œuvre une procédure contradictoire[16].

En ce cas, la durée du procès sera augmentée du délai nécessaire à l'émission de l'avis par le Conseil de la concurrence, au besoin éclairé par une enquête spécialement diligentée, de sorte que, au moins du point de vue des délais, cette possibilité procédurale ne présente pas d'avantages par rapport à une saisine sur plainte préalablement adressée au Conseil qui permettra d'obtenir, outre une décision sur la licéité des pratiques dénoncées, une injonction y mettant fin et éventuellement le prononcé d'une sanction pécuniaire contre leur auteur.

Telles sont les modestes réflexions inspirées de l'expérience acquise dans une chambre spécialisée en matière de concurrence de la cour d'appel de Paris.

On aura au moins compris que ce système procédural de mise en œuvre du droit de la concurrence est compliqué.

Cette complexité résulte de ce que, s'agissant d'un domaine juridique intéressant l'ordre public économique, on a ménagé de subtils équilibres entre les actions entreprises à l'initiative des autorités publiques de régulation du marché, celles qui sont ouvertes aux opérateurs et prévu, avec parfois plus d'audace, les règles qui permettent l'immixtion de l'Administration économique dans des litiges privés. Si de ce point de vue, l'architecture d'ensemble est logique et dans l'ensemble performante, il est à craindre que la subtilité des procédures n'en réserve l'usage aux spécialistes. Seule, en effet, une connaissance parfaite de ce maquis procédural permet d'en exploiter complètement les ressources.

Ce travers ajouté aux difficultés de l'intégration du droit de la concurrence dans l'ordre juridique interne et de son application par les juridictions du premier degré donne matière à un débat que je vous invite à ouvrir.

---

15. G. Canivet, l'Expertise en droit de la concurrence, in *l'Expertise,* Dalloz 1995, p. 51 s.
16. G. Canivet, *op. cit.*

QUELQUES RÉFLEXIONS SUR LA CONFIDENTIALITÉ EN DROIT DE LA CONCURRENCE : À PROPOS DES SECRETS D'AFFAIRES ET DU SECRET PROFESSIONNEL

par Laurence IDOT
Professeur agrégé à l'Université de Paris I-Panthéon Sorbonne

1. Le droit a toujours entretenu des rapports complexes avec le secret[1]. Il en est ainsi plus particulièrement dans le domaine des affaires. Et l'on a pu écrire encore récemment : « *Qu'il y ait un secret des affaires, voilà qui relève du fait et non du Droit. Les opérateurs comme les opérations trouvent dans le secret leur milieu naturel et il n'y a rien là qui doive, en principe, choquer : la vie des affaires c'est l'immersion dans la compétition ; et pour réussir dans la compétition, la préservation du secret, bien souvent, est une nécessité* »[2].

Il n'est dès lors pas étonnant que la protection des secrets soit une donnée commune à l'ensemble des différentes branches du droit des affaires. De la technique de fabrication, parfois couverte par un brevet, ou constitutive à tout le moins d'un savoir-faire, jusqu'aux données plus générales, comme un fichier de clients, ou encore des statistiques sur l'état du marché, toutes les informations, quel que soit leur objet, peuvent devenir un élément du patrimoine de l'entreprise. Or, leur valeur résulte souvent de leur caractère secret, par conséquent de la confidentialité qui leur est attachée[3].

2. Mais le secret est rarement totalement respecté. Les risques de révélation, volontaire ou accidentelle, sont omniprésents. La divulgation est d'autant plus probable que notre monde actuel aspire à une plus grande transparence. Cette aspiration se manifeste d'ailleurs tant en droit interne[4] qu'en droit communautaire[5]. Les textes imposant l'accès à l'information n'ont cessé de se multiplier ces dernières années, et notamment en droit des affaires. Il suffit de rappeler, pour ne prendre que quelques exemples, les innombrables obligations qui pèsent en particulier sur les sociétés cotées, ou encore les règles, au demeurant quelque peu opaques, sur la transparence tarifaire imposées par le titre IV de l'ordonnance du 1er décembre 1986.

---

1. V. Les travaux de l'Association H. CAPITANT, « *Le secret et le droit* », Journées Libanaises, 1974, Paris, éd. Dalloz, 1976.

2. Avant-propos, dossier, « *Le secret* », Droit et pratique du commerce international, vo. 16 (1990), n° 1, p. 3.

3. B. BOULOC (in « *Le secret des affaires* », DPCI, vol. 16 (1990) n° 1, p. 6, sp. p. 9) déclare ainsi : « *Dans la vie des affaires, tout peut être secret, car ce que l'on cherche à éviter, c'est la divulgation d'informations concernant l'entreprise, informations qui pourraient être exploitées par un concurrent, soit pour fabriquer un produit similaire à un moindre coût, soit pour pénétrer le marché en ayant connaissance de la clientèle...* ».

4. V. par exemple, les travaux de l'Association Droit et Commerce, colloque de Deauville, 1993, sur « La transparence ».

5. V. par exemple, la communication de la Commission sur « l'accès du public aux documents des institutions » du 5 mai 1993, JOCE n° C. 166 du 17 juin 1993.

Le conflit entre le souci légitime de l'entreprise de préserver ses secrets et le désir non moins légitime du monde dans lequel elle évolue d'avoir accès à l'information était dès lors inévitable.

3. Depuis quelque temps, ce conflit se manifeste avec une particulière ampleur dans cette branche du droit des affaires que constitue le droit de la concurrence. Cela était, en fait, prévisible.

En effet, aussi longtemps que les « procédures concurrence » ont été conçues selon ce qui pourrait être appelé un modèle bilatéral, les difficultés ont été résolues de manière relativement satisfaisante. Dans la conception classique, l'autorité spécialisée, qu'il s'agisse de la Commission en droit communautaire, ou du Conseil de la concurrence en droit français[6], poursuit l'entreprise qui a enfreint l'interdiction des ententes et des abus de position dominante. A cette fin, elle dispose de pouvoirs d'investigation étendus qui résultent soit du règlement 17/62[7], soit des articles 47 et 48 de l'ordonnance du 1er décembre 1986[8]. Nul secret ne peut en principe lui être opposé dans l'exercice de ces pouvoirs d'enquête[9], dès lors que les renseignements demandés s'avèrent nécessaires et présentent un lien avec l'objet de l'investigation. Les seules limites reconnues à ce pouvoir sont identiques dans les deux systèmes. D'une part, on reconnaît aux entreprises le droit au silence, c'est-à-dire le droit de ne pas s'auto-incriminer[10]. D'autre part, à certaines conditions assez strictes, est protégée la confidentialité de la correspondance échangée entre l'entreprise et son avocat[11].

Mais cette possibilité qu'ont les autorités spécialisées d'avoir accès à des informations confidentielles, souvent d'un intérêt vital pour les entreprises, a une contrepartie. Les fonctionnaires de ces institutions sont astreints au respect du secret professionnel. Cette garantie résulte de textes généraux, qu'il s'agisse de l'article 214 du traité repris par les différents règlements de procédure pour les fonctionnaires communautaires[12], ou de l'article 226-13 du Code pénal pour les fonctionnaires français.

---

6. Ou en droit communautaire, puisqu'en application de l'article 56 bis de l'ordonnance le Conseil dispose pour l'application des articles 85 et 86 CE des mêmes pouvoirs que pour l'application du titre III de l'ordonnance.

7. V. not., en dehors des ouvrages généraux, M.-C. BOUTARD-LABARDE, *« Enquêtes en vue de l'application des articles 85 et 86 CEE »,* Paris, Feduci, 1992.

8. V. not. G. FLÉCHEUX, « Les enquêtes de concurrence en France », DPCI, 1990, n° 2, p. 225 ; M.-C. BOUTARD-LABARDE et G. CANIVET, *Droit français de la Concurrence,* Paris, LGDJ, 1994, coll. Droit des affaires, p. 157 et s., n° 237 et s.

9. Cette règle est particulièrement forte en droit français, puisque l'article 51 de l'ordonnance précise que les enquêteurs peuvent, sans se voir opposer le secret professionnel, accéder à tout document ou élément d'information détenu par des collectivités publiques.

10. En droit communautaire, V. CJCE, 18 oct. 1989, Orkem. aff. 374/87, Rec., p. 3343, JCP. 1990.I.21436, obs. M.-C. BOUTARD-LABARDE et L. VOGEL ; en droit français, Paris (conc.), 8 av. 1994, BOCCRF 18 mai 1994, justices 1995/2, p. 327, obs. L. IDOT. Dans l'affaire Otto (CJCE, 10 novembre 1993, aff. C. 60/92, Rec. I, p. 5683), la Cour de justice a toutefois refusé d'étendre le principe aux procédures de mise en œuvre des règles communautaires devant les juridictions nationales.

11. En droit communautaire, V. CJCE, 1982, 18 mai 1982, AMS, aff. 155/79, Rec., p. 1575 et l'extension de ce droit dans l'affaire Hilti, TPI, 4 avril 1990, aff. T. 30/89, Rec. II, p. 163, JDI, 1991.477, obs. Hermitte : en droit français, v. décisions du Conseil, 87 D. 15, rapport 1987, annexe 24, et 90 D 47, rapport 1990, annexe 54, Cass. Com. 9 nov. 1993, D. 1994, 399, note M. LOMBARD.

12. V. l'article 20 du règlement 17/62 ; les articles 27, 24 et 17, des règlements « procédure transport » (respectivement 1017/68 sur les transports terrestres, 4056/86 sur les transports maritimes, 3975/87 sur les transports aériens) ; l'article 17 du règlement 4064/89 sur les concentrations. On trouve également des dispositions analogues dans les règlements d'exemption par catégorie qui prévoient une procédure d'opposition (art. 13 du règlement 2349/84, art. 5 du règlement 417/85, art. 8 du règlement 418/85, art. 7 du règlement 4057/88, art. 11 du règlement 556/89).

Et la violation de cette obligation au secret peut avoir des conséquences importantes, comme l'a illustré en particulier en droit communautaire l'affaire Adams de sinistre mémoire[13].

4. La cohérence de ce système a toutefois été remise en cause ces dernières années. Indépendamment du contexte global antérieurement évoqué, les « procédures concurrence » se sont également éloignées du modèle bilatéral précédemment décrit. Même si l'on ne raisonne que sur les procédures contentieuses, alors qu'il ne faut pas oublier que l'application du droit communautaire donne le plus souvent lieu à des procédures négociées de type informel, force est de constater qu'elles ont évolué.

5. Une première donnée perturbatrice résulte de la multiplication des entreprises parties aux procédures concurrence. Les grandes affaires impliquant plusieurs dizaines d'entreprises ne sont plus rares, en particulier en droit communautaire. Or, l'on peut être d'accord pour s'entendre avec un concurrent sur une répartition de marchés, et ne pas accepter pour autant de lui communiquer à l'occasion d'une procédure des informations stratégiques... Mais surtout, les procédures concurrence tendent à devenir un outil de stratégie commerciale. A l'heure actuelle, l'on n'hésite plus à déposer une plainte pour violation des règles de concurrence contre un adversaire. Le tiers éprouve moins de réticence que dans le passé à se manifester aussi bien d'ailleurs dans les procédures visant à prohiber les pratiques concurrentielles qu'à l'occasion des contrôles des concentrations. De bilatérales opposant des entreprises parties aux autorités chargées de veiller au respect des textes, les relations deviennent trilatérales, du fait de la présence du plaignant ou de l'intervenant.

6. Une deuxième donnée perturbatrice vient de la diversification des instances appelées à trancher les difficultés. Certes, l'éclatement des procédures en droit de la concurrence n'est pas une donnée nouvelle, en particulier en droit communautaire où le pouvoir d'appliquer les articles 85 et 86 CE a toujours été reconnu aux autorités nationales parallèlement à la Commission[14]. De même, la coopération entre ces différentes autorités a toujours existé[15]. Mais la politique de décentralisation devenant une réalité[16], les autorités nationales peuvent être tentées d'utiliser des informations obtenues à Bruxelles. Bien plus, la coopération s'étend maintenant à des pays tiers[17]. Et en dehors des autorités administratives, peuvent encore intervenir les juges de droit commun, qu'il s'agisse de juges étatiques ou d'arbitres[18].

7. Ces différentes évolutions aboutissent toutes au même résultat. Par des biais divers, des personnes, autres que l'autorité régulatrice initiale, personnes de plus en plus nombreuses, peuvent être amenées à avoir connaissance d'informations confi-

---

13. CJCE, 7 novembre 1985, aff. 145/83, Rec., p. 3539. En l'espèce, la Commission a été condamnée par la Cour de justice dans le cadre d'une action en responsabilité pour ne pas avoir gardé secrète l'origine de ses sources dans l'affaire Hoffman Laroche. Les informations ayant permis de condamner le groupe multinational suisse pour abus de position dominante en 1979 avaient été transmises par un salarié du groupe, qui ayant été condamné en Suisse pour violation du secret professionnel, s'est finalement suicidé...

14. Art. 9 du règlement 17/62.

15. Art. 10 du règlement 17/62.

16. V. not., L. Idot, *« L'application du principe de subsidiarité en droit de la concurrence »*, D. 1994. Chron. 37.

17. V. not. P. Delsaux, *« La coopération entre autorités de concurrence »*, publications de l'AFEC, journée du 30 mars 1994.

18. Pour le droit communautaire, ce pouvoir résulte de l'effet direct reconnu aux interdictions édictées par les articles 85 § 1 et 86 CE.

dentielles obtenues lors des enquêtes concurrence. Comment dans ces conditions trouver un équilibre entre l'efficacité de ces procédures et la légitime aspiration de tous à la transparence d'une part, et la nécessaire protection de ce qui représente un élément du patrimoine de l'entreprise d'autre part ?

La question est d'actualité. En témoignent plusieurs décisions récentes et textes communautaires publiés en décembre 1994. La confidentialité a encore été discutée devant la Cour de justice dans l'arrêt British Gypsum du 6 avril 1995[19]. Elle déborde tant le cadre de nos frontières européennes[20] que celui des procédures concurrence au sens strict, puisque le dernier règlement antidumping contient également une longue disposition sur le traitement confidentiel des informations[21]. Les observations qui vont suivre seront toutefois limitées au droit de la concurrence au sens strict, c'est-à-dire au contrôle des pratiques anticoncurrentielles, et au contrôle des concentrations.

La conclusion paraît dès lors s'imposer : bien que l'on s'oriente à la suite du dernier arrêt British Gypsum vers la reconnaissance d'un principe général du droit à la protection des secrets d'affaires, l'équilibre n'est pas encore atteint, malgré des progrès certains, qu'il s'agisse de la protection du secret dans les relations entre entreprises (I), ou dans les relations entre instances chargées d'appliquer les règles de concurrence (II).

I – LA PROTECTION DU SECRET DANS LES RAPPORTS ENTRE ENTREPRISES

8. Que l'autorité spécialisée puisse avoir accès à un certain nombre d'informations confidentielles émanant des entreprises parties est une donnée nécessaire à l'efficacité des procédures concurrence, et n'a pas lieu d'être mis en cause. Mais le problème est de savoir dans quelle mesure l'entreprise détentrice du secret peut s'opposer à une divulgation de l'information confidentielle aux tiers, en particulier aux entreprises concurrentes.

Ces entreprises concurrentes peuvent être de véritables tiers par rapport à la procédure au cours de laquelle l'information a été obtenue, ou être également parties à cette même procédure. Il convient dans ces conditions de distinguer deux types de révélations : la révélation au public d'une part (A), la révélation aux autres parties à la procédure d'autre part (B).

---

19. CJCE, 6 avril 1995, BPB Industries, aff. C 310/93 P., Rec. I p. 865, Europe, juin 1995, n° 225, obs. L.I.

20. Une loi sur ce sujet a été adoptée aux États-Unis en 1994. International antitrust enforcement act., adde, Duchemin, « L'essor du droit international de la concurrence », Rev. conc. cons. nov/déc. 1995, n° 58, p. 51.

21. Règlement du Conseil n° 3283/94 du 22 novembre 1994. JOCE n° L. 349 du 31.12.94. Sur ce texte, v. V. Landes et G. Loriot, *« La nouvelle réglementation antidumping communautaire. De omni re scibili »*, Europe, avril 1995, chron. 5.

A – LA PROTECTION CONTRE LA RÉVÉLATION AU PUBLIC

9. La révélation aux véritables tiers de données confidentielles peut intervenir en raison du caractère public des décisions en droit de la concurrence. Les données sont différentes suivant le caractère contentieux ou non de la procédure. Certes, la préservation des secrets d'affaires consiste avant tout à empêcher la publication de ces informations (b), mais il est également possible d'intervenir en amont en demandant à l'entreprise de signaler ses secrets d'affaires. Toutefois, cette deuxième voie n'est possible que dans le cadre d'une procédure non contentieuse, ce qui explique qu'elle ne soit utilisée qu'en droit communautaire (a).

a) L'action en amont : la demande de protection lors de la notification

10. Les difficultés ne surgissent qu'en droit communautaire en raison des obligations de notification qui pèsent sur les entreprises. La notification est obligatoire pour obtenir une exemption individuelle en application de l'article 85 §3 CE[22]. Elle est également obligatoire dans le cadre du contrôle des concentrations[23]. Des formulaires complexes énumèrent les divers renseignements qui doivent être communiqués par l'entreprise, et parmi ceux-ci se trouvent bien évidemment des informations stratégiques.

11. Dans le cadre de l'application de l'article 85 CE, la communication d'informations confidentielles par l'entreprise détentrice de l'information peut avoir lieu soit dans l'hypothèse d'une demande d'attestation négative ou d'exemption individuelle[24], soit dans le cas plus rare des mécanismes d'opposition prévus par les différents règlements d'exemption par catégorie[25], et par les règlements de procédure spécifiques aux transports[26].

Dans le premier cas, si la Commission envisage d'adopter une décision favorable à l'accord notifié, elle doit avertir les tiers en procédant à une publication au JOCE en application de l'article 19 du règlement 17/62. Le formulaire AB qui vient d'être remanié le 21 décembre 1994 attire l'attention des parties qui notifient sur le fait qu'elles peuvent demander une protection de leurs secrets d'affaires[27]. Il leur appartient alors de mettre les renseignements dans une annexe séparée, d'indiquer les raisons pour lesquelles ils ne doivent pas être divulgués et de prévoir un résumé non confidentiel.

12. La difficulté est identique en matière de contrôle des concentrations. Là encore, le formulaire CO, qui vient lui aussi d'être modifié le 21 décembre 1994[28],

22. Art. 4 du règlement 17/62 ; cette obligation disparaît toutefois pour les entreprises de transport qui sont assujetties aux règlement spécifiques (1017/68 pour les transports terrestres ; 4056/86 pour les transports maritimes ; 3975/87 pour les transports aériens).

23. Art. 4 du règlement 4064/89.

24. V. en dernier lieu, règlement (CE) n° 3385/94 de la Commission du 21 décembre 1994 concernant la forme, la teneur et les autres modalités des demandes de notifications présentées en application du règlement n° 17 du Conseil, JOCE n° L. 377 du 31.12.94.

25. V. par ex., l'article 7 du règlement 418/85 sur les accords de recherche développement, l'article 6 du règlement 4087/88 sur la franchise, l'article 4 du règlement 2349/84, l'article 4 du règlement 556/89 sur les accords de licence de savoir-faire.

26. Art. 12 des règlements 1017/68 et 4056/86, art. 5 du règlement 3975/87.

27. Nouveau formulaire A/B, partie I, JOCE n° L. 377 du 31.12.1994.

28. Règlement n° 3384/94 de la Commission du 21 décembre 1994 relatif aux notifications, aux délais et aux auditions prévus par le règlement n° 4064/89 du Conseil relatif au contrôle des opérations de concentration entre entreprises, JOCE n° L. 377 du 31.12.1994.

rappelle l'obligation de confidentialité qui pèse sur la Commission et invite à présenter les informations sensibles de manière séparée en apposant la mention « secret d'affaires »[29].

13. Ces difficultés sont spécifiques au droit communautaire et sont liées au mécanisme de notification. Le compromis réalisé paraît fonctionner en pratique dans des conditions satisfaisantes. Mais au-delà de cette action en amont, il est nécessaire de s'interroger en aval sur la publicité attachée aux décisions.

b) L'action en aval : le contrôle de la publicité

14. La publicité peut intervenir à un double niveau : elle peut concerner les débats ou la décision définitive.

15. *i)* En ce qui concerne les débats, la situation est identique dans les deux systèmes. En effet, en droit communautaire, les auditions prévues par les divers règlements de procédure[30] ne sont pas publiques, précisément pour préserver le caractère confidentiel des informations échangées. Il en est de même, en droit français, des séances du Conseil de la concurrence. Cette solution contraste avec le régime de droit commun où le caractère public des audiences est la règle et le huis clos l'exception. La nature administrative des procédures explique cette situation. Le fait qu'elles aient une orientation quasi répressive de plus en plus marquée ne devrait pas modifier cette donnée, car pour les raisons précédemment évoquées les parties cherchent à conserver le caractère secret des informations divulguées à l'autorité spécialisée.

16. *ii)* Mais la publicité s'attache surtout à la décision qui est rendue. Les solutions retenues sont au contraire opposées.

17. En droit français, les décisions du Conseil de la concurrence, ainsi d'ailleurs que ses avis, sont intégralement publiés au Bulletin Officiel de la Concurrence, de la Consommation et de Répression des Fraudes. Il en est de même des arrêts de la Cour d'appel de Paris (sect. concurrence) statuant sur recours, voire des arrêts de la Cour de cassation en cas de pourvoi. Par le biais de cette publication, n'importe quel particulier peut par conséquent avoir des renseignements sur l'état d'un marché à un moment donné. En pratique, cela ne semble toutefois pas avoir donné lieu à difficulté particulière. Il sera possible d'objecter s'agissant des arrêts de la Cour de Paris et de la Cour de cassation que ce n'est là que l'application d'un principe général, mais si la remarque est exacte pour les arrêts de la Cour de cassation, il ne faut pas oublier que la Cour de Paris (sect. conc.) n'intervient pas en qualité de juridiction de droit commun, mais d'autorité spécialisée.

18. La situation est différente en droit communautaire. Tous les textes qui font référence à la publication des décisions mentionnent l'obligation pour la Commission de veiller à ce que les secrets d'affaires des entreprises en cause ne soient pas divulgués. Il en est ainsi qu'il s'agisse de l'application des articles 85 ou 86 CE, dans

---

29. Partie F du formulaire CO qui est annexé au règlement cité note précédente.

30. Pour le régime de droit commun, v. le règlement 99/68 ; dans les secteurs des transports, v. les règlements 1630/60, 4260 et 4261/88 ; en matière de contrôle des concentrations, v. en dernier lieu, le règlement n° 3384/94 précité.

le régime de droit commun[31], ou dans les régimes spécifiques applicables aux transports[32]. Il en est de même en matière de contrôle des concentrations[33].

19. Mais plus encore que la révélation aux véritables tiers, c'est la révélation aux entreprises concurrentes parties à la procédure que craint l'entreprise impliquée dans une procédure.

B – LA PROTECTION CONTRE LA RÉVÉLATION AUX CONCURRENTS

20. Les « procédures concurrence » peuvent être l'occasion pour des concurrents, également parties à la procédure, d'avoir accès à des informations privilégiées, et notamment aux fameux secrets des affaires. Deux moyens d'inégale importance le permettent.

Le premier, de loin le plus dangereux pour l'entreprise détentrice du secret, résulte du droit d'accès au dossier. En effet, par le biais des vérifications et demandes de renseignements en droit communautaire[34], au travers des demandes de renseignements en droit communautaire[35], au travers des enquêtes en droit français[36], les autorités spécialisées construisent un dossier, qui peut contenir des informations confidentielles. Or, au cours de ces dernières années, l'accès au dossier a été généralisé au profit des différentes parties à la procédure concurrence, qu'ils s'agissent des entreprises ayant également participé aux pratiques anticoncurrentielles, ou encore des tiers plaignants[37]. L'accès au dossier est également prévu en matière de contrôle des concentrations, tant en droit français[38], qu'en droit communautaire, lorsqu'on passe à la deuxième phase de la procédure, au profit des personnes intéressées[39].

Par ailleurs, l'assistance aux auditions, qui est possible dès lors qu'on a la qualité de partie à la procédure[40], même si elle comporte moins de risque, peut être également un moyen d'obtenir des informations privilégiées.

21. Certes, il est prévu en droit français qu'il est interdit de divulguer sous peine de violer l'obligation au secret professionnel les informations ainsi obtenues[41]. Mais la question n'est pas là. Peu importe que votre concurrent n'ait pas le droit de divulguer l'information. Il faut empêcher qu'il l'obtienne.

---

31. Art. 21.2 du règlement 17/62.

32. Art. 28.2 du règlement 1017/68 ; 25.2 du règlement 4056/86 ; 18.2 du règlement 3975/87.

33. Art. 20.2 du règlement 4064/89.

34. Art. 19.3 du règlement 17/62 ; art. 12.2 des règlements 1017/68 et 4056/86, 5.2 du règlement 3975/87.

35. Art. 11 et 14 du règlement 17/62 ; et les textes équivalents dans les différentes procédures transports, et le règlement d'application en matière de contrôle des concentrations.

36. Art. 47 et 48 de l'ordonnance du 1er décembre 1986.

37. En droit communautaire, les règlements de procédure (règlement 17/62 et règlement 99/63) ne contiennent auncune règle sur l'accès au dossier. La Commission a clarifié sa position dans les 11e et 12e rapport sur la politique de concurrence, et dans l'arrêt Hercules (TPI, 17 décembre 1991, aff. T. 7/89, Rec. II, p. 1711), le tribunal a considéré que la Commission ne pouvait se départir des règles qu'elle s'était imposées.

En droit français, le droit d'accès au dossier est consacré par l'article 21 de l'ordonnance.

38. L'article 44 de l'ordonnance renvoie à l'article 21 al. 2 précité.

39. Art. 18 § 3 du règlement 4064/89.

40. V. en droit français, l'article 25 de l'ordonnance, ainsi que l'article 44 al. 1 qui renvoie au texte précédent pour le contrôle des concentrations. En droit communautaire, v. le règlement 99/63 pour le régime de droit commun, le règlement d'application 3384/94 précité pour le contrôle des concentrations.

41. Art. 24 de l'ordonnance.

22. En droit communautaire, dans l'arrêt BPB du 6 avril 1995[42], la Cour de justice vient d'admettre que certains documents étaient par nature non communicables, en raison de leur origine. L'exception concerne essentiellement les documents qui peuvent être qualifiés d'administratifs, comme les documents internes de la Commission ou encore les correspondances avec les États membres et les documents visant les tiers, essentiellement les rapports des vérifications opérées dans des entreprises tierces, et les réponses à des demandes de renseignements.

Une telle catégorie de documents par nature non communicables n'existe pas encore en droit français. Les textes sont muets, et la question ne semble pas s'être présentée en pratique.

23. En revanche, dans les deux systèmes, les difficultés les plus grandes concernent une autre catégorie de documents, ceux dans lesquels l'entreprise allègue l'existence d'un secret d'affaires. Que faut-il entendre par secret d'affaires ? Aucun système juridique ne le définit. Un mécanisme de protection plus ou moins satisfaisant est mis en place. C'est en définitive, à l'entreprise détentrice du secret, de fixer les contours du secret d'affaires, en demandant la mise en œuvre de celui-ci. L'autorité saisie admettra ou refusera la qualification suggérée. La question est dès lors plus d'ordre procédural que d'ordre substantiel.

Les termes du débat sont identiques : le détenteur du secret d'affaires peut-il s'opposer de manière efficace à sa divulgation (a) et peut-il exercer un droit de recours dans des conditions satisfaisantes contre la décision de l'autorité qui a pris position (b) ?

a) L'entreprise détentrice du secret peut-elle s'opposer de manière efficace à sa divulgation ?

24. Deux systèmes peuvent être mis en place : soit, le droit d'accès à l'information est général et c'est au détenteur du secret d'affaires de s'opposer à sa divulgation, soit à l'inverse, l'entreprise détentrice de l'information oppose le secret d'affaires, et c'est à l'autre partie de contester la qualification. Les droits français et communautaire ont opté pour des solutions opposées, et force est de constater que le droit communautaire, en optant pour le deuxième système, est beaucoup plus protecteur.

25. *i)* Dans le système français, il n'existe pas de protection contre les risques de révélation d'informations confidentielles lors des séances du Conseil de la concurrence. La séance s'apparente à une audience devant une juridiction et il est difficile d'envisager une séance séparée... Le mécanisme de protection ne peut par conséquent concerner que l'accès au dossier.

Le principe est le suivant : toutes les pièces saisies sont partie intégrante du dossier, et toutes les parties à la procédure, qu'il s'agisse des entreprises poursuivies ou des entreprises plaignantes ont accès au dossier. La même règle joue en matière de contrôle des concentrations, lorsque la procédure est déclenchée[43].

26. Pour protéger les secrets d'affaires, l'article 23 de l'ordonnance prévoit une procédure particulière à vocation générale de retrait des pièces. L'entreprise déten-

42. Précité, v. obs. L.I., Europe, juin 1995, n° 225.

43. Art. 21 et 23 de l'ordonnance pour les pratiques anticoncurrentielles ; art. 44 pour le contrôle des concentrations.

trice du secret peut demander au président du Conseil de la concurrence de retirer du dossier les pièces mettant en jeu le secret des affaires. C'est donc le président du Conseil qui accorde ou refuse cette qualification.

Cette procédure présente deux caractéristiques essentielles. En premier lieu, elle n'est pas contradictoire. N'intervient que l'entreprise qui demande le retrait[44]. En second lieu, le retrait n'est pas de droit, même si la qualification est retenue, car le texte prévoit deux exceptions, le président pouvant refuser le retrait si la pièce est « nécessaire à la procédure ou à l'exercice des droits des parties ».

Elle a été très critiquée[45], moins en raison de ces deux caractéristiques que parce qu'elle présente de graves lacunes en amont, et s'avère excessive quant à la solution retenue.

27. La procédure présente tout d'abord des lacunes en amont. En effet, pour demander le retrait, encore faut-il que l'entreprise concernée sache que la donnée figure dans le dossier. Or ce n'est pas toujours le cas.

En principe, l'entreprise peut prévoir que l'information qu'elle veut conserver secrète se trouvera dans le dossier, si celle-ci a été obtenue par l'administration au cours d'une enquête qui s'est déroulée dans ses locaux. Toutefois, seul le président du Conseil de la concurrence est habilité à en ordonner le retrait. Il en résulte qu'elle ne peut agir avant que le Conseil de la concurrence n'ait été officiellement saisi en application de l'article 11 de l'ordonnance.

Mais il se peut également que les pièces confidentielles aient été saisies chez des tiers, comme par exemple des cocontractants. Dans ce cas, il faut attendre la notification des griefs pour être informé de leur présence dans le dossier. Il est alors trop tard pour agir, car toutes les autres parties à la procédure, qu'il s'agisse de concurrents également impliqués dans des procédures multipartites ou de plaignants, ont reçu la notification des griefs avec les pièces correspondantes au même moment.

Dans cette dernière hypothèse d'une saisine par une entreprise tierce, la situation est encore plus gênante, car si le Conseil de la concurrence estime devoir rendre une décision d'irrecevabilité ou de non-lieu en application des articles 19 et 20 de l'ordonnance, l'entreprise qui voulait protéger ses secrets n'aura même pas eu accès au dossier [46], puisque celui-ci est subordonné à une notification des griefs[47] qui par définition ne sera pas intervenue.

28. De plus, la solution française, dans l'hypothèse où le retrait est ordonné, est excessive. En effet, les pièces sont purement et simplement retirées du dossier. Le résultat est grave, car si ces documents établissaient par ailleurs des griefs, la procédure peut tomber. Il est vrai qu'il appartient au président d'arbitrer entre les enjeux contradictoires, puisqu'il peut refuser le retrait si les pièces sont nécessaires à la procédure. Jusqu'à présent, pour éviter toute discussion sur la qualification, les présidents ont toutefois pris l'habitude d'ordonner systématiquement le retrait des pièces. Ces décisions n'étant pas publiées, il faut se reporter aux visas des décisions définitives du Conseil pour constater que des pièces ont été retirées du dossier[48].

---

44. Paris, (sect. conc.), 15 novembre 1989, BOCCRF du 18 novembre 1989 ; Cass. Com., 14 janvier 1992, BOCCRF du 1er février 1992.

45. V. en particulier, M.-C. Boutarde-Labarde, *Le secret des affaires devant le Conseil de la Concurrence ; une surprenante négligence*, Gaz. Pal., 1992.1. doct.2.

46. V. sur tous ces points, M.-C. Boutard-Labarde, *op. cit.*

47. Paris (sect. conc.), 11 octobre 1989, BOCCRF du 18 octobre 1989 ; Paris (sect. conc.), 21 mai 1990, BOCCRF du 1er juin 1990.

48. V. par ex. D. n° 95 D62 du 26 sept. 1995, BOCCRF du 15 sept. 1995 qui vise une décision 94 DSA 08 du 22 juillet 1994.

29. *ii)* A bien des égards, la solution communautaire s'avère plus satisfaisante. Aucun texte ne régissait la matière jusqu'au mois de décembre 1994, et sans doute le pragmatisme a-t-il permis d'aboutir à des résultats plus cohérents. Jusqu'à la décision du 12 décembre 1994 relative au mandat des conseillers-auditeurs[49], c'était le fonctionnaire instructeur chargé du dossier, qui, par le mécanisme des délégations, arbitrait les contentieux en matière de secret des affaires. Ce cumul des fonctions à l'intérieur de la DG IV fait, depuis quelques années, l'objet de critiques croissantes, et c'est en espérant y répondre qu'il a été décidé par la décision précitée d'accroître les fonctions du conseiller-auditeur[50]. Ce dernier se voit notamment reconnaître la charge de régler les difficultés liées à la divulgation des secrets d'affaires. Il joue dorénavant en droit communautaire un rôle équivalent à celui du président du Conseil de la concurrence en droit français.

30. Ce système est toutefois fondamentalement différent puisque les principes sont totalement inversés.

Pour l'application des articles 85 et 86 CE, il est hors de question qu'une entreprise plaignante ait accès au dossier avant l'entreprise poursuivie comme cela peut être le cas en droit français. Comme ne cesse de le rappeler le juge communautaire[51], les droits des plaignants sont moins étendus que les droits des entreprises qui font l'objet des poursuites. La révélation des secrets d'affaires ne peut intervenir avant la communication des griefs, et cette communication est avant tout envoyée aux entreprises auteurs présumés des pratiques anticoncurrentielles[52]. Par ailleurs, le tiers n'a accès au dossier que s'il a été autorisé à intervenir[53].

En matière de contrôle des concentrations, où les données sont quelque peu différentes puisqu'il s'agit d'une procédure non contentieuse, le règlement précise que l'accès au dossier n'est ouvert qu'aux parties directement intéressées sous réserve de la protection des secrets d'affaires[54].

31. Dans tous les cas, l'entreprise titulaire du secret d'affaires n'a pas à demander le retrait. C'est l'entreprise qui n'a pas eu accès à une pièce du dossier qui en sollicite la communication. La procédure est désormais réglementée par l'article 5 de la décision du 12 décembre 1994.

Peuvent demander communication d'un document non mis à sa disposition l'entreprise qui a reçu une communication des griefs, c'est l'hypothèse de la procédure multipartite, le plaignant, que sa plainte soit suivie d'effets, ou non, et même tout autre tiers prétendant justifier d'un intérêt suffisant[55].

---

49. Décision du 12 décembre 1994, JOCE n° L. 330 du 21 décembre 1994. Adde L. IDOT, *Le nouveau mandat du conseiller-auditeur. Quelques progrès dans les procédures concurrence.* Europe, février 1995, chron. 2. ; P. CESARINI, *Le droit d'être entendu dans les procédures communautaires en matière de concurrence*, Revue du Marché Unique Européen, 1995, n° 1.

50. Cette fonction a été créée le 1er septembre 1982 (v. XIIe rapport sur la politique de concurrence, 1982, n° 36).

51. V. CJCE, 17 novembre 1987, BAT, aff. 142 et 156/84, Rec., p. 4487 ; TPI, 15 juillet 1994, Matra, aff. T. 17/93, Rec. II, p. 595, Europe août sep. 1994, n° 382, obs. L.I.

52. Art. 19 du règlement 17/62 et art. 2 du règlement 99/63 pour le régime de droit commun.

53. Sur le régime de l'intervention des tiers, v. art. 19 § 2 du règlement 17/62, art. 5 et 7 §2 du règlement 99/63 pour le régime de droit commun. V. l'article 18 § 4 du règlement 4064/89 en matière de contrôle des concentrations. Ces dispositions sont désormais complétées par les articles 3 et 4 de la décision du 12 décembre 1994.

54. Art. 18 § 3 du règlement 4064/89.

55. L'article 5 § 1 de la décision du 12 décembre 1994 renvoie, en effet, à l'article 4 § 3 qui énumère quatre catégories de personnes, dont les tiers qui ont reçu un avis de la Commission les informant qu'elles ne justifiaient pas d'un intérêt suffisant à être entendu.

32. Dans un tel cas, quel que soit l'auteur de la demande, si la Commission envisage de divulguer un secret d'affaires, elle doit en avertir l'entreprise concernée et lui donner un délai pour présenter ses observations[56].

L'entreprise peut s'opposer à la divulgation. C'est alors par le jeu des délégations au conseiller-auditeur de prendre une décision. S'il opte pour la divulgation, celle-ci ne pourra intervenir avant l'expiration d'un délai d'une semaine[57].

33. Enfin, les conséquences de la qualification de secret d'affaires sont beaucoup plus adaptées. La pièce couverte par le secret d'affaires n'est pas retirée du dossier : simplement, elle n'est pas communiquée aux autres parties. Mais cela n'empêche pas l'autorité qui poursuit de s'appuyer sur elle et de maintenir ses griefs. On peut donc concilier protection des intérêts légitimes de l'entreprise poursuivie et efficacité de la procédure.

34. Il faut ajouter qu'en droit communautaire, il est également possible d'assurer une protection du secret des affaires lors des auditions, puisque l'entreprise qui a été autorisée à être entendue oralement, peut demander une audition séparée[58]. Là encore, c'est le conseiller-auditeur qui décidera du bien-fondé de la séparation des auditions orales[59].

35. Globalement, le système communautaire se révèle ainsi beaucoup plus satisfaisant que le régime français. Il en est de même lorsqu'on envisage les recours contre la décision de l'autorité chargée de prendre parti sur les secrets d'affaires.

b) L'entreprise titulaire du secret dispose-t-elle d'un recours effectif ?

36. Dans les deux systèmes, l'entreprise titulaire du secret dispose d'un droit de recours, mais celui-ci est illusoire en droit français alors qu'il est réel en droit communautaire.

37. *i)* En droit français, la décision du président du Conseil de la concurrence refusant le retrait de documents supposés contenir des secrets d'affaires est susceptible de recours devant la Cour d'appel de Paris[60], mais celui-ci est ineffectif pour deux raisons.

En premier lieu, ce recours n'est pas immédiat. En effet, l'article 19 du décret du 19 octobre 1987 dispose que les décisions prises par le président en application de l'article 23 de l'ordonnance ne peuvent faire l'objet d'un recours qu'avec la décision du Conseil sur le fond[61]. Il n'est pas utile d'insister sur son inutilité[62]. Puisque le retrait a été refusé, les documents sont entre les mains des concurrents au moment où le Conseil adopte sa décision...

En second lieu, à supposer que la Cour retienne finalement la qualification de secret d'affaires, cela ne remet pas nécessairement en cause la solution au fond, s'il s'avère que la communication des pièces n'a pas affecté la décision prise par le Conseil. Ainsi en a jugé la Cour de Paris en particulier dans l'affaire Moulinex en

56. Art. 5 § 3 de la décision du 12 décembre 1994.
57. Art. 5 § 4 de la décision du 12 décembre 1994.
58. Art. 9 § 3 du règlement 99/63 pour le régime de droit commun ; art. 14 § 4 du règlement 3384/94 en matière de contrôle des concentrations.
59. Art. 7 § 3 de la décision du 12 décembre 1994.
60. Art. 19 du décret du 19 octobre 1987.
61. V. pour une application, déc. du Conseil, 89 D 08, BOCCRF du 22 avril 1989.
62. En ce sens, M.-C. BOUTARD-LABARDE, *op. cit.*

1992[63]. La décision du Conseil est donc maintenue[64] et la seule sanction susceptible d'être envisagée est une action en responsabilité contre l'État[65].

On comprend dans ces conditions que le contentieux sur la divulgation des secrets d'affaires ait été éteint dans l'œuf en droit français.

38. *ii)* La situation est tout à fait différente en droit communautaire. En effet, si la Commission décide de communiquer l'information jugée confidentielle, elle doit prendre une décision motivée et impartir un délai à l'entreprise détentrice du secret, de nature à lui permettre d'intenter un recours en annulation[66].

Ce recours est indépendant du recours au fond. Il est suspensif. Ainsi en a décidé la Cour dans l'arrêt Akzo du 24 juin 1986 en ajoutant que la protection du secret d'affaires était l'expression d'un principe général, et qu'il ne saurait être question que des tiers plaignants puissent avoir communication de documents contenant des secrets d'affaires[67].

La décision du 12 décembre 1994 ne fait qu'entériner cette jurisprudence. Et comme le texte a une portée générale, la procédure joue tant pour l'application des articles 85 et 86 CE que dans le cadre du contrôle des concentrations.

39. En conclusion, lorsqu'on envisage les relations entre les entreprises, force est de constater que le système communautaire permet une protection efficace du secret des affaires, alors que tel n'est pas le cas du droit français. Mais il ne faut pas pour autant en déduire que tout est parfait dans le système communautaire. Il recèle, en effet, d'autres dangers, car il y a un risque d'utilisation des informations confidentielles par d'autres autorités, risque qui est moindre dans le système français.

II – LA PROTECTION DU SECRET DANS LES RELATIONS ENTRE AUTORITÉS

40. Les difficultés viennent de l'éclatement des procédures en droit de la concurrence. Peuvent appliquer ces règles tant les autorités spécialisées, Commission ou Conseil de la concurrence, que les juridictions de droit commun. Comme par ailleurs, il existe deux catégories d'autorités spécialisées, les autorités nationales, et les autorités communautaires, les risques sont multipliés.

Il convient par conséquent d'envisager la protection des secrets tant dans les relations entre autorités administratives (A), que dans les relations entre autorités spécialisées d'une part, et juges de droit commun d'autre part (B).

A - LA PROTECTION DU SECRET DANS LES RELATIONS ENTRE AUTORITÉS ADMINISTRATIVES

41. Il est admis que le secret professionnel ne peut être opposé à une autorité de concurrence par une autre autorité administrative. La solution est admise tant en

63. Paris (sect. conc.), 27 mai 1992, BOCCRF du 16 juin 1992.

64. Au contraire, lorsqu'il y a violation du secret de la correspondance, la décision est annulée (déc. 87 D 15, et 90 D 47 précitées).

65. En ce sens, M.-C. Boutard-Labarde, *op. cit. ;* égal., M.-C. Boutard-Labarde et G. Canivet, *Droit français de la concurrence,* Paris, LGDJ, 1994, p. 206 n° 349.

66. Art. 5 § 4 de la décision du 12 décembre 1994. Ce délai ne peut être inférieur à une semaine.

67. CJCE, 24 juin 1986, Akzo, aff. 53/85, Rec., p. 1965.

droit français par l'article 51 de l'ordonnance qu'en droit communautaire. La Commission peut, en effet, adresser des demandes de renseignements aux États membres qui sont tenus de coopérer[68].

Mais à l'inverse, les fonctionnaires communautaires peuvent communiquer aux fonctionnaires nationaux des informations obtenues lors des procédures de concurrence. Il existe, en effet, une coopération importante. Alors qu'elle était initialement prévue uniquement avec les autorités nationales des États membres, elle est étendue maintenant par des accords internationaux à certains États tiers.

a) La protection de la confidentialité dans les relations avec les autorités des États membres

42. Tant pour l'application des articles 85 et 86 CE qu'en matière de contrôle des concentrations, il est prévu une liaison constante entre les autorités communautaires et les autorités nationales[69]. Cette coopération implique une transmission du dossier[70]. Les autorités nationales ont donc accès à toutes les informations, et peuvent être tentées de les utiliser dans d'autres procédures. Par ailleurs, elles sont présentes aux auditions.

Deux arrêts importants de la Cour de justice sont venus préciser dans quelles conditions les autorités nationales pouvaient ainsi profiter de ces sources : le premier concerne l'utilisation des informations confidentielles pour l'engagement de procédures nationales, le second la révélation à d'autres autorités administratives de ces informations confidentielles.

43. *i)* L'arrêt « Association espagnole des banques » du 16 juillet 1992[71] porte sur la possibilité pour les autorités nationales de concurrence d'utiliser des informations contenues dans un dossier communautaire. En l'espèce, les autorités espagnoles avaient eu connaissance en application de l'article 10 du règlement 17/62 d'un dossier de notification émanant de banques espagnoles. Sur la base de ces informations, elles ont déclenché des poursuites pour violation du droit espagnol, et l'AEB s'est défendue en soutenant qu'une telle utilisation était contraire aux règles communautaires. Le tribunal espagnol de défense de la concurrence, qui est une autorité administrative indépendante, a posé une question préjudicielle à la Cour sur la licéité du procédé. La Cour pose un principe tempéré par une atténuation.

44. Le principe est celui de l'interdiction d'utiliser les informations obtenues des autorités communautaires :

« L'article 214 du traité, les dispositions du règlement 17... doivent être interprétées en ce sens que les États membres, dans le cadre de la compétence qui leur est reconnue pour l'application des règles nationales et communautaires de la concurrence, ne peuvent utiliser, comme moyens de preuve, ni les informations non publiées contenues dans les réponses aux demandes de renseignements adressées aux entreprises en application de l'article 11 du règlement 17, ni les informations contenues dans les demandes et notifications prévues par les articles 2, 4 et 5 du règlement 17 ».

68. Art. 11 § 1 du règlement 17/62 et du règlement 4064/89.
69. Art. 10 du règlement 17/62 et 19 du règlement 4064/89.
70. Art. 10 § 1 du règlement 17/62 et 19 § 2 du règlement 4064/89.
71. CJCE, 16 juillet 1992, AEB, aff. C. 67/91, Rec. I, p. 4785, Europe, oct. 1992, 346, J.D.I., 1993, 444, obs. M.-A. Hermitte, JCP 1995, éd. G, I, 3666, obs. M.-C. Boutard-Labarde.

Sa portée est étendue. Il intervient dès que l'autorité nationale veut appliquer à titre autonome des règles de concurrence, qu'elles soient nationales ou communautaires, quelle que soit par ailleurs l'origine de l'information, que celle-ci ait été « arrachée » à l'entreprise, ou volontairement révélée lors d'une notification. Pour la Cour, il trouve son fondement dans l'obligation au secret professionnel qui pèse également en application de l'article 20 du règlement 17/62 sur les autorités nationales. Certes, le § 1 vise l'utilisation des informations, alors que le § 2 concerne uniquement la divulgation, mais élargissant la portée du § 1, la Cour aligne son domaine sur celui du § 2.

45. A ce principe d'impossibilité de double utilisation, la Cour a toutefois apporté une limite, qui a été vivement critiquée par la doctrine. Elle estime que les autorités nationales ne sont pas astreintes à une « amnésie aiguë ». Il en résulte que ces informations peuvent leur servir à apprécier l'opportunité de déclencher des procédures nationales, mais sur la base des seules informations obtenues en application des règles nationales.

46. *ii)* De même, l'obligation au secret professionnel empêche l'autorité nationale de concurrence de communiquer l'information à une autre autorité administrative, nationale. Cette possibilité de révélation à une autorité à d'autres fins qu'une enquête concurrence a donné lieu à un second contentieux devant le juge communautaire dans l'affaire SEP. En l'espèce, les autorités communautaires avaient demandé sur le fondement de l'article 11 du règlement 17/62 communication d'un contrat conclu par la société néerlandaise regroupant les quatre producteurs d'électricité aux Pays-Bas, la SEP, avec une entreprise norvégienne. Celle-ci avait refusé en soutenant que la demande n'était pas nécessaire au sens de ce texte, que le contrat avait un caractère confidentiel, que les autorités néerlandaises en auraient connaissance par le biais de l'article 10 du règlement 17/62, et qu'elles pourraient ensuite transmettre ces informations à d'autres ministères, en particulier au ministère de l'énergie, ce qui permettrait à son principal fournisseur de gaz, Gasunie, entreprise d'État, d'avoir connaissance des conditions commerciales consenties par le concurrent norvégien, Statoil. La Commission ayant ordonné par voie de décision la communication, la SEP intenta un recours en annulation devant le tribunal.

47. Dans un arrêt du 12 décembre 1991[72], le tribunal a rejeté ce recours en considérant que l'article 20 du règlement 17/62 sur l'obligation au secret professionnel constituait une garantie suffisante de la confidentialité des informations, qu'il contenait une double protection, contre l'utilisation à des fins autres que la procédure communautaire d'une part, contre la divulgation d'autre part.

Un pourvoi a été formé contre cet arrêt. Certes, la Cour l'a rejeté dans un arrêt du 19 mai 1994[73], mais elle a substitué ses propres motifs à ceux du tribunal sur la question de la confidentialité. En effet, elle estime, contrairement au tribunal, que ce fameux article 20 ne constitue pas une protection efficace. Elle considère que les fonctionnaires néerlandais qui auront légitimement consulté le contrat Statoil ne pourront pas efficacement être obligés de ne pas en tenir compte.

48. Mais au-delà de la solution apportée au cas d'espèce, la Cour va beaucoup plus loin. Elle remonte au point de départ du raisonnement, à l'article 10 du règle-

72. TPI, 12 décembre 1991, SEP I, aff. T. 39/90, Rec. II, p. 1497, Europe fév. 1992, n° 63.
73. CJCE, 19 mai 1994, SEP II, aff. C. 36/92 P. Rec. I, p. 1911, Europe juillet 1994, n° 287, obs. L.I.

ment 17/62. Selon elle, ce texte n'oblige pas la Commission à transmettre toutes les pièces aux autorités nationales, il ne vise que les pièces les plus importantes. Or,

« L'article 10 § 1 doit être interprété à la lumière du principe général du droit des entreprises à la protection de leurs secrets d'affaires » (pt 36).

Il en résulte que

« Dans les cas, tels que celui de la présente espèce, où une entreprise a expressément invoqué devant la Commission, le caractère confidentiel, vis-à-vis des autorités nationales compétentes, d'un certain document, parce que celui-ci comporterait des secrets d'affaires et où cette invocation n'est pas dénuée de toute pertinence, le principe général de protection des secrets d'affaires... peut limiter l'obligation de la Commission de transmettre le document aux autorités nationales compétentes (pt 37) ».

La Cour étend ensuite la jurisprudence Akzo[74], et considère que dans des circonstances comme celles de l'espèce, la Commission doit prendre une décision motivée susceptible d'un contrôle juridictionnel.

49. C'est donc un arrêt très important, et dans la mesure où il consacre ce principe général du droit à la protection des secrets d'affaires, la solution devrait être logiquement étendue dans le cadre des relations avec les autorités administratives d'États tiers.

b) La protection de la confidentialité dans les relations avec les autorités des États tiers

50. La coopération entre autorités de concurrence ne cesse de se développer tant dans des cadres informels[75] que sur la base d'accords de coopération. Dans la mesure où une telle coopération implique des échanges d'informations entre les diverses autorités, la protection de la confidentialité peut être remise en cause.

51. *i)* Au niveau communautaire, l'on a pris conscience de la difficulté en particulier dans les derniers accords de coopération conclus. Deux solutions se rencontrent : soit il est dérogé à l'obligation de confidentialité, soit on essaie au contraire de la respecter.

52. La première solution a été retenue dans le cadre de l'Espace Économique Européen[76]. Il y a, en effet, une collaboration extrêmement étroite entre la Commission et l'Autorité de surveillance AELE[77]. L'accord EEE est particulièrement innovateur sur ce point puisqu'il prévoit une dérogation claire à l'obligation de confidentialité qui pèse sur les fonctionnaires de la Commission au profit de l'Autorité de surveillance[78].

Cette solution est moins choquante qu'il n'y paraît de prime abord. En effet, les règles appliquées dans les deux piliers sont rigoureusement identiques. Si une diffi-

74. CJCE, 24 juin 1986, précité.

75. V. par exemple, les différents comptes rendus dans les rapports annuels sur la politique de concurrence dans la Communauté.

76. Depuis le dernier élargissement, ne sont plus concernés du côté AELE que l'Islande, la Norvège et le Liechstentein.

77. V. l'article 58 de l'accord EEE qui renvoie aux protocoles 23 et 24.

78. V. sur ce point, P. DELSAUX, précité.

culté se présentait, il serait possible d'étendre la jurisprudence Akzo, car le principe général de protection du secret des affaires tel qu'il a été dégagé par la Cour doit également être respecté par les États de l'EEE.

53. La deuxième solution a au contraire été adoptée dans le cadre des accords conclus avec les « vrais » pays tiers, qu'il s'agisse des accords européens avec les PECO[79], ou de l'accord avec les États-Unis[80].

Dans le premier cas, les règles de mise en œuvre du droit de la concurrence sont encore à l'état de projet, mais il est prévu que les autorités ne seront pas obligées de communiquer des informations dont la transmission serait interdite par la loi.

54. S'agissant de l'accord conclu avec les États-Unis, l'article VIII précise que les informations échangées ne peuvent l'être que pour autant que les règles de confidentialité de chacune des parties soient respectées. Pour la Commission, il s'agit donc de l'article 20 du règlement 17/62, ou de l'article 17 du règlement 4064/89. Par conséquent, les informations obtenues des entreprises, soit spontanément à la suite des notifications, soit dans le cadre d'enquête, ne peuvent pas être transmises aux autorités de concurrence américaines.

Une telle règle peut bloquer la coopération. En pratique, les autorités américaines et communautaires ont recouru à une solution pragmatique inspirée de la jurisprudence Akzo et AEB. Cette approche a en particulier été suivie en 1994 pour le règlement de l'affaire Microsoft. La procédure suivante a été mise en place. Chacune des autorités de concurrence a informé Microsoft à l'avance des documents qu'elle avait l'intention de communiquer à l'autre autorité. Par ailleurs, les documents transmis ne pouvaient pas être utilisés directement par l'autorité bénéficiaire. Mais évidemment si l'entreprise ne donne pas son accord, la procédure est bloquée.

En 1994, les États-Unis ont adopté une loi qui leur permet de conclure des traités qui prévoient sur la base de la réciprocité des échanges d'informations confidentielles[80 bis]. On ignore quelle sera la position de la Communauté si un tel accord lui était proposé.

55. *ii)* Au niveau français, la coopération internationale, si elle se développe également[81], est moins achevée. La France a conclu un seul accord avec l'Allemagne en 1984[82]. En application de ce texte, les autorités procèdent à des échanges de renseignements. Mais l'article 5 du traité précise que l'autorité saisie peut ne pas donner suite à une demande de renseignements, notamment lorsque la communication irait à l'encontre des règles du secret.

Aucune autre précision n'est apportée, et, semble-t-il, l'accord n'a pas donné lieu à application.

56. Mais en tout état de cause, ces accords ne concernent que la coopération entre autorités administratives. Une difficulté supplémentaire vient du fait que les juges de droit commun peuvent également intervenir dans les procédures de concurrence.

---

79. Il s'agit en particulier des accords conclus avec la Pologne, les Républiques tchèque et slovaque, la Hongrie, la Bulgarie, la Roumanie. Pour ces quatre derniers pays, v. les décisions 94/907 à 94/910 du 19 décembre 1994, JOCE n° L. 357 à L. 360 du 31 décembre 1994 ; sur l'état des questions, v. XXIVe rapport sur la politique de concurrence, 1992, n° 400 s.

80. Conclu initialement le 23 septembre 1991 par la seule Commission du côté communautaire, l'accord a été annulé par la Cour de justice dans un arrêt du 9 août 1994 (aff. C. 327/91, Rec. I, p. 3641). Il a été « repris » par une décision du Conseil et de la Commission du 10 avril 1995, JOCE n° L. 95 du 27 avril 1995.

80 bis. V. *supra* note 20.

81. V. les comptes rendus dans les différents rapports annuels du Conseil de la concurrence.

82. Accord du 28 mai 1984, décret portant publication du 6 novembre 1984, JCP 1984, III, 56353.

B - LA PROTECTION DU SECRET DANS LES RELATIONS ENTRE AUTORITÉS ADMINISTRATIVES ET JUGES DE DROIT COMMUN

57. Les juges de droit commun sont tout autant que les autorités spécialisées amenés à appliquer les règles de concurrence. Or, des questions de confidentialité peuvent également se poser à l'occasion de ces contentieux, soit que les parties fournissent des informations confidentielles (a), soit que les autorités administratives communiquent des documents (b).

a) La fourniture par les parties de documents confidentiels

58. La première hypothèse vient d'être illustrée en droit communautaire par une ordonnance du président du tribunal en date du 1er décembre 1994[83]. Le litige portait sur des formules de virement mises au point par l'association néerlandaise des banques. Deux utilisateurs du modèle de virement ont engagé des procédures judiciaires contre d'autres parties à la convention. Or, ces formules ayant été notifiées antérieurement à la Commission, ces demandeurs avaient eu accès en qualité de tiers à une version de la communication des griefs expurgée des annexes et avaient été admis à assister aux auditions. Ils ont alors demandé à utiliser ces documents dans la procédure devant le juge national.

Initialement, lors de la transmission de ces documents, la Commission avait indiqué que leur utilisation était limitée à la procédure communautaire, mais par une lettre ultérieure du 23 septembre 1994, un directeur de la DG IV avait considéré que cette restriction était non fondée et dès lors caduque.

59. La requérante s'est opposée à cette utilisation des pièces communautaires devant le juge néerlandais et a demandé un sursis à exécution qui lui a été accordé. En effet, les moyens soulevés par la requérante à l'appui du recours principal en annulation ont paru sérieux au président, tant au regard de la jurisprudence AEB qu'AKZO, et il a été admis que l'utilisation de documents contenant des informations confidentielles dans une procédure nationale, par ailleurs publique, pouvait entraîner un préjudice grave et irréparable. Le président a indiqué que la « question était extrêmement délicate », et devait faire l'objet d'un examen approfondi dans le cadre de la procédure principale.

On ne peut que le suivre sur ce point. C'est d'ailleurs la raison pour laquelle la fourniture par l'autorité spécialisée de documents confidentiels au juge de droit commun devrait mériter plus d'attention.

b) La fourniture par l'autorité administrative de documents confidentiels

60. Qu'il y ait une collaboration entre l'autorité spécialisée et le juge de droit commun n'est pas en soi choquant. Mais encore faut-il que celle-ci s'exerce dans le respect de la confidentialité. Or, tel ne semble pas être le cas.

61. En droit communautaire, la Commission, de manière totalement informelle, a mis en place une procédure de coopération avec les juridictions nationales pour l'application des articles 85 et 86 dans une communication du 13 février 1993[84]. Il en résulte que le juge peut demander un avis à la Commission. La communication

83. Ord., 1er déc. 1994, Postbank, aff. T. 353/94 R. Europe, février 1995 n° 70.

84. JOCE n° C 39 du 13 février 1993, Europe, avril 1993, n° 173. V. également, L. Idot, *« L'application du principe de subsidiarité en droit de la concurrence »,* D. 1994. chron. 37.

fait certes référence à l'article 214 du traité et à l'article 20 du règlement 17/62[85], mais sans développer les difficultés qui pourraient résulter d'une contradiction éventuelle entre l'obligation de coopération, et l'obligation de respecter le secret professionnel. Quoiqu'il en soit, cette procédure d'avis, dont la légitimité a pu être mise en cause, ne semble pas avoir eu beaucoup de succès jusqu'à présent.

62. Il en est d'ailleurs de même en droit français de la procédure d'avis de l'article 26.2 de l'ordonnance. S'il est précisé que la procédure devant le Conseil doit être contradictoire[86], rien n'est prévu quant à la protection des informations confidentielles, ce qui ne saurait surprendre dans la mesure où le droit français se révèle finalement moins soucieux que le droit communautaire de la protection des secrets d'affaires.

63. Deux raisons peuvent peut-être expliquer cette différence. D'une part, le droit communautaire, étant avant tout un droit économique, est sans doute naturellement plus sensible aux préoccupations des entreprises. D'autre part, le caractère administratif des procédures permet plus facilement de s'écarter des règles habituelles de publicité que l'on trouve dans les procédures judiciaires ordinaires.

Il n'en demeure pas moins que l'on est loin d'avoir tiré toutes les conséquences résultant de l'existence d'un droit à la protection des secrets d'affaires. Dans les mois qui viennent, sans doute faudra-t-il trouver d'autres solutions pour concilier ce droit ainsi affirmé par la Cour de justice, et l'efficacité des procédures. Si la question se pose avec une particulière acuité en droit de la concurrence, elle dépasse très largement ce cadre.

85. Pt 42.

86. V. également, l'article 22-1 du décret du 29 décembre 1986. Adde M.-C. Boutard-Labarde et G. Canivet, *op. cit.*, n° 301, p. 186.

IV
Aspects de droit comparé

LES CONTRATS DE DISTRIBUTION DANS LES PAYS DE L'EST L'EXEMPLE DE LA RÉPUBLIQUE TCHÈQUE

par Irena PELIKÁNOVÁ
Professeur à l'Université Charles de Prague

INTRODUCTION

La République tchèque a recommencé son évolution juridique, il n'y a que six ans. Pour pouvoir comprendre la situation actuelle, il faut percevoir l'étendue des dommages causés par le régime totalitaire. C'est d'une dévastation culturelle, morale, économique et aussi juridique dont nous avons hérité.

La structure économique, née après 1948, a été monopolistique et dirigiste et le droit a suivi les besoins de l'économie. Au fur et à mesure, l'économie nationale devenait une usine monstrueuse. Les unités de production n'avaient qu'une autonomie très limitée. L'expression juridique de la situation, c'était le devoir de conclure des contrats imposés par la loi à des entreprises. En réalité, le remplacement des contrats par les ordres.

Mais je dois exposer en particulier le régime des contrats de distribution en République tchèque. Dans ce but, il faut avant tout préciser la notion de contrats de distribution qui n'est pas utilisée dans mon pays (I), puis décrire la réglementation juridique et la pratique suivie (II) et enfin les perspectives (III). Dans mon explication, je ne peux pas éviter le point de vue historique car notre réalité bouge très vite.

I – LA NOTION DE CONTRATS DE DISTRIBUTION

1 - CONTRATS DE DISTRIBUTION EN FRANCE

Je ne veux pas englober des faits évidents. La notion de contrats de distribution englobe en France des groupes des contrats qui sont en partie régis par des textes législatifs, et en partie créés par la jurisprudence. Les contrats de distribution interposent entre le producteur et le client « *une série d'intermédiaires professionnels, dont le rôle est de faciliter la conclusion des opérations contractuelles* »[1]. Il s'agit de la commission, du courtage, de l'agence commerciale, des voyageurs-représentants-placiers, de la concession, et de la franchise.

1. A. JAUFFRET et J. MESTRE, *Droit commercial,* Paris LGDJ, 1991, p. 375.

2 - CONTRATS DE DISTRIBUTION EN RÉPUBLIQUE TCHÈQUE

Le droit tchèque et la doctrine tchèque n'utilisent pas la notion de contrats de distribution. Cependant, bien sûr, les contrats correspondants existent et nous pouvons trouver leurs prédécesseurs dans le passé bien avant 1989. On peut faire état d'une notion équivalente à la notion française.

II – LA RÉGLEMENTATION ET LA PRATIQUE TCHÈQUES DES CONTRATS DE DISTRIBUTION

L'histoire récente conduit à distinguer nettement deux étapes de l'évolution (et de la révolution). Pour cette raison, il faut exposer l'état des textes juridiques et de la pratique (II) lors du totalitarisme (1) et ensuite, l'état actuel des choses (2).

1- ÉTAT AVANT 1989

Le code économique (1964) a construit le nouveau système des contrats. Le rôle principal du point de vue de la distribution était joué par le contrat de *livraison des produits,* c'est-à-dire la vente commerciale. Au commencement, les contrats de distribution avaient manqué complètement dans le Code économique. Au contraire, le Code de commerce international les a conservés en forme classique mais celui-ci n'était applicable qu'aux rapports comportant un élément étranger.

Les réseaux de distribution étaient créés sur la base de l'organisation des sujets économiques et juridiques. Cela signifie qu'il y avait, par exemple, des coopératives de consommation dispersées sur le territoire et ayant de nombreux magasins (succursales) – presque dans chaque village (Jednota). Les autres ou les mêmes ont été utilisés pour répondre aux besoins des villes. Pour la distribution des produits de la même catégorie (par exemple des pièces de rechange de l'industrie automobile, c'était le réseau des magasins Mototechna ; Mototechna a été une entreprise d'État). Les contrats de concession ou de franchisage n'étaient pas conclus. Au contraire les avant-contrats (pacta de contrahendo) concernant les livraisons futures étaient nombreux et réglés par le code. Une jurisprudence stable s'est développée. Le devoir juridique des entreprises de contracter assurait le fonctionnement des réseaux. Cela signifie qu'il y avait un élément décisif – le plan d'État. Les livraisons prévues au plan ont été préférées et les parties tenues de conclure le contrat préparatif (pactum de contrahendo) et par conséquent les contrats de livraison. Le reste des besoins a été assuré difficilement – mais par les mêmes contrats. Le droit de la concurrence économique a existé dans les textes mais sans application concrète.

Il y avait également les autres réseaux des entreprises juridiquement unifiées en une entreprise d'État ou en une coopérative (p. ex. les restaurants, les entreprises de la construction et des services – nettoyage, coiffeurs, etc.). On peut dire que le socialisme a remplacé les réseaux de distribution créés par les contrats par les réseaux des succursales des grandes entreprises.

J'ai déjà mentionné, qu'au début, le Code économique n'a pas réglé le mandat, le courtage, la commission. Au fur et à mesure, les dispositions de Code économique étaient complétées, mais ces contrats n'avaient pas un grand succès en pratique. Il faut dire qu'en ce temps-là la jurisprudence ne créait pas de nouveaux contrats. Seule la législation de l'État déterminait la pratique contractuelle.

2 - ÉTAT ACTUEL

2-1 Textes législatifs

Le Code de commerce de 1991 (en vigueur du 01.01.92), qui est influencé, en ce qui concerne les obligations, avant tout par la pratique du commerce international, contient des dispositions relatives aux contrats classiques. Il n'y a pas de contrats de distribution comme la concession et le franchisage. Hormis le mandat, la commission, le courtage, nous avons encore la réglementation d'un contrat spécial qui est dénommé *« la représentation commerciale »*. Bien sûr – on peut conclure des contrats nommés et la pratique utilise fréquemment le franchisage et de nombreux modèles étrangers. On peut constater de même que ces contrats arrivent pour la plupart par le vecteur des sociétés étrangères utilisant leurs propres formulaires également sur le territoire tchèque. Il suffit d'apprécier si ces modèles sont compatibles avec le droit tchèque et, le cas échéant, il est nécessaire de les adapter. Cela signifie que les nouveaux modèles de contrats sont liés à une implantation des sociétés étrangères sur le territoire tchèque. Il en résulte également que les réseaux de distribution fondés sur les rapports contractuels de ce type ne sont pas anciens.

La pratique apporte les nouveaux contrats de droit anglo-américain. C'est le leasing, le franchising, le factoring, etc. Les textes législatifs ne créent aucun obstacle à l'importation. Si on mélange les contrats réglés au Code de commerce, on peut facilement préparer un contrat correspondant pleinement à la concession ou à la franchise. Par exemple, les concessionnaires de la société Peugeot exercent leurs activités sur le territoire tchèque sous la dénomination indiquée en publicité « le concessionnaire autorisé... » ce qui montre que le contrat de concession a été utilisé sous la forme tchèque. Les exemples de publicités démontrent un essor des contrats de distribution sur le territoire tchèque.

La liaison des contrats, qui rend possible la création de contrats mixtes, est prévue à l'article 275 du Code de commerce disposant que tous les contrats qui sont liés les uns aux autres, sous une condition – qu'ils soient, soit conclus en un acte, soit lors d'une négociation, s'éteignent s'il y a une cause de nullité concernant l'un d'eux ou une cause d'extinction (sauf le paiement) concernant l'un des contrats liés. De la même façon, la naissance d'un de ces contrats devient la condition de la naissance des autres. La liaison des contrats peut ne pas être exprimée littéralement au contrat, celle-ci peut être déduite, également de la nature ou du but connu poursuivi par les parties contractantes.

La représentation commerciale (art. 652-672 du Code de commerce)

C'est un contrat soumis au droit commercial si le rapport lie un entrepreneur à un autre entrepreneur. La forme écrite est nécessaire. Le contrat peut être exclusif. Est ainsi créé un contrat qui a la même nature que le courtage, la différence n'étant que quantitative. Cela signifie que le représentant commercial (qui n'est pas en réalité le vrai représentant) rapproche seulement les contractants mais, lui, ne conclut pas personnellement les contrats. Son activité ne concerne pas seulement un contrat mais une catégorie entière de contrats – c'est la distinction d'avec le courtage. Le contrat peut facultativement contenir une clause de représentation, mais il faut compléter le contrat par une procuration pour exercer une véritable activité de mandataire. Le contrat se rapproche alors de l'agence commerciale française. Le représentant commercial est un entrepreneur soumis au régime du Code de commerce et enregistré auprès du tribunal ou de l'office public. Le contrat doit être également rédigé par écrit. La réglementation est proche de la réglementation française.

La réglementation est intéressante d'un autre point de vue : il y a une disposition (unique au Code de commerce) imposant au représenté, qui a résilié le contrat après plus d'un an, d'indemniser le représentant de la clientèle que celui-ci a constitué pour lui. L'indemnité représente 10 % du chiffre d'affaires à partir de la dernière année du contrat. Bien sûr, la disposition n'est que supplétive. Le Code de commerce contient aussi des dispositions concernant le moment de la naissance du droit à une commission, les obligations du représentant, la responsabilité du représentant, la clause d'exclusivité ou la représentation non exclusive, etc. L'article 672 donne le droit de résilier le contrat si le représenté utilise un autre représentant ou si le représentant exerce son activité au profit d'une autre personne que le représenté malgré la clause d'exclusivité. Il y a également la disposition de l'article 666 du Code de commerce qui confirme le droit du représenté d'exercer personnellement des actes de commerce sans exploiter le représentant et sans égard à l'exclusivité du contrat. Dans ce cas, le représenté doit payer au représentant une indemnité.

Licence des droits de la propriété industrielle

Le nouveau Code de commerce réglemente expressément le contrat de licence (art. 508-515). Le contrat doit être rédigé par écrit. Celui-ci est très souvent conclu en liaison avec d'autres contrats de distribution. Le contrat de licence doit être enregistré à l'Institut de la propriété industrielle ce qui signifie qu'en pratique ce contrat sera d'habitude techniquement séparé des autres contrats liés. Le Code de commerce prévoit également la licence exclusive.

Le mandat et la commission

Le contrat de mandat est très largement utilisé par la pratique tchèque. Le Code civil le réglemente mais le Code de commerce aussi. Le domaine du mandat du Code de commerce est large alors que le louage d'ouvrage commercial est d'habitude extraordinairement étroit. Le louage d'ouvrage suivant la définition légale englobe la fabrication ou l'aménagement d'une chose, la réparation, le montage, l'entretien ou une autre activité sous la condition que le résultat soit *enregistré en forme matérielle.* S'il y a une obligation d'exercer une activité sans enregistrer le résultat en forme matérielle, il faut conclure un mandat (l'autre solution qu'offre le Code civil prévoit le louage d'ouvrage sans une telle limite). Le mandat commercial contient, soit l'obligation d'effectuer un acte juridique au nom du mandant, soit l'obligation d'effectuer une autre activité commerciale. Cette formule permet l'utilisation très large du contrat. Le mandat ne doit pas être rédigé par écrit.

Le contrat *de la commission (art. 577-590 du Code de commerce)* est très utilisé par les commerçants détaillants parce que c'est le contrat qui permet de limiter les risques des petits commerçants. Il faut dire que le Code civil contient également des dispositions concernant la commission à la vente et à l'achat (2 contrats). On utilise la commission commerciale avant tout, pour la distribution des livres, des légumes, etc. La conception de la commission, en principe, correspond à la conception française. Il y a une réglementation spéciale de la transmission de la propriété – directement de commettant à un tiers acquéreur (ou à l'inverse).

On ne retrouve pas l'interdiction que le commissionnaire ne puisse se porter contrepartie ou plutôt, au contraire, dans la loi sur les valeurs mobilières (le contrat de commission des valeurs mobilières) le législateur admet une telle possibilité – sous la forme d'une règle supplétive naturellement – expressément, à l'article 31 al. 1 de la loi n° 591/1992 du Recueil de lois.

La commission de transport est régie aux articles 601-609 du Code de commerce sous la dénomination d'expédition. Il y a aussi une réglementation du nantissement à l'article 608 qui appartient au commettant *ex lege*. Le législateur prévoit également la combinaison avec un encaissement documentaire (art. 602 al. 2). Suivant l'article 605, le commettant peut exécuter le transport lui-même (règle supplétive) ce qui correspond à la disposition mentionnée au-dessus. Les dispositions générales sur la commission sont applicables à l'expédition à défaut de réglementation spéciale.

Le courtage

Il s'agit des article 642-651 du Code de commerce. La définition légale correspond à la conception française (le courtier ne conclut pas le contrat, il se borne à rechercher pour son client un cocontractant, à rapprocher les parties, il laisse ensuite les parties conclure le contrat elles-mêmes).

Le courtier a en principe le droit de courtage du moment que le contrat est conclu (art. 644 du Code de commerce) mais les parties peuvent convenir d'une règle différente. Il est fait interdiction au courtier de proposer la conclusion d'un contrat à une personne notoirement insolvable sous la condition que le courtier le sache ou ait dû le savoir.

2-2 Jurisprudence, doctrine

Il faut prendre en considération que le rôle de la jurisprudence est jusqu'à aujourd'hui très faible. Il y a plusieurs raisons à cela :

– les litiges concernant les nouveaux contrats ne sont pas encore très nombreux ;

– les tribunaux sont surchargés, les délais d'attente d'un jugement sont trop longs ;

– pour la plupart, il s'agit des contrats comportant un élément étranger (les réseaux vraiment tchèques sont rares) et pour cette raison, les litiges seront résolus par voie d'arbitrage.

Pour les raisons mentionnées, on peut constater plutôt le développement de la jurisprudence en matière de concurrence déloyale ou de sociétés commerciales. En matière d'obligations, l'augmentation du nombre des jugements est faible. L'adoption de la nouvelle loi n° 216/1994 du Recueil sur l'arbitrage qui rend possible la clause arbitrale et le compromis dans les contrats ne comportant pas un élément étranger ralentira probablement encore l'essor de la jurisprudence des tribunaux.

III – LES PERSPECTIVES D'AVENIR

1 - RECODIFICATION DU DROIT PRIVÉ

Des questions essentielles sont posées à nos juristes parce que le Code de commerce, qui a été préparé pendant une année et qui doit être appliqué en combinaison avec le Code civil socialiste de 1964 remanié, ne peut pas servir de base suffisante pour les nouveaux développements de la pratique et pour l'éducation de bons juristes. Une décision politique concernant la recodification du droit privé a été prise. Une commission de spécialistes a été nommée et a effectué deux réunions. Le ministre de la Justice préside la commission.

Il faut avant tout résoudre les problèmes fondamentaux de la conception de la codification : deux codes ou un seul, le contenu et la structure de la codification, les modèles utilisables, etc. Ce sont bien sûr des mouvements qui vont toucher également le système de la réglementation des contrats de distribution.

Il ne faut pas négliger aussi une influence très importante, celle du droit communautaire.

L'association de la République tchèque à l'Union européenne qui est rentrée en vigueur le 1er février 1995 fait naître un besoin inévitable d'harmonisation du droit tchèque au droit communautaire en deux ou trois ans au maximum. Les premiers pas ont été déjà effectués – par exemple la réglementation des ententes – et l'on continue.

2 - LA PRATIQUE VIVANTE

La pratique apporte chaque jour de nouveaux problèmes, de nouvelles idées créant une nouvelle pensée juridique. Les juristes absorbent très rapidement les expériences venant de l'étranger, nous sommes des témoins de l'essor incroyable de l'économie et de même du droit. Il faut comprendre que le droit socialiste a été dénaturé mais c'était en même temps le droit rationnel adapté aux conditions de l'économie totalitaire. Dans les conditions existantes, le droit socialiste a fonctionné sans problèmes (ce n'est pas le cas du droit soviétique). Il est nécessaire de bâtir désormais un nouveau droit correspondant aux nouvelles conditions. Ce n'est pas le remplacement d'un droit mauvais par un bon droit mais d'un droit totalitaire par un droit démocratique. La nouvelle génération commence à oublier très vite l'existence du Code économique. Après six ans de liberté, nous avons des jeunes juristes qui ont été formés au nouveau droit – qui n'est pas parfait – mais qui, au moins, est un droit construit d'une façon classique. Tout cela nous donne l'espoir d'une transition rapide vers un monde juridique plus développé et plus cultivé.

LA DÉVALUATION DU FRANC CFA ET LES CONTRATS EN COURS

par Jacqueline LOHOUES-OBLE
Agrégée de Droit - Professeur à l'Université d'Abidjan
Ancien Garde des Sceaux

Voilà déjà douze mois[1] qu'est intervenue, pour la première fois de son histoire et de manière fort brutale, la dévaluation de 50 % du franc CFA[2]. Et voilà près de douze mois que les tribunaux des États membres de la zone franc[3] attendent de se prononcer sur les conflits inévitables engendrés par cette opération monétaire qui, assurément, a profondément troublé les populations africaines concernées[4] parce qu'elle a nécessairement des conséquences immédiates sur la vie quotidienne des producteurs et des consommateurs.

Malheureusement, les recherches effectuées et qui du reste se poursuivent se sont pour le moment avérées vaines[5]. Devrait-on en déduire que les agents économiques ont préféré régler les différends inhérents à la dévaluation monétaire à l'amiable, consacrant de ce fait le vieil adage selon lequel : « Un mauvais arrangement vaut mieux qu'un bon procès » ? [6] Peut-on le leur reprocher ? Sûrement pas, compte tenu de l'urgence des solutions à apporter ; ces conflits étant pour la plupart relatifs au droit des affaires. Ne dit-on pas que « le temps c'est de l'argent » ?

Un exemple pris parmi tant d'autres situera l'importance et l'actualité du sujet.

---

1. C'est en effet le 12 janvier 1994 à Dakar, capitale du Sénégal et ancienne capitale de l'Afrique Occidentale Française, que le franc CFA a été dévalué.

2. Le franc CFA, c'est le franc des colonies françaises d'Afrique jusqu'en 1948. Depuis, le franc CFA est devenu le franc de la Communauté financière africaine. Il est toujours basé sur une parité fixe avec le franc français qui donne 1 franc CFA = 0,02 FF, depuis le 12 janvier 1994, 1 FCFA = 0,01 FF. Sur la question, voir notamment « Comment capitaliser sur la dévaluation », in *Stratégies,* avril, mai 1994 p. 25 et s. – « Franc CFA, la dévaluation du 12 janvier 1994 », in *Afrique Contemporaine* n° 169, 1er trimestre 1994 – « Chronique d'une dévaluation annoncée ». Frédéric DORÉE et Stéphane DUPONT in *Jeune Afrique économie* n° 173, novembre 1993. – « La zone franc sort renforcée de la dévaluation » in *la Tribune des fossés,* mars 1994 – « La dévaluation du franc CFA » in *Revue Fidafrica* Supplément n° 1, 1994.

3. Sont membres de la zone franc les États suivants : Burkina Faso, Côte-d'Ivoire, Benin, Togo, Mali, Niger, Sénégal, Tchad, Congo, Comores, Cameroun, Centrafrique, Gabon, Guinée équatoriale.

4. L'on a en effet assisté à des grèves, des manifestations plus ou moins liées aux hausses de prix consécutives à la dévaluation (Sénégal, Gabon, Congo, Niger, Benin) ; la situation ne semble pas stabilisée dans les autres pays, comme l'indique d'ailleurs la presse de ces divers pays : « Les prix flambent à 100 % à Libreville » titre *l'Union* du 13 janvier 1994 ; « Les prix ont doublé » titre de la une de *Fraternité-Matin*, quotidien ivoirien du 13 janvier 1994 ; « Où sont donc passés les contrôleurs de prix ? » questionne A. ASSEVI dans *la Nation* (Benin) 18 janvier 1994.

5. Ceci est d'autant plus regrettable que c'était une occasion rêvée pour la doctrine de commenter les solutions qu'auraient dégagées les tribunaux sur les nombreux problèmes engendrés par la dévaluation. S'achemine-t-on vers la recherche de solutions commerciales plus que juridiques ?

6. C'est ainsi par exemple que pour régler la question du blocage des virements par la Banque Centrale, les litiges devraient être traités dans le cadre de « commissions de réflexion et de concertation » mises en place dans chaque pays et composées de représentants des succursales de la BCEAO, des banques primaires et de quelques clients importants. In Christine GILGAY, *« Dévaluation du franc CFA ».* La 1re rencontre au sommet entre patrons et pouvoirs publics français in *Marché Tropicaux,* 5 mars 1994.

Un industriel africain a conclu un marché par lequel il s'engage à fournir à un commerçant français pendant plusieurs années une certaine quantité de beurre de cacao à un prix déterminé. Lors du contrat en mars 1992, ce prix était normal. Survient la dévaluation avec la hausse des matières premières importées, la hausse des salaires. Le prix de revient de la marchandise s'élève, il est deux fois supérieur. Il n'y a plus alors aucun rapport entre le prix de revient (celui du coût de la production) et le prix de vente. L'exécution du contrat aux conditions initiales causera rapidement la ruine de l'industriel africain. Peut-il demander l'annulation du contrat ou le réajustement du prix ?

Combien d'agents économiques opérant dans les États membres de la zone franc se sont-ils posés cette question ? Les réponses à cette importante interrogation imposent que l'on définisse au préalable les notions de dévaluation, puis de contrats en cours.

La dévaluation peut être définie comme l'opération qui consiste à abaisser la parité officielle d'une monnaie ; elle découle donc d'une décision des pouvoirs publics[7]. Or le contrat s'insère dans le système monétaire ; tous les rapports qu'il englobe et qu'il régit ont un instrument de mesure commun, l'argent. Le droit ne peut donc ignorer l'incidence de la baisse de la parité sur la consistance financière de la prestation conventionnelle. Mais il faut tout de suite préciser que tous les contrats ne sont pas exposés aux conséquences de la dévaluation. C'est pourquoi cette étude est consacrée aux contrats en cours.

Par contrat en cours il faut entendre tout contrat en cours d'exécution, c'est-à-dire dont l'exécution n'est pas terminée à la date de la dévaluation. Le critère de l'exécution en cours bien que nécessaire n'est pas suffisant. En effet, pour être un contrat en cours, il faut aussi être un contrat en cours d'existence, c'est-à-dire un contrat qui est né à la vie juridique antérieurement à la dévaluation et dont l'existence n'a pas encore pris fin à la date de la dévaluation[8].

Si les contrats à exécution successive constituent l'écrasante majorité des contrats en cours, parce qu'ils supposent des paiements échelonnés sur une certaine période, ils ne sont pas les seuls concernés : entrent également dans le champ de cette étude, les contrats dans lesquels le débiteur bénéficie d'un terme pour le paiement, notamment les ventes commerciales.

Ainsi donc, la dévaluation monétaire ne menace les contractants que si deux conditions sont réunies : le caractère monétaire de l'obligation et l'incidence du temps. C'est pourquoi, notre étude ne portera que sur certains contrats :

– ceux dont le paiement ne fait pas suite immédiatement à l'opération considérée : les ventes commerciales ;

– ceux dans lesquels l'opération consiste elle-même en une suite de prestations : les opérations de banque ;

– ceux enfin dont l'opération consiste en prestations et contre-prestations périodiques pendant une certaine durée : les contrats de travail.

I – LES OPÉRATIONS DE BANQUE

Par opérations de banque, il faut entendre la réception des fonds publics, les

7. *Dictionnaire de Banque et Bourse,* collection Cursus p. 100.

8. Sur la notion de contrat en cours, voir Arlette MARTIN. Serf. « Les contrats en cours avant option de l'administrateur », *Revue de Jurisprudence Commerciale,* n° spécial novembre 1992, p. 9 et s.

opérations de crédit ainsi que la mise à la disposition de la clientèle ou la gestion de moyens de paiement[9]. Une part croissante de ces opérations a un caractère international, le phénomène est lié à l'expansion des échanges commerciaux internationaux. C'est pourquoi l'intervention du changement de parité a nécessairement des répercussions sur elles. La nature de celles-ci est fonction de l'opération considérée. Il peut s'agir :

– des risques de change sur escompte d'effets libellés en monnaie étrangère,
– du crédit documentaire,
– des ordres de virement donnés par des clients à leurs banques et non exécutés.

1 - LES RISQUES DE CHANGE SUR ESCOMPTE D'EFFETS LIBELLÉS EN MONNAIE ÉTRANGÈRE

Une société avait fait escompter en compte courant par sa banque deux traites libellées en livres sterling et s'était vue normalement créditée du montant en francs CFA, de ces traites calculées au cours du jour de l'escompte. La dévaluation du franc CFA est intervenue entre la date de cet escompte et celle de l'échéance des traites. La société peut-elle réclamer à sa banque le montant de la plus-value acquise par lesdites traites ?

En invoquant notamment le fait que l'escompte ne saurait de plein droit transmettre la propriété de l'effet à l'escompteur ?

Une telle argumentation ne peut être soutenue. En effet, il faut rappeler que l'escompte d'effets de commerce reste l'une des opérations de crédit à court terme les plus courantes. Le banquier escompteur s'engage à payer au client remettant, sous réserve d'une rémunération, le prix des titres ainsi acquis qu'il encaissera à l'échéance auprès du tiré ou du débiteur[10]. Or c'est un principe bien établi que l'escompte d'un effet de commerce en compte courant implique la transmission de la propriété de l'effet au banquier escompteur[11].

Si l'effet de commerce est libellé en monnaie étrangère et que le remettant fait créditer son compte en francs CFA, le banquier n'en demeure pas moins propriétaire de l'effet et il encaissera pour son compte personnel le montant de l'effet à l'échéance. Ce qui signifie qu'il a le droit de garder pour lui-même la somme représentant la différence entre la valeur de ces effets en francs CFA au jour de l'escompte et leur valeur dans la même monnaie au jour de l'échéance. Le banquier conservera donc le bénéfice éventuel du change, ou inversement, il en supportera la perte suivant les variations du cours entre le jour de l'escompte et celui de l'échéance.

Ainsi donc c'est la banque qui porte le risque de variation des cours de change.

Il n'en serait autrement que si une stipulation contraire lors de l'escompte réservait au remettant le risque de la différence de change à l'échéance. Cette solution est non seulement conforme aux principes du droit cambiaire[12] mais elle est

9. J. HAMEL, *Banques et Opérations de banque,* Tome I n° 1 et s. RIPERT ET ROBLOT, *Traité élémentaire de droit commercial,* Tome II 7 éd. n° 2216. Christian GAVALDA, Jean STOUFFET, *Droit Bancaire,* Litec, p. 13 et s.

10. Christian GAVALDA, Jean STOUFFET, *Droit Bancaire,* Litec, 1992, p. 194.

11. HAMEL, *Banques et Opérations de banque,* Tome I, n° 358, Tome II n° 1068. Christian GAVALDA, Jean STOUFFET, *Droit bancaire,* Litec, 1992, p. 194. ROBLOT, *Effets de commerce,* Sirey, 1975, p. 14 et s.

– Cass. Com. 13 décembre 1948 Gaz. Pal. 1950-2-186.

– Cass. Com. 2 novembre 1953 – 194-2-47.

12. ROBLOT, *Traité élémentaire de droit commercial de G. Ripert,* Tome 2 p. 1911, Michel JEANTIN, *Droit commercial, Instruments de paiement et de crédit, entreprises en difficulté,* 2e édition p. 12 et s. ROBLOT, *op. cit.* n° 66 p. 66.

aussi de nature à éviter des complications pratiques inextricables, ce qui serait le cas si on permettait de remettre en cause toutes les opérations d'escompte sur traites libellées en monnaie étrangère. Par contre, si les effets n'ont pas été escomptés, la différence de change bénéficiera à l'entreprise à l'échéance de l'effet.

2 - LE CRÉDIT DOCUMENTAIRE

Alors qu'elle avait reçu des ordres de son client le 2 janvier 1994, la banque créditrice n'avait pu aviser le vendeur étranger de l'ouverture de crédit qu'avec un certain retard. La dévaluation du franc CFA étant intervenue entre-temps, le vendeur pour qui le marché ne présente plus d'intérêt décide de résilier le contrat. Peut-il assigner le banquier en paiement de dommages-intérêts en raison du retard que ce dernier avait mis à le prévenir ?

Le crédit documentaire est l'opération par laquelle un banquier intervenant sur l'ordre d'un acheteur pour le règlement financier d'une opération commerciale, le plus souvent internationale, promet de payer le vendeur contre remise de documents[13]. Le crédit est dit irrévocable quand le banquier souscrit un engagement ferme envers le vendeur bénéficiaire.

L'intérêt du crédit documentaire irrévocable est la sécurité qu'il procure au vendeur qui est assuré d'être payé par la banque s'il se conforme aux conditions énoncées dans l'accréditif. Le donneur d'ordre ne peut faire obstacle au paiement[14]. Cette variété d'ouverture de crédit se caractérise par l'existence de la part du banquier de l'acheteur envers le vendeur d'un engagement définitif et indépendant des rapports existant entre les deux parties au contrat de vente. Dans l'hypothèse citée la demande du vendeur sera rejetée ; le fondement étant l'indépendance des rapports juridiques bancaires vis-à-vis de la vente.

En effet, aucun lien de droit n'existe entre le banquier et le vendeur tant que celui-ci n'a pas reçu de celui-là notification du crédit ouvert, la banque créditrice n'avait pas pris d'engagement envers le vendeur, avant la résiliation du marché. On ne peut reprocher au banquier une inexécution des engagements issus de l'ouverture de crédit[15].

3 - TRANSACTIONS ET TRANSFERTS BANCAIRES

Quelles sont les règles qui régissent ces opérations, qui ordonnées avant le douze janvier, n'auraient pas été exécutées à temps par les banques locales ? Lesdites banques peuvent-elles s'exonérer de toute responsabilité ?

1 - Le principe : l'ordre reçu doit être exécuté

Un industriel africain donne l'ordre à sa banque de virer une certaine somme d'argent en faveur de son fournisseur en Angleterre ; un client demande à sa banque

13. Art. 2 des règles et usances uniformes de la Chambre de commerce internationale relatives aux crédits documentaires. Révision 1993 – RVV 500 en vigueur depuis le 1er janvier 1994. Voir Séminaire International d'Abidjan organisé par Office Ivoirien des Chargeurs (OIC) – Chambre de Commerce et d'Industrie les 8 et 9 septembre 1994.

14. Article 6, article 9 des règles et usances 500.

15. Article 3 ab, RVV 500. Cass. Sert com, 20 octobre 1953, S. 1954-1-121 note Lesest.

de transférer des fonds dans un autre compte à l'étranger[16]. Que se passe-t-il lorsque ces banques n'ont pas exécuté les ordres reçus à la date indiquée et que la dévaluation est intervenue entre-temps ? Il faut indiquer que, dans ce domaine, il pèse sur le banquier une obligation de célérité, particulièrement importante. Un retard de quelques jours, voire de quelques heures peut provoquer un préjudice considérable au client donneur d'ordre.

Aussi, la banque qui n'a pas opéré le transfert conformément à l'ordre reçu doit-elle réparer le préjudice résultant pour le donneur d'ordre de ce que le transfert de fonds n'ayant pas été effectué ou l'ayant été tardivement, la contre-valeur en monnaie française a été diminuée par suite de la dévaluation (art. 1382 C. civ.). La faute ici consiste dans l'abstention.

En effet, l'abstention, même non dictée par la malice et l'intention de nuire, engage la responsabilité de son auteur lorsque le fait omis, en l'espèce, la non-exécution de l'ordre donné, devait être accompli en vertu d'une obligation légale, réglementaire ou conventionnelle.

L'existence de cette responsabilité est d'autant plus plausible que le préjudice subi par les donneurs d'ordre ne peut être sérieusement contesté parce que le calcul de la perte consécutive à la modification du taux de change ne prête pas à discussion et que le lien de causalité entre la faute et le préjudice est établi.

En conséquence, les banques primaires doivent réparer le préjudice[17].

Il existe cependant des causes d'exonération.

2 - Les banques peuvent-elles s'exonérer de toute responsabilité ?

Il faut rappeler que les causes d'exonération à la responsabilité énoncées à l'article 1382 C. civ. sont : la force majeure, le fait d'un tiers, le fait de la victime[18]. Ces causes peuvent-elles être invoquées en l'espèce ?

Pour se soustraire à la responsabilité encourue, les banques soutiennent qu'elles étaient dans l'impossibilité absolue d'exécuter ces ordres à cause des difficultés financières du moment ou à cause d'un contrôle administratif trop rigoureux des banques centrales. Ces arguments peuvent-ils prospérer ?

• Les difficultés financières traversées par les banques primaires de la zone franc peuvent-elles justifier l'inexécution par celles-ci des ordres de transfert reçus et partant les exonérer de toute responsabilité ?

Il était de notoriété publique que la plupart des banques de la zone avaient d'énormes difficultés (à preuve la mise sur pied des programmes d'ajustement du secteur financier, PASFI) à opérer les transferts parce qu'elles avaient pour la plupart dépasser leur crédit auprès de leurs correspondants[19]. L'usage était donc, bien

16. Ceci est conforme notamment à l'article 9 de la loi n° 84-12300 du 8 novembre 1984 portant code des investissements – à l'article 2 de l'arrêté n° 881 GMABF-FINEX du 23 décembre 1968 fixant certaines modalités d'application du décret n° 68-591 du 16 décembre 1968 : Sont autorisés à titre général les règlements à destination de l'étranger afférents aux opérations et, notamment le paiement résultant de la livraison de marchandises.

17. Dans le même sens, Rabat, 23 mars 1933 Rép. V. Banque n° 41 et s. Paris, 3e ch., 10 novembre 1962, septembre 1963, II 13016 V. Banque, fase 11.

18. Geneviève VINEY, *Traité de Droit Civil, les obligations, la responsabilité : conditions,* p. 450 et s. Boris STARK, *Droit Civil, obligations, responsabilité delictuelle, p. 113 et s.*

19. Un exemple permettra de comprendre mieux le mécanisme. La société sénégalaise « Froid poisson » doit un million de DEM à la société allemande Mercedes. Elle donne l'ordre à la BICIS par exemple de payer, la banque de Mercedes étant la Commerzbank.

La BICIS va notifier à son correspondant allemand Dresdmer bank d'avoir à effectuer le paiement. La avant la dévaluation d'opérer ces transferts plusieurs jours, voire plusieurs semaines après lorsque la trésorerie le permettait. Les agents économiques s'en étaient accommodés.

Mais la persistance des rumeurs de la dévaluation a entraîné l'augmentation du volume des échanges financiers, les demandes de transfert se sont multipliées. Les banques qui ne pouvaient pas s'exécuter ont-elles informé les donneurs d'ordre ? Une telle information était d'autant plus nécessaire qu'elle pouvait se faire par tout moyen et que les difficultés financières invoquées par les banques primaires n'entrent pas dans les causes d'exonération prévues par l'article 1382 du Code civil ; c'est pourquoi il serait plus judicieux que les solutions à apporter à ce problème soient étudiées au cas par cas.

– Ainsi, ceux des clients qui ont en leur possession un reçu de leur banque attestant que leur compte a bien été débité de la somme correspondant à leur ordre de transfert avant le 12 janvier doivent voir leurs transferts effectués à l'ancienne parité. Ce qui signifie qu'il appartiendra à la banque de supporter la perte de change.

– Si la banque, ayant reçu l'ordre de transfert, a pris soin d'informer le donneur d'ordre de l'impossibilité dans laquelle elle se trouvait d'effectuer l'opération avant le 12 janvier, sa responsabilité ne peut être engagée.

En revanche, si une telle information n'a pas été donnée, la responsabilité de la banque ne sera-t-elle pas fonction de ce que l'ordre de transfert est causé ou non ? Ce qui conduirait à distinguer selon que la demande de transfert de fonds sous-tend par exemple une opération commerciale avec toutes les pièces justificatives permettant de s'assurer notamment de la réalité de l'opération et de son montant[20] ou selon qu'elle est faite dans un but purement spéculatif[21].

Un traitement différencié devrait-il être fait selon les hypothèses en présence ? Dans le cas où l'existence de relation commerciale est établie, la banque ne devra-t-elle pas effectuer le transfert à l'ancienne parité ? Tandis que dans le second cas où la volonté de spéculer est manifeste, une telle obligation ne pourrait lui être imposée ?

La distinction fondée sur le but commercial ou spéculatif de la demande de transfert paraît *a priori* séduisante, mais elle n'est pas sans inconvénients, car même en matière commerciale, la volonté de spéculer peut exister dans la mesure où l'acheteur peut vouloir procéder à des paiements anticipés... A moins de vérifier, l'ancienneté des relations commerciales, la périodicité des commandes et des paie-

Dresdmer bank va débiter le compte de la BICIS et créditer sur ses livres le compte de la Commerzbank d'un million de DEM. La Commerzbank créditera alors Mercedes d'un million de DEM.

Comment procède ici la BICIS ? Elle doit se procurer un million de DEM pour approvisionner son compte à la Dresdmer bank. Elle achète les DEM sur le marché des changes interbancaire et débite la contre-valeur de cet achat sur le compte en francs CFA ouvert dans ses livres par la société « Froid Poisson », le donneur d'ordre.

Que se passe-t-il lorsque le correspondant allemand ne peut pas effectuer le paiement parce que la BICIS ne peut se procurer un million de DEM pour approvisionner son compte à la Dresdmer bank. Elle ne peut opérer le transfert. Elle l'indique au donneur d'ordre.

20. L'article 4 de l'arrêté n° 8816 du 23 décembre 1968 fixant certaines modalités d'application du décret n° 68-591 du 16 décembre 1968 dispose en effet que : « Les banques intermédiaires agréées... peuvent procéder aux règlements à destination de l'étranger, sous réserve de la production de toutes pièces justificatives permettant de s'assurer notamment de la réalité de l'opération et de son montant, de l'identité et de la résidence des donneurs d'ordre et des bénéficiaires.

21. Surtout que l'article 3 du décret n° 68-591 du 16 décembre 1968 réglementant les relations financières avec l'étranger dispose que : « Sont prohibés, sauf autorisation du ministre des Affaires économiques et financières tous transferts ou opérations de change en Côte-d'Ivoire tendant à la constitution par un résident d'avoirs à l'étranger ou à la constitution en Côte-d'Ivoire par un résident de moyens de paiement sur l'étranger. »

ments. Ces informations capitales permettront véritablement de rejeter les prétentions de ceux qui ont pour les besoins de la cause (les rumeurs de la dévaluation étant persistantes) noué des relations commerciales.

Si les difficultés financières des banques ne peuvent entraîner une exonération de leur responsabilité, en est-il de même lorsque certaines d'entre elles soutiennent que leur diligence professionnelle a été entravée par un contrôle administratif rigoureux des banques centrales ou que celles-ci ont purement et simplement bloqué tous les transferts ?

• Les banques centrales doivent-elles répondre de l'inexécution par les banques primaires des ordres de virement ?

Conformément aux dispositions législatives et réglementaires applicables dans la plupart des États membres de la zone franc, les transferts de fond à destination des pays non membres de la zone franc sont soumis à autorisation tandis que ceux effectués dans la zone sont libres[22].

En outre, les banques primaires peuvent opérer directement les transferts par l'intermédiaire de leurs correspondants à l'étranger[23].

Elles peuvent aussi passer par la banque centrale notamment lorsque leurs positions vis-à-vis de leurs correspondants à l'étranger ne leur permettent pas d'ordonnancer directement l'ordre reçu[24].

Lorsque la banque primaire demande à la banque centrale d'effectuer le transfert, son compte ouvert dans les livres de la banque centrale doit présenter un solde créditeur[25] ; si le solde est débiteur, l'opération ne sera pas effectuée et la responsabilité de la banque ne peut être engagée.

Quid du cas où malgré l'existence de ressources, le transfert n'a pas été opéré ? Deux hypothèses doivent être distinguées.

– Première hypothèse :

La banque centrale a subordonné l'exécution de certaines catégories de transferts à la présentation préalable par la banque primaire d'un certain nombre de pièces justificatives ; lesquelles devraient lui permettre de s'assurer de la réalité de l'opération, de son montant, de l'identité et de la résidence des donneurs d'ordre et des bénéficiaires. Peut-on le lui reprocher ? Sûrement pas.

C'est pourquoi, si de telles justifications ne lui sont pas parvenues avant le 12 janvier, elle ne peut-être tenue responsable de l'inexécution de ces transferts.

---

22. – Art. 2 loi n° 67-285 du 30 juin 1967 ;

– art. 3 décret ivoirien n° 68-591 du 16 décembre 1968 réglementant les relations financières avec l'étranger ; Arrêté n° 8816 MAEF, FINEX du 23 décembre 1968 fixant certaines modalités d'application du décret n° 68-591.

Et selon l'article 1 de cet arrêté, il faut entendre par étranger les pays autres que :

– la République française, ses départements,

– les États membres de l'Union Monétaire Ouest Africaine,

– les autres États dont l'institut d'émission dispose d'un compte d'opérations au Trésor français.

23. Article 1 décret précité « Les opérations de change, mouvement de capitaux et règlements de toute nature entre la Côte-d'Ivoire et l'étranger... ne peuvent... être effectués que par l'entremise de la banque centrale... ou d'une banque agréée en qualité d'intermédiaires... »

24. Article 9 des statuts de la Banque Centrale des États de l'Afrique de l'Ouest.

Article 9 la Banque Centrale peut effectuer pour son compte ou le compte de tiers toutes opérations sur or, moyens de paiement et titres libellés en monnaies étrangères ou définies par un poids d'or.

Elle peut prêter ou emprunter des sommes en monnaie de son émission à des banques étrangères, institutions ou organismes monétaires étrangers ou internationaux.

25. Article 19 des statuts :

La banque centrale peut avoir dans ses écritures des comptes aux banques, établissements financiers, établissements et collectivités publics. Ces comptes ne peuvent présenter un solde débiteur.

Tout au plus, les clients devraient-ils se retourner contre leur banquier s'ils lui avaient effectivement fourni ces éléments.

– Seconde hypothèse :

Tous les justificatifs ont été fournis à temps et pourtant le transfert n'a pas été opéré. La banque primaire actionnée par son client peut-elle se retourner contre la banque centrale ? Dans l'affirmative, cette dernière peut-elle invoquer l'ordre public économique pour s'exonérer de toute responsabilité ?

– La mise en jeu de la responsabilité de la banque centrale ne peut s'expliquer que si la banque primaire était tenue de passer par elle, et si cette dernière ne l'avait pas informée de l'impossibilité dans laquelle elle se trouvait d'opérer le transfert. D'autant plus que dans cette hypothèse, il était difficile aux banques primaires de passer outre au refus des banques centrales d'exécuter les opérations ; car, la loi indique qu'elles sont tenues de se conformer aux décisions que... la banque centrale prend dans l'exercice des pouvoirs qui lui sont conférés par le traité constituant l'UMOA...[26].

– Les nécessités de maintenir l'ordre public économique ne pourraient-elles pas constituer une cause d'exonération ? Il serait difficile de répondre par la négative dès lors que le pouvoir exclusif d'émission monétaire sur le territoire de ces États, qui est régalien par excellence, est confié à un institut d'émission commun : la Banque Centrale[27]. C'est elle qui doit assurer la régulation et le bon ordre des transactions, orienter la politique économique et sociale en recourant à l'inflation ou à la déflation selon les exigences du moment, opérer des transferts de richesse grâce au jeu de la dévaluation.

En outre, par le droit qu'elle a de requérir soit directement soit par l'intermédiaire des banques toutes informations sur les transactions extérieures des personnes physiques ou morales ayant leur résidence dans l'Union,[28] la banque centrale a pu se rendre compte de l'accroissement anormal des demandes de transferts de fonds dont la conséquence est l'hémorragie financière préjudiciable aux États membres déjà fortement éprouvés par les difficultés économiques et financières. L'ordre public économique n'est-il pas ainsi menacé ?

L'ordre public est une norme impérative dont les individus ne peuvent s'écarter ni dans leur comportement ni dans leurs conventions[29] et il est dit économique lorsque les mesures tendent à réaliser une organisation et un équilibre économique[30] ; la fin poursuivie est d'intervenir dans les rapports pécuniaires, dans les échanges de richesses et de services entre les hommes :

– soit pour rendre ces échanges plus équitables,

– soit pour mieux les ordonner en considération de l'intérêt général, au besoin contre les intérêts particuliers même concordants des parties. Tel est le cas des dispositions d'ordre monétaire[31].

---

26. Article 45 loi 90-589 portant réglementation bancaire JORCI 30 août 1990 p. 285.

27. Article 5 du traité constituant l'Union Monétaire Ouest Africaine 14 novembre 1973.

– Les dispositions de ce traité (14 novembre 1973) sont toujours en vigueur puisque le nouveau traité de l'UEMOA entré en vigueur en janvier 1994 dispose dans son art. 65 que « la politique monétaire de l'Union est régie par les dispositions du traité du 14 novembre 1973 constituant l'UMOA et par les textes subséquents ».

28. Article 21 Traité constituant l'UMOA.

29. Article 6 du Code civil, vocabulaire Henri Capitant, p. 549.

30. Alors que l'ordre public politique a pour but de défendre des valeurs extra-pécuniaires, des principes de civilisation, l'ordre public économique réglemente directement les échanges de richesses et de services.

31. RIPERT, *L'ordre économique,* n° 2 – FLON-AUBERT, *Les obligations, l'acte juridique,* n° 280 – R. SAVATIER, *L'ordre public économique,* 1969.

Or, les États membres de la zone, les institutions financières internationales, les autorités françaises[32] s'accordaient à reconnaître l'urgente nécessité de recourir à la dévaluation. Celle-ci étant le seul moyen de permettre aux États concernés de modifier radicalement les structures de leurs économies[33].

La banque centrale devait-elle laisser les particuliers faire échec aux nouveaux taux de change que la décision de dévaluation allait énoncer ? En empêchant ou en rendant plus difficile les transferts, elle a pu considérer que face à son pouvoir monétaire le problème du rôle de la volonté individuelle ne se pose pas comme dans le domaine ordinaire des contrats, fondé sur l'autonomie de la volonté. Elle a pu estimer qu'ici, la liberté des particuliers ne peut être qu'une délégation de l'État, dans la mesure où il la juge utile à sa politique monétaire. Et qu'ainsi, ayant agi dans l'intérêt monétaire de la zone, elle ne peut être tenue pour responsable[34].

Que pensez d'une telle argumentation ?

Une telle argumentation aurait été imparable si la décision de dévaluer était intervenue par surprise, car tout le monde serait logé à la même enseigne.

Or, l'intervention des institutions financières internationales, des autorités françaises d'une part et de quatorze chefs d'États africains d'autre part a contribué à répandre pendant de longs mois des rumeurs de dévaluation. L'opération n'a pu garder le caractère de discrétion indispensable à son efficacité.

Dès lors, certains opérateurs économiques et des personnes spécialisées dans les opérations de placement ont pris des dispositions qui leur ont permis d'engranger de fortes sommes d'argent tandis que certains ont eu moins de chance.

Dans tous les cas, devront être tenus pour responsables tous ceux qui à quelque niveau qu'ils se situent ont contribué à divulguer le principe même de la dévaluation ; c'est pourquoi, certains ont reconnu que ce problème n'a pas de solution[35].

Pour l'avenir, il serait souhaitable que la clientèle se couvre auprès des banques contre le risque de change ; les banques aussi devraient le faire. Quant aux exportateurs, ils devraient recourir à l'assurance.

Si les litiges résultant de la dévaluation et qui ont trait aux opérations de banque mettent en jeu des intérêts importants au point de focaliser l'attention de tous les opérateurs économiques, ils n'en existent pas moins dans le domaine des ventes commerciales.

II – LES VENTES COMMERCIALES

La vente est un contrat instantané : (1582 C. civ.) ; le vendeur s'oblige à livrer la chose vendue et l'acheteur à la payer. Mais les parties peuvent convenir que le

32. Lettres du Premier ministre français adressées aux chefs d'États de la zone le 16 septembre 1993.

33. A court terme, les effets positifs de la dévaluation du franc CFA seront l'augmentation des recettes publiques, la hausse des prix aux producteurs agricoles, la plus grande rentabilité des filières exportatrices, la baisse de la fuite des capitaux...

A moyen et à plus long terme, les effets concernant les taux de croissance de l'économie, la réponse des investissements et le retour à une compétitivité prix et volume. Voir *Afrique contemporaine, op. cit.* n° 169, *Jeune Afrique Économie* n° 173, novembre 1993, « Chronique d'une dévaluation annoncée ».

34. Henri ROLAND, Laurent BOYER, *Droit civil,* 2 contrats pp. 265 et s.

35. Monsieur SEVERINO, tout en reconnaissant qu'il y avait de nombreux problèmes, notamment en zone BCEAO, affirme : « Aujourd'hui, la seule chose que l'on puisse dire, c'est qu'il n'y a pas de solution à ce problème... » avant d'ajouter « nous avons entrepris des discussions avec les banques centrales pour essayer de trouver des solutions », in *Marchés Tropicaux,* 390, 5 mars 1994.

prix sera payé dans trois mois, six mois ou qu'il sera acquitté par fractions échelonnées. En conséquence la notion de durée intervient et la dévaluation peut avoir d'importantes conséquences sur les contrats de vente en cours.

Si nous reprenons l'hypothèse de l'industriel africain qui, ayant conclu un marché par lequel il s'engage à fournir à un commerçant français du beurre de cacao à un prix déterminé et qui a vu le prix de revient de la marchandise multiplier par deux à la suite de la dévaluation, la question qui est posée est celle de savoir s'il peut obtenir un réajustement de ce prix. En d'autres termes, quel montant l'acheteur devra-t-il payer ? La réponse à cette importante interrogation sera différente selon que le créancier qui n'est pas payé au comptant s'est prémuni ou non contre la dépréciation de la monnaie.

1 - LE CONTRAT A PRÉVU UNE CLAUSE

La pratique ayant imaginé de nombreuses clauses, l'examen des stipulations contractuelles s'impose d'autant plus que toutes les clauses ne sont pas forcément valables ; une distinction devant être faite selon qu'elles figurent dans un contrat interne ou dans un contrat international.

1 - Clauses monétaires et contrats internes

a) Le principe

Les clauses d'indexation encore appelées clauses d'échelle mobile ont pour but d'obtenir une valorisation contractuelle des dettes de sommes d'argent, afin de maintenir la valeur réelle et non la simple valeur nominale des dettes libellées en francs.

Dans ce mécanisme, la valeur du bien évolue en fonction de la variation dans le temps de l'indice retenu. Quel indice peut-on adopter lorsqu'on sait que la plupart des États membres de la zone franc, exceptés le Sénégal[36] et tout récemment le Gabon, n'ont pas édicté de dispositions légales ou réglementaires globales sur l'indexation et que les dispositions de l'article 14 de l'ordonnance française de 1959 ne peuvent trouver application parce que n'ayant pas été étendues aux territoires d'outre-mer[37] ?

Les recherches entreprises conduisent pourtant à penser que ces États n'ont pas forcément interdit tout recours à l'indexation dans les contrats internes. C'est ainsi que relativement à la Côte-d'Ivoire, l'article 8 du décret du 2 octobre 1979[38] admet la révision du loyer lorsque le bail est assorti d'une clause d'indexation licite. De même la réparation des préjudices corporels survenus par le fait de véhicules terrestres à moteur est indexée sur le SMIG[39] à défaut de revenu annuel de la victime (article 31 L 18 décembre 1989).

---

36. Article 185 et 186 Code des obligations civiles et commerciales. Pour le Gabon, il s'agit du décret n° 177 du 9 février 1994.

37. Contrat : Séna AGBAYISSAH, « Le droit positif des clauses monétaires dans la zone franc à l'épreuve de la dévaluation du franc CFA » in *Revue Fidafrica* n° 1/1994 pp. 11 et s.

38. Article 8 décret n° 79/715 du 2 octobre 1979 fixant les modalités d'application de la loi n° 77-995 du 18 septembre 1977 réglementant les rapports entre les bailleurs et les locataires de locaux d'habitation et à usage professionnel.

39. Loi n° 89-1291 de 18 décembre 1989 relative aux procédures et aux modes de règlement des sinistres survenus par le fait de véhicules terrestres à moteur et leurs remorques ou semi-remorques. Loi modifiée par la loi n° 92-566 du 11 septembre 1992 in JORCI 24 septembre 1992, pp. 750 et s.

Par ailleurs les États réunis au sein de la Conférence Interafricaine des Marchés d'Assurances (CIMA)[40], qui ont ratifié le « traité instituant une organisation intégrée de l'industrie des assurances dans les États africains », admettent dans le Code unique des assurances que la réparation des préjudices résultant des véhicules terrestres à moteur soit indexée au SMIG à défaut de revenus annuels de la victime (article 264, 265 et s.).

Devrait-on en conclure que dans ces divers États, le recours aux clauses d'indexation est totalement libre ?

La liberté absolue de l'insertion dans les contrats de clauses de révision, afin d'éviter, ce qui est parfaitement légitime, les conséquences de la dévaluation de l'étalon monétaire, entraînerait immanquablement son extension à tous les contrats de droit privé sans exception, depuis la vente de la grosse propriété jusqu'à celle du frigidaire, voire le simple abonnement à un journal et d'abord le contrat de travail de droit privé, puis aussi la plupart des conventions relatives aux services publics et au statut des fonctionnaires.

Les problèmes que poserait semblable situation, tant du point de vue financier qu'économique et encore du point de vue social, administratif et politique, sont complexes.

Admettre la généralisation de ces clauses, c'est permettre une sorte de méfiance à l'égard du franc CFA ainsi que l'acceptation de l'inflation qu'une utilisation généralisée de ces clauses pourrait entraîner.

C'est pourquoi, en l'absence de texte, une solution médiane qui s'inspire du droit français a été admise par la pratique ; celle-ci admet la clause d'indexation qui se rapporte généralement à l'objet du contrat où à l'activité professionnelle de l'une des parties.

b) En pratique, les clauses pouvant figurer dans un contrat de vente interne peuvent être diverses[41].

– Lorsque la somme due varie en fonction d'un indice (clause d'échelle mobile) elle est déterminée ; le contrat est donc de ce point de vue, valable, sous la réserve que l'indice de variation choisi par les parties soit lui-même licite[42].

C'est ainsi que dans les contrats de vente les parties peuvent stipuler des clauses d'actualisation. La clause d'actualisation, qui permet aux parties d'indiquer que le prix contractuel sera calculé en appliquant à un prix de référence arrêté à une date précise le taux de variation de l'indice qu'elles ont choisi, est usuelle dans certains types de contrats.

40. Les États membres de la Conférence Interafricaine des Marchés d'Assurances sont ceux-là même qui appartiennent à la zone franc, exceptée la Guinée équatoriale.

41. En matière de prêt d'argent, la stipulation la plus usuelle est la clause de variation d'intérêt.

Dans la plupart des contrats de prêt à moyen ou long terme consentis par les banques commerciales, l'on peut lire notamment : « Le coût total du crédit s'élèvera à 15,50 % l'an, sauf à être augmenté ou diminué à due concurrence de la modification du taux d'escompte ».

Il en est de même de la stipulation qui précise que « le crédit consenti est de tant de FCFA, est productif d'intérêts au taux de base de la banque majoré de 5 points soit 17,5 % l'an ; toute variation dans le taux de base de la banque sera répercutée sur le taux de crédit ». On comprend dès lors que le relèvement par la BCEAO le 18 janvier 1994 de son taux d'escompte de 2 points, le portant à 14,5 %, a entraîné le réajustement par les banques commerciales du taux des crédits qu'elles ont octroyés à leurs clients. Et inversement, l'abaissement très récent de ce taux a naturellement eu des répercussions sur ces crédits.

42. Sur la question, voir, Henri ROLAND, Laurent BAYER, *Droit Civil, obligation,* pp. 237 et s., Jacques GHESTIN, *Traité Droit civil, op. cit.* pp. 148 et s.

Il en va ainsi en matière de vente de véhicules automobiles. La commande porte d'habitude que le prix n'est donné qu'à titre indicatif et que le prix définitif sera celui du tarif en vigueur au jour de la livraison. Le vendeur peut dans ce cas facturer la marchandise selon le nouveau tarif. Il devra indiquer le nouveau prix avant livraison et facturation afin de s'assurer que l'acheteur maintient sa commande.

– En revanche, si dans un contrat de vente on déclarait que le prix sera payable en or ou en dollars, il est fort probable que dans un contrat interne, cette clause sera frappée de nullité. La raison en est qu'elle porte atteinte au principe selon lequel la monnaie nationale est le Franc CFA[43]. Or, suivant l'article 1172 du Code civil, toute condition d'une chose prohibée par la loi est nulle et rend nulle la convention qui en dépend.

Il en est ainsi, au moins, lorsque la clause illicite a été dans l'esprit des parties une condition essentielle de leur accord de volonté[44]. Il en va de même lorsque l'économie du contrat repose sur une exécution qui devrait être reportée à plusieurs années. La nullité de la clause – or entraînerait celle de la convention toute entière parce que l'exécution reportée à plusieurs années a nécessairement pour effet de modifier le prix que le vendeur avait entendu percevoir[44].

2 - Clauses monétaires et contrats internationaux

Dans les ventes commerciales internationales, les opérateurs économiques ont l'habitude de prévoir dans leurs contrats des stipulations selon lesquelles le prix est payable en monnaie étrangère ou pour un montant en francs CFA calculé sur la base d'une monnaie étrangère. A cette cause usuelle vient s'ajouter une autre qui résulte du fait que la dévaluation du CFA ayant été précédée de rumeurs insistantes n'a pas été à proprement parler une surprise pour la plupart des industriels ; ceux-ci avaient souvent fait ajouter, dans leurs contrats, les clauses dites de « parité » destinées à se prémunir contre un changement de valeur du CFA.

Quelle est la valeur juridique de ces deux clauses ?

a) En ce qui concerne la clause payable en monnaie étrangère, elle est valable même en l'absence de texte général la consacrant,[45] le fondement étant les impératifs du commerce international[46].

Le cas typique du règlement international est celui du paiement qu'un importateur de la zone franc s'engage à faire à l'étranger, en Angleterre par exemple, des marchandises qu'il achète. Il y a un double mouvement ; des marchandises entrent dans la zone, en Côte-d'Ivoire, Sénégal par exemple, de l'argent en sort. Le règlement ne peut être assujetti aux lois de la zone parce que le paiement est la conséquence d'une introduction de marchandises et qu'il est évident que l'importateur

---

43. Sur la question, voir jurisprudence Matter, D. 1931, 1, 5, note SAVATIER. DP 1928, I, p. 25.

44. Voir Rep. civ. « Condition », n° 17 et s. civ., 21 novembre 1932 D.H. 1933, 19..

45. Il existe une disposition dans ce sens en matière d'assurance, c'est l'art. 338 du Code de commerce qui dispose que : « Tout effet dont le prix est stipulé dans le contrat en monnaie étrangère est évalué au prix que la monnaie stipulée vaut en monnaie de Côte-d'Ivoire suivant le cours à l'époque de la signature de la police. » Dès lors les polices d'assurance transport maritime adoptent la clause suivante : « Les aliments peuvent être assurés en devises étrangères... Ces devises seront converties en francs CFA d'après le cours du jour d'envoi de la déclaration d'aliments ».

46. Dans le monde économique où tous les pays sont tellement solidaires dans leurs échanges que l'autarcie est devenue impensable, exportations et importations peuvent sans doute être triées, dans une certaine mesure, à la frontière, mais non paralysées, par un contrôle de changes. Dans le même sens, Sena AGBAYISSAH, *op. cit.*, p. 12.

africain de la zone est obligé de payer les marchandises au cours de la monnaie du pays de l'exportateur, sans quoi il ne trouverait pas de vendeur.

Il est essentiel d'avoir à l'esprit que les contrats correspondants aux exportations africaines (café, cacao, bois, or) sur le marché mondial sont libellés en devises, livres sterling et surtout dollars américains. Certaines entreprises africaines exportant notamment aux États-Unis ont libellé leurs tarifs et leurs factures en dollars. Refuser toute facturation en monnaie étrangère serait suicidaire pour les agents économiques opérant dans la zone franc.

Si le législateur sénégalais[47] a de manière expresse affirmé la validité de ces clauses (art. 185 Code des obligations), et si les autorités gabonaises consacrent la validité des stipulations de paiement en devises ou d'indexation monétaire dans les contrats internationaux par déduction du décret n° 77 du 9 février 1994[48], les autres États, tenant compte des impératifs du commerce international et de la nécessité pour l'Afrique de s'y intégrer davantage, l'ont admis de manière implicite. Il n'y a qu'à se référer aux contrats de ventes internationales passés par certaines entreprises africaines ou opérant dans la zone.

Devra-t-on en déduire que dans le cadre des règlements internationaux, les contractants ont une grande liberté dans le choix des indices et de la monnaie de paiement au point d'adopter les clauses dites de parité ?

b) Les clauses dites de parité

Elles ont pour but de se prémunir contre un changement de valeur du CFA. Introduites dans des contrats internes elles encourraient la nullité parce qu'elles portent atteinte à la loi du cours forcé et du cours légal. En effet, il ne fait aucun doute que les parties ont voulu par ces clauses échapper aux conséquences d'une dévaluation éventuelle. Or, si la clause d'échelle mobile n'est pas prohibée, c'est à la condition que les parties n'aient pas eu l'intention de faire échec à la loi monétaire.

Telle semble être la position adoptée par les autorités gabonaises dans le récent décret n° 177 portant « interdiction de la prise en compte de la variation du taux de parité du franc CFA dans les transactions libellées en monnaie locale ». Même si l'art. 2 de ce décret en stipulant que « toute majoration de prix pour des motifs non prévus dans les conventions ou contrats, notamment pour des raisons de variation de taux d'échange est interdit » paraît affirmer le contraire. Cet article ne veut-il pas dire qu'une variation des prix pour des motifs prévus au contrat est licite ? Il y aurait alors contradiction entre l'intitulé du décret et les dispositions de l'art. 2.

Dans tous les cas, une chose est certaine, ce décret ne remet pas en cause la validité des stipulations de paiement en devises ou d'indexation monétaire dans les contrats internationaux. C'est du reste la solution qui semble se dégager en général. Car le respect de l'ordre public monétaire ne s'impose qu'à tous ceux qui habitent le territoire. Les lois sur le cours légal et le cours forcé ne s'appliquent qu'à la circulation monétaire intérieure, elles ne peuvent régir la circulation monétaire internationale. La raison en est que dans la circulation intérieure il est possible d'imposer la fiction suivant laquelle le franc-papier a une valeur invariable, mais cette fiction ne

47. Selon l'article 185 « les clauses monétaires, telles que clause or, payable en or ou en monnaie étrangère ne sont valables que dans les paiements internationaux ».

48. Il s'agit du décret n° 177 portant interdiction de la prise en compte de la variation du taux de parité du franc CFA dans les transactions libellées en monnaie locale. Ce décret ne remet pas en cause la validité des clauses monétaires dans les contrats internationaux. Voir Incidences du décret n° 0177 du 9 février 1994 sur la validité des clauses monétaires au Gabon, *Fidafrica* 20/5/1994, Gabon.

peut s'étendre à la circulation internationale, parce que les prix internationaux sont indépendants de la valeur du franc CFA[49].

Dès lors, les contrats internationaux qui renferment les clauses dites de parité ne devraient pas encourir la nullité.

Comment, les opérateurs économiques qui n'ont prévu aucune clause monétaire peuvent-ils résoudre la question du déséquilibre des prestations résultant de la dévaluation ?

2 - LE CONTRAT N'A PRÉVU AUCUNE CLAUSE

Si la monnaie choisie a été dévaluée après la conclusion du contrat, l'unité nouvelle s'impose-t-elle ? Et quel sera le prix que devra payer l'acheteur d'une marchandise importée ?

a) Si la monnaie choisie a été dévaluée après la conclusion du contrat et si les parties n'ont prévu aucune clause, l'unité nouvelle devra s'imposer si la monnaie choisie est celle de la loi gouvernant le contrat. Il s'agit d'interpréter la volonté des parties et il est permis d'estimer qu'en adoptant une monnaie, elles l'ont entendue, sauf indication contraire, telle que la définissait le législateur qui l'a instituée, sachant que cette définition pouvait changer[50].

b) S'agissant des marchandises importées et pour lesquelles aucune clause d'indexation n'a été prévue, le problème du réajustement des prix pose quelques difficultés parce que le droit des États membres de la zone franc étant fortement inspiré du droit français, et en l'absence de textes spécifiques, l'interdiction faite au juge d'annuler ou de réviser les contrats pour imprévision quelles qu'en soient les conséquences pour le débiteur, sera certainement admise dans ces divers États[51].

Si donc le juge ne peut réviser un contrat pour imprévision, une des parties ne pourra le faire également car une fois formé par l'accord des volontés, le contrat ne peut plus être modifié que par un nouvel accord. Les volontés de chacune des parties ne peuvent en écarter unilatéralement l'exécution ou en changer les termes. C'est le principe de la force obligatoire du contrat édicté par l'article1134 du Code civil.

Partant de ce principe, comment les opérateurs économiques ont-ils résolu le problème du déséquilibre de la dévaluation ?

En matière de vente, deux hypothèses doivent être distinguées ; car tous les agents économiques n'étaient pas au même niveau dans l'exécution de leurs contrats quand est intervenue la dévaluation :

– certains n'avaient encore ni livré, ni facturé leurs marchandises ;
– d'autres les ont livrées, facturées mais n'ont pas été payés.

• La marchandise n'a été ni livrée, ni facturée.

Le prix de la marchandise importée risque d'être modifié dans la mesure où le

49. Sur la question, voir Christian GAVALDA, Jean STOUFFET, *op. cit.* et V. Paris, 1re ch. 15 février 1924, Gaz. Pal. 1924, 1, 398 et les conclusions de M. l'avocat général Vong Dreyfus-S. 1925. 2. 44.

50. BATTIFOL, P. LAGARDE, *Droit International Privé,* Tome II, p. 343 et s.

51. L'imprévision n'entraîne pas une impossibilité d'exécution, mais simplement une plus grande difficulté d'exécution due à un événement postérieur à la conclusion du contrat. Si la jurisprudence administrative admet la théorie de l'imprévision, les tribunaux judiciaires la rejettent en tant qu'événement permettant aux juges de modifier ou supprimer le contrat. Ils estiment que les contractants sont liés par leur accord (Pacta sunt servanda) voir Borix STARCK, *Droit civil, obligation* p. 479 et s. Cass. 6 mars 1876 D 1876, 1, 193, 6 juin 1921, 1, 173.

vendeur n'a pas payé la marchandise qu'il a vendue. Le vendeur a-t-il le droit de répercuter à l'acheteur l'augmentation du prix de revient consécutif à la dévaluation de la monnaie ? Cette hausse du prix a pour fondement l'augmentation des coûts réels subis par le vendeur. L'acheteur peut-il refuser cette modification du prix de vente en arguant de ce que la vente était parfaite dès que les parties sont d'accord sur la chose et sur le prix ; le vendeur doit livrer la marchandise et lui ne devra payer que le prix convenu ? (art. 1583 C. civ.). C'est-à-dire par exemple 2 500 F CFA pièce au lieu de 5 000 F proposé par le vendeur. Et que se passera-t-il si le vendeur ne livrait pas la marchandise au prix convenu ?

L'acheteur est en droit d'exiger du vendeur la livraison de la marchandise au prix convenu, car en l'absence de clauses particulières, les obligations nées d'un contrat doivent être exécutées dans leur intégralité conformément aux dispositions contractuelles[52].

C'est pourquoi, en cas de désaccord des parties, le vendeur qui ne livre pas court le risque d'être assigné en justice par l'acheteur. Il aura le choix entre le maintien du contrat (c'est-à-dire l'exécution forcée) ou la disparition de celui-ci.

Mais combien d'acheteurs ont pris cette initiative ?

Les recherches effectuées auprès des diverses juridictions sont infructueuses et démontrent que généralement les opérateurs économiques ont cherché à se mettre d'accord sans doute parce qu'ils souhaitent conserver leurs relations commerciales. L'acheteur a sûrement intérêt à s'entendre avec son vendeur sauf à se procurer la marchandise auprès d'un autre fournisseur, il devra alors payer au nouveau prix établi par ce dernier. Vendeur et acheteur étant affectés par la dévaluation, la poursuite de leurs relations commerciales passe par un accord qui nécessitera sûrement que chacun fasse des concessions. C'est en général cette attitude qui a été adoptée.

• La marchandise a été livrée, facturée mais n'a pas été payée par l'acheteur. Le vendeur peut-il contraindre l'acheteur à payer un supplément de prix ?

Cela paraît difficile d'autant plus qu'il n'a subi aucun coût réel. Il sera obligé d'accepter d'être payé à l'ancien prix. Il supportera alors la perte de change.

Des développements qui précédent, il ressort que la dévaluation n'entraîne pas les mêmes conséquences selon que les parties au contrat de vente commerciale ont prévu ou non des clauses monétaires. Un tel constat est-il valable aussi pour les contrats de travail en cours ?

3 - LES CONTRATS DE TRAVAIL

Le contrat de travail, ne peut s'exécuter que grâce à l'écoulement d'une certaine durée. Il est par conséquent exposé à l'érosion de la monnaie et donc aux conséquences de la dévaluation. Cependant, l'importance de ce phénomène est fonction de la monnaie de paiement retenue pour exécuter l'obligation du débiteur. Ainsi donc les compensations salariales constituent l'aspect le plus sensible des conséquences de la dévaluation.

La plupart des codes du travail des États membres de la zone franc disposent

52. Voir dans ce sens, « Dévaluation du franc CFA : principaux problèmes juridiques et fiscaux », in *Marchés Tropicaux,* 391 - 4 mars 1994 - Revue *Fidafrica* Supplément n° 1 - 1994 « Aspects Juridiques ».

que « le salaire doit être payé en monnaie ayant cours légal sur le territoire considéré »[53] ; ce qui signifie que les traitements des employés doivent être payés en francs CFA. C'est d'ailleurs ce qui ressort de la plupart des contrats d'engagement passés par les entreprises de ces États. Néanmoins, il faut noter que certains employés sont payés en francs français, d'autres en devises étrangères ou en unités de compte. À quelles compensations salariales les uns et les autres peuvent-ils s'attendre ?

3-1 Les salaires sont payés en francs CFA

Deux situations sont à distinguer ; celle dans laquelle le salarié exécute son contrat de travail dans la zone, et celle dont le travail est exécuté à l'étranger, en France notamment.

a) Le salarié exerce ses fonctions dans un État membre de la zone

C'est le cas de la grande majorité des travailleurs ivoiriens, sénégalais, congolais, béninois, etc. et même de quelques expatriés[54].

• En ce qui concerne les Africains et assimilés, il n'existe aucune difficulté. Ils sont soumis à la législation du travail de l'État employeur et notamment aux conventions collectives interprofessionnelles de ces pays dont la plupart disposent que : « La rémunération évoluera chaque année conformément aux usages dans la profession et plus particulièrement dans la société employeur ». Et comme la dévaluation entraîne l'inflation et partant la réduction du pouvoir d'achat des travailleurs surtout sous la flambée des prix tant des produits importés[55] que des produits locaux, malgré le blocage des prix de courte durée intervenu dans certains États[56], l'on a assisté partout à la multiplication des légitimes revendications salariales pour compenser cette perte du pouvoir d'achat[57].

Les autorités de ces États ont la plupart du temps décidé de la valorisation des traitements ; c'est ainsi que certains États ont procédé à l'augmentation des salaires de la fonction publique[58] :

– plus de 10 % en 1994 et plus de 5 % ent 1995 au Mali ;

– plus de 10 % au Sénégal en 1994, le gouvernement a justifié la faiblesse de l'augmentation de salaires annoncée par la suppression de la baisse des salaires programmée pour 1994 ;

– en Côte-d'Ivoire, les traitements ont été relevés de 15 % pour les salaires les plus faibles et 5 % pour les salaires les plus élevés. De même le SMIG et le SMAG ont été augmentés de 10 %. Ces différentes mesures ont pris effet à compter de fin février 1994.

---

53. Article 85 Code du travail ivoirien, Bénin (article 86), Cameroun (article 74), Centrafrique (104), Congo (article 87), Guinée (arti cle 131), Burkina Faso (article 98), Mali (article 92), Sénégal (article 113), Niger (article 97), Tchad (article 151), Togo (article 95).

54. Sur la notion de personnel expatrié, voir pour la Côte-d'Ivoire, notamment circulaire du Directeur Général des Impôts en date du 20 janvier 1994, note de service n° 1016/CD du 21 décembre 1967 et note de service n° 1318/DI/DIR du 22 décembre 1969.

55. Voir les conventions collectives (Côte-d'Ivoire 19 juillet 1977), Burkina Faso (9 juillet 1974), Niger (15 décembre 1972), Togo (1er mai 1978), etc.

56. « Une dévaluation qui fait mal » in *Jeune Afrique Économie* n° 177 mars 1994 - « Vie quotidienne » in *Afrique Contemporaine* n° 169, premier trimestre 1994, la dévaluation du franc CFA.

57. C'est entre autres, le cas du Gabon, de la Côte-d'Ivoire, du Burkina Faso. In Revue *Fidafrica,* n° 1, 1994.

58. Voir *Jeune Afrique Économie*, n° 177, mars 1994, Revue *Fidafrica,* Supplément n° 1/1994.

D'autres ont consenti à passer l'éponge sur des réductions de salaires dûment annoncées. C'est notamment le cas au Congo où la diminution de 25 % à 35 % de la rémunération des 80 000 agents de la fonction publique a été ajournée. Tout cela paraît bien maigre pour compenser un changement de parité de 50 %. Mais les populations s'en sont contentées.

La valorisation des traitements a également eu lieu dans les entreprises privées[59].

• Relativement aux expatriés qui exercent leurs fonctions dans les États membres de la zone et qui bénéficient d'un contrat local, ils ont, outre les avantages en nature, des salaires souvent plus élevés que ceux des nationaux parce qu'il faut y inclure notamment l'indemnité d'expatriation[60]. Si leurs salaires sont payés en francs CFA les solutions précédemment énoncées leur sont applicables. C'est dire qu'ils obtiendront une augmentation de leur traitement dans l'ordre de 15 à 5 % selon leur catégorie.

b) Le salarié africain est recruté dans un État membre de la zone franc, exerce ses fonctions en France et est rémunéré en francs CFA.

La dévaluation du franc CFA aura des répercussions très importantes sur son pouvoir d'achat. Si avant la dévaluation son salaire était de 500 000 F CFA, par exemple, il touchait en fait en France la contre-valeur, c'est-à-dire 10 000 FF. Après la dévaluation, 1 FF étant désormais égal à 100 F CFA, il ne gagnera plus que 5 000 FF au lieu de 10 000 FF. Son salaire aura diminué de moitié et son pouvoir d'achat d'autant plus. Une telle modification qui concerne un élément essentiel du contrat de travail (la baisse de salaire) requiert une protection particulière du salarié si l'employeur veut poursuivre le contrat de travail[61]. Cette protection du salarié peut se faire au moyen d'une compensation qui peut prendre diverses formes.

Cette indemnité comprendra outre la somme nécessaire pour lui permettre d'avoir le montant initial de son salaire, mais aussi l'augmentation de 15 à 5 % selon le cas, accordée à tous les autres salariés suite à la dévaluation.

3-2 Les salaires sont payés en francs français

Le salarié africain recruté dans un des États membres est affecté en France et reçoit *une rémunération exprimée en francs français.* Dans cette hypothèse la dévaluation n'a aucun effet néfaste sur son pouvoir d'achat. S'il gagnait 10 000 F, il continuera de percevoir ce montant. Il ne doit en principe pas bénéficier de l'augmentation attribuée aux salariés exerçant dans ces États.

3-3 Les salaires sont payés en devises étrangères

Le salarié exerçant dans un État membre de la zone a son traitement exprimé en monnaie étrangère. C'est le cas de certains coopérants, des cadres étrangers de

---

59. En Côte-d'Ivoire, par exemple, les salariés du secteur privé bénéficient d'une augmentation à la suite des négociations entre les entreprises et les syndicats. C'est ainsi qu'aux termes du Protocole d'Accord signé par l'ASA-CI et le SYNABEFA-CI le 9 mars 1994, le relèvement des salaires du personnel des sociétés membres de l'ASACI se fera au taux d'augmentation de 25 à 6 %.

60. Côte-d'Ivoire (article 57 convention collective), Bénin (article 81 du Code du travail), Centrafrique (article 99), Guinée (article 126), Niger (article 92), Sénégal (article 107), Burkina Faso (article 93).

61. Voir Cour d'appel d'Abidjan, 4 avril 1981, RD 1984/3-4, pp . 107 et s.

certaines entreprises, des fonctionnaires internationaux. Celui-ci va généralement bénéficier d'une plus-value importante. Il en va ainsi pour certains expatriés français dont les rémunérations ont été libellées en francs français.

Mais de manière générale, et selon les informations reçues, le problème posé par la rémunération des expatriés aura été soumis à un groupe de travail *ad hoc,* lequel devra, après une enquête effectuée sur le coût de la vie, rédiger un mémorandum avec des propositions qui sont présentées par le Conseil des Investisseurs français en Afrique (CIAN) auprès de l'administration fiscale et des autorités fiscales africaines et auprès du Sénateur des Français à l'Étranger en charge plus particulièrement des problèmes des expatriés[62].

En ce qui concerne les organisations internationales, les relations contractuelles qui les lient à leurs fonctionnaires, tout comme d'ailleurs les conflits qui peuvent naître entre cette organisation et son personnel, sont régies par la loi interne de cette organisation et non par une législation nationale quelconque. En conséquence, les organisations internationales, dont les rémunérations des fonctionnaires sont libellées en unité de compte, ont vu le traitement de ces fonctionnaires revalorisés par le fait même que la valeur de l'unité de compte, équivalant à un droit de tirage spécial du Fonds Monétaire International a changé[63].

Outre la question importante des compensations salariales, la dévaluation a eu aussi des conséquences néfastes sur la situation des allocataires de pensions d'organismes de retraite et de sécurité sociale des pays de la zone franc. Il s'agit notamment d'expatriés employés par des filiales locales de grands groupes français et autres. Certains d'entre eux, après avoir passé 20 ans au Gabon ou en Côte-d'Ivoire, etc. et avoir cotisé aux organismes nationaux compétents, se sont retrouvés du fait de la dévaluation avec des prestations divisées par deux. Un remède approprié finira également par être trouvé, des négociations seraient en cours.

La dévaluation dont les conséquences sont multiples et pluridisciplinaires a causé de nombreuses perturbations tant dans la vie des citoyens des pouvoirs publics que des opérateurs économiques.

Si les comptables, fiscalistes, et financiers tentent tant bien que mal de résoudre l'épineux problème de la réévaluation des bilans, du régime d'imposition des dividendes en cette fin d'année, les juristes quant à eux cherchent les moyens d'annihiler sinon d'amoindrir le bouleversement qu'opère la dévaluation dans les prestations contractuelles. L'un de ces moyens serait l'intervention de textes législatifs et réglementaires devant régir la matière. Cette préoccupation peut être prise en compte dans le programme de « l'harmonisation du droit des affaires » en exécution dans la zone franc.

Mais en attendant, un an après le changement de parité et après les effets mécaniques qu'il a pu entraîner, les populations de ces quatorze États sont encore à se demander si la zone franc sort renforcée ou affaiblie de la dévaluation.

---

62. Voir, note de synthèse sur les travaux et les actions du CIAN relatifs aux conséquences de la dévaluation du franc CFA - mai 1994.

63. Tel est le cas de certains fonctionnaires de la Banque Africaine de Développement.

Composition et mise en pages par
Laser Graphie

Achevé d'imprimer en mai 1996
sur les presses de la Nouvelle Imprimerie Laballery
58500 Clamecy
Numéro d'impression : 604088

Editions Montchrestien - EJA
Dépôt légal : mai 1996
Numéro d'éditeur : 1273